RESEARCH ON CHINA'S
PROVINCIAL ECONOMIC DIPLOMACY
A Case Study of Guangdong Province

中国省域经济外交研究
——以广东省为例

梁钢华 著

SPM 南方出版传媒 广东人民出版社
·广州·

图书在版编目（CIP）数据

中国省域经济外交研究：以广东省为例 / 梁钢华著 . —广州：广东人民出版社，2019.9

ISBN 978-7-218-13866-4

Ⅰ.①中… Ⅱ.①梁… Ⅲ.①区域经济合作—研究—广东 Ⅳ.① F127.65

中国版本图书馆 CIP 数据核字 (2019) 第 203179 号

ZHONGGUO SHENGYU JINGJI WAIJIAO YANJIU——YI GUANGDONGSHENG WEILI
中国省域经济外交研究——以广东省为例

梁钢华　著

版权所有　翻印必究

出 版 人：肖风华

责任编辑：汪　泉
文字编辑：于承州　刘飞桐
装帧设计：赵焜森　张雪烽
责任技编：周　杰　吴彦斌

出版发行：广东人民出版社
地　　址：广东省广州市海珠区新港西路204号2号楼（邮政编码：510300）
电　　话：（020）85716809（总编室）
传　　真：（020）85716872
网　　址：http://www.gdpph.com
印　　刷：广东信源彩色印务有限公司
开　　本：787毫米×1092毫米　1/16
印　　张：23　　字　数：248千
版　　次：2019年9月第1版　2019年9月第1次印刷
定　　价：68.00元

如发现印装质量问题，影响阅读，请与出版社（020-85716808）联系调换。
售书热线：（020）85716826

前　言

经济外交是基于国际经济合作需要而产生的一种外交形式，是区域国际合作的重要内容，因此也是国际关系研究的一个重要领域。就国家层面而言，经济外交对在当下以"发展为第一要务"、致力于大国和平崛起的中国具有特殊、重要的全局意义，不仅是国家总体外交的重要组成部分，更是其推进开放强国之路的关键手段；就中国省域而言，不仅是其作为中国省级次国家区域在中央授权外交下履行职责使命的核心任务，更是其实现自身跨越发展的核心手段。特别是广东作为中国两千多年来唯一未曾中断过海上贸易的省域，以及在改革开放大潮中崛起的中国第一经济大省、第一对外经贸大省，其省域经济外交实践在全国最具有标杆性，也最具有共性示范价值。在中央共建"一带一路"赋予省域对外经贸合作更好国际环境、更大参与舞台、更高目标要求等时代背景下，基于广东这一典型案例集成研究其省域经济外交的实践模式、形势机遇、短板不足和应对方案，进而深入探讨中国省域经济外交推进的共性规律及相关问题，这不仅为广东自身发展所亟须，而且能为全国省域经济高质量发展提供有益的镜鉴指引。这也就意味着，在国际关系领域以广东为例开展"一带一路"背景下中国省域经济外交推进研究，具有重要的理论价值和现实意义。

本书以国际关系相关基础理论为研究视角，聚焦中国省域经济外交的理论与实践问题，采用参与式和混合式研究方法，基于文献研究、田野调查、权威访谈等手段，获取了较为充分翔实权威的第一手资料，并运用这些翔实权威资料对"先行一步"的广东省域经济外交探索实践进行了新的梳理、总结和解读，并以共建"一带一路"为宏大背景，深入分析其在新时代所面临的机遇、存在的不足及深层的原因，提出进一步纵深推进的路径方法和"四梁八柱"举措，进而在此基础上演绎研究中国省域经济外交推进中的一些基本原理特别是央省关系良性互动等相关问题。本书的研究目的是力求以广东为例开展"麻雀解剖式"的实证集成研究，探讨建构具有共性规律及中国话语特点的中国省域经济外交理论图谱和实践范式。

本书结合中国特殊的国情语境、省域对外经贸合作与交往的现实重要性以及当前学界研究趋向等综合因素，认为导入并阐明省域经济外交这一概念及原理适逢其时、很有必要，将有利于强化其工作导向、政治经济属性和各方推进合力。本书在对中国省域经济外交的基本原理展开研究探讨中认为，在中国作为单一制国家的结构形式下，省域经济外交推进的合法性来自中央授权，展开的程度和深度取决于中央授权、国际变局、自身需要这三组关系的互动变化，根本是在符合国家政治制度、根本利益和中央外交有限授权的框架下,根据既有利于国家整体利益、也顺应国际大势、又有利于省域自身发展等核心目标,在通盘综合考量的基础上扎实作为、奋发有为,努力实现央省利益最大最优。在系统研究基础上,本书以广东为例实证概括提出省域经济外交"三个主动适应"①模式,认为从某种程度上讲,"三个主动适应"是贯穿其全过程各方面的一条逻辑主线,也是最明显的特征和最突出的经验。纵观广东近40年的非凡实践,凡是"三个主动适应"落实得好,省域经济外交推进就又好又快;凡是"三个主动适应"落实得还不够果敢有力,省域经济外交就会陷入展开相对缓慢的平台期。在中央以共建"一带一路"开创主动引领外交新格局、对省域深度参与作出更大授权等机遇背景下,同国内外形势要求与最好最优最先进相比,新时代广东省域经济外交仍存在不少短板和不足,主要原因还是高水平主动适应能力仍然不够,尤其是在主动适应中央政策调整及应对一些新问题新挑战等方面的能力、水平和果敢担当尚存不足。

本书最后以广东为例,综合分析了当前中国省域经济外交实践总体上产生的三方面辐射效应:一是丰富了省域经济外交开展的维度;二是彰显了省域经济外交转型的路径与方向;三是促进了中央顶层设计下央省对外互动关系的民主化、科学化。广东实践也面临一些新挑战,既有来自其自身开拓进取、锐气担当还不太够等制约,同时也对中央展开更加积极有效的授权支持提出了新要求。这需要央省层面更加默契、更为高效地展开互动合作,

---

① 本书将"三个主动适应"界定为:主动适应中央部署要求、主动适应国际形势变化、主动适应自身发展内在需求。

一方面要求省域层面进一步强化使命担当，切实履行中央赋予的职责使命，始终保持"舍我其谁""功成必定有我"的果敢魄力，敢闯敢试、敢为人先，持续引领新时代潮流；另一方面也需要国家层面给予更多授权、支持和指导，破解单一制国家结构形式下中国省域经济外交推进的主动性、独立性等一系列问题。

本书的主要创新点有：一是在理论上，引入国际关系理论的视角实证分析中国省域对外经贸合作，集成搭建其与"一带一路"相互作用的理论框架和实践范式，这在国内的类似研究中仍不多见。二是在实践上，作者利用工作便利获取丰富、系统的第一手权威资料，为本书以广东为例展开中国省域经济外交的实证研究打下坚实基础，这些硬件是大多数实际研究者所不具备的。三是在成果上，运用翔实、权威资料对广东案例实践展开系统研究，特别是对其演进、经验、形势、不足等方面进行了新的梳理和解读，进而将其上升到中国省域经济外交的共性范畴及学理层面，这种集成研究成果目前仍然不多。本书基于广东案例研究创新提出并系统阐明中国省域经济外交概念及其运行原理、"一带一路"倡议与其高度关联、"三个主动适应"模式、"五个力不足"论断、"四梁八柱"应对方案等研究成果，对丰富学界类似的研究起到抛砖引玉的作用。

目录
CONTENTS

第一章 导论 　　1
Chapter I Introduction

第一节 研究缘起与意义 …………… 2
一、研究缘起 …………… 2
二、研究意义 …………… 6

第二节 核心概念界定 …………… 10
一、经济外交及其种类界定 …………… 10
二、省域经济外交及其种类 …………… 14

第三节 研究文献综述 …………… 22
一、省域经济外交内在运行机理研究成果 …………… 23
二、"一带一路"与省域经济外交关联研究成果 ……… 26
三、省域经济外交主要领域工作研究成果 …………… 33
四、前期研究成果评述 …………… 39

第四节 内容、结构与创新 …………… 41
一、研究内容 …………… 41
二、框架结构 …………… 42

三、主要创新与不足 …………………………………………… 43

第二章　省域经济外交理论基础与研究设计　　47
Chapter Ⅱ　Theoretical Basis and Research Design on Provincial Economic Diplomacy

第一节　本书运用的基础理论概述 ………………………… 48
一、次国家政府外交理论 ……………………………………… 49
二、中央与地方关系理论 ……………………………………… 54
三、世界体系论 ………………………………………………… 59

第二节　理论视域下省域经济外交基本原理分析 ………… 68
一、基本准则：落实"两个有机统一" ………………………… 68
二、价值取向：谋求央省利益最大最优 ……………………… 72
三、技术路径：遵循"三个主动适应" ………………………… 74

第三节　本书相关研究设计 ………………………………… 77
一、研究时段与空间的选取 …………………………………… 77
二、对策研究定位及领域的确定 ……………………………… 82
三、研究工具与方法的确立 …………………………………… 84

本章小结 ………………………………………………………… 89

第三章　广东省域经济外交的回顾与现状分析　　91
Chapter Ⅲ　Review and Analysis on the Current Situation of Guangdong's Provincial Economic Diplomacy

第一节　历史发展与演进 …………………………………… 92
一、久远的历史与深厚的沉淀 ………………………………… 93
二、中华人民共和国成立后的困顿探索与能量积蓄 ………… 99

第二节 改革开放以来的推进历程 ······ 104
    一、第一阶段：潮起广东先行一步 ······ 105
    二、第二阶段：乘势奋进加速展开 ······ 112
    三、第三阶段：新潮拍岸奋勇争先 ······ 116

第三节 主体特色工作的展开与推进 ······ 120
    一、"以侨为桥"推进国际经贸合作 ······ 121
    二、以友城为平台促进区域国际合作 ······ 127
    三、以商协为辅助力国际经贸交流 ······ 130

第四节 推进成效分析 ······ 137
    一、省域经济外交各领域工作成就辉煌 ······ 137
    二、对省域整体发展催生放大效应 ······ 149

第五节 经验模式分析 ······ 154
    一、基于历次党代会报告的文本分析 ······ 155
    二、基于宏观视角的历史演进与规律性做法的考察 ······ 163
    三、"主动适应"：基于运行逻辑的路径推演 ······ 171

本章小结 ······ 177

第四章 新时代广东省域经济外交面临的机遇与挑战 179
Chapter Ⅳ Opportunities and Challenges Confronting Guangdong's Provincial Economic Diplomacy in the New Era

第一节 形势机遇分析 ······ 180
    一、"一带一路"共建凝聚新机遇 ······ 181
    二、中央赋予新定位新使命 ······ 199
    三、粤港澳大湾区建设凸显极化效应 ······ 206

第二节　推进中的问题分析 …… 212

一、自主力不足 …… 213

二、掌控力不足 …… 219

三、支撑力不足 …… 227

四、辐射力不足 …… 235

五、后续力不足 …… 242

第三节　面临问题与挑战的原因剖析 …… 252

一、新时代广东发展环境的变与不变 …… 253

二、顶层设计下高水平主动适应尚存不足 …… 258

三、开拓进取精气神与形势机遇仍有差距 …… 264

本章小结 …… 271

第五章　新时代广东省域经济外交深入推进的路径与对策　273

Chapter V　Solution and Countermeasure Advanced by Guangdong's Provincial Economic Diplomacy in the New Era

第一节　坚持在中央总体框架下扎实推进 …… 274

一、坚持以习近平外交思想为根本遵循 …… 274

二、有为有效服务中央总体外交新布局 …… 279

第二节　把更高水平主动适应贯穿始终 …… 281

一、更加主动有为替国家想事谋事成事 …… 282

二、更加自觉弘扬开拓进取苦干实干精气神 …… 284

三、更加主动凝聚广泛强大推进合力 …… 289

第三节　统筹推进"四梁八柱"具体措施 ········· 295
　　一、以"一带一路"建设为牵引 ············· 295
　　二、以粤港澳大湾区建设为总纲 ············· 298
　　三、纵深推进五方面主体工作 ··············· 302
　　四、创新推进两方面特色工作 ··············· 313
本章小结 ································· 322

结束语　Conclusion
323

主要参考文献　Main Reference
334

后记　Afterword
350

第一章
导论

省域经济外交在当今中国是客观存在的，但学界一直还没有将其上升到国际关系领域的理论层次加以系统阐释研究。本章主要是基于为什么以广东为例展开中国省域经济外交研究、怎么样展开这项研究等问题，深入阐述本书研究的背景、现状、问题和路径。本章共分为四节：第一节分析了本书研究的缘起与现实理论意义，开门见山彰显出了本书研究的问题意识；第二节对本书研究涉及的若干核心概念进行了界定，力求研究的边界范畴更加精确到位；第三节对现有研究文献进行综述分析，主要是回顾梳理本项研究的相关研究成果现状，找准阐明现有研究的最前沿，从而为本书在现有基础上再进一步深化研究奠定基础；第四节提出本书研究的主要内容、框架结构、主要创新与不足。

第一节
研究缘起与意义

一、研究缘起

中国在全球的和平崛起，是20世纪后半叶以来世界格局体系中最重大的地缘政治经济事件。截至2018年年底，中国已经为世界第二大经济体、制造业第一大国、货物贸易第一大国、商品消费第二大国、外资流入第二大国，外汇储备连续多年位居世界第一，[1]对世界经济增长贡献率多年连续超过30%，超过美国、欧元区和日本贡献率的总和，[2]在世界政经格局中具有举足轻重的地位。现在，无论是大国或小国、富国或穷国、亚洲或欧洲，都在倾听中国的声音。这也标志着中国处于世界经济舞台中心的地

---

[1] 习近平：《在庆祝改革开放40周年大会上的讲话》，新华社北京2018年12月18日电。

[2] 齐鹏飞、陈宗海、李桂华等：《改革开放40年的中国外交》，北京：中共党史出版社，2018年版，总序。

位已经得到世界公认。①英国学者马丁·雅克惊叹说:"中国的崛起将改变的不仅仅是世界经济格局,还将彻底动摇我们的思维和生活方式。"②在中国近40年来从艰难中奋勇崛起的伟大征程中,聚力发展为第一要务,始终打开国门搞建设,渐次展开、有力有序推进以服务对外开放与国际经贸合作为主要内容的经济外交,是其创造出令世界刮目相看奇迹的重要法宝和强大引擎。

经济外交在本质上是为国家的经济建设和社会进步服务的,在当今中国具有特殊重要的全局意义。③中国改革开放总设计师邓小平指出:"对外经济开放,这不是短期的政策,是个长期的政策,至少五十年到七十年不会变。"④1978年以来,中国基于对历史发展大势、历史变革时机的深刻洞察和把握,果断作出实行改革开放的历史性决策,把党和国家中心任务转入以经济建设为中心,推动包括对外工作在内的一切工作都围绕这个中心开展。在这样的格局背景下,以服务经济社会发展为主要目标手段的经济外交在中国外交"总盘子"中所扮演的角色越来越重要,⑤不仅成为中国总体外交的重要组成部分,更成为其实现大国崛起、推进开放强国之路的关键手段;就中国省域而言,不仅

---

① 胡鞍钢:《中国进入世界舞台中心》,杭州:浙江人民出版社,2017年版,36页。

② [英]马丁·雅克著,张莉等译:《当中国统治世界:中国的崛起和西方世界的衰落》,北京:中信出版社,2010年版,卷首语。

③ 何茂春等:《经济外交事务》,北京:清华大学出版社,2016年版,308页。

④ 邓小平:《邓小平文选》第3卷,北京:人民出版社,1993年版,79页。

⑤ 张清敏:《当代中国外交》,北京:五洲传播出版社,2014年版,131页。

成为其作为中国省级次国家区域在中央外交授权下履行职责的核心任务，更成为其实现自身跨越发展的核心手段。尤其在中国立足构建全球新秩序提出"一带一路"倡议①的宏大背景下，省域经济外交被推上更加深度参与的历史舞台，所获得的中央授权更多、承担的使命更光荣，面临的机遇挑战也更重大，更好地主动适应并扎实推进这项工作显得尤为紧迫而重要。

国际交往是社会生产力发展的必然结果，两者是相互影响、相互制约的关系，生产力的发展能促进交往，交往的范围对生产力的发展也有反作用。②广东作为中国一个开放历史及地理区位特殊的省级次国家区域，20世纪以来于中央授权之下在全国率先改革开放，创造性地实行特殊政策和灵活措施，由原来比较落后的边陲农业省份崛起成为中国第一经济大省、第一对外经贸大省，既是中国经济外交最坚定的践行者，也是最实在的受益者。1978年广东经济总量位居上海、江苏、辽宁、山东之后，居全国第五位，1980年起，先后超过辽宁、上海（1982年）、山东（1988年）、江苏（1989年），之后一直稳居全国首位。③2018年，广东经济总量达9.73万亿元，连续30年稳居全国第一位；外

---

① 习近平总书记2013年9月7日在哈萨克斯坦纳扎尔巴耶夫大学演讲时提出丝绸之路经济带，同年10月3日在印度尼西亚国会演讲时提出海上丝绸之路，合称为"一带一路"。

② 何爱平、李雪娇、彭硕毅等：《新时代中国特色社会主义政治经济学的创新发展研究》，北京：人民出版社，2018年版，70页。

③ 张争胜：《广东地理》，北京：北京师范大学出版社，2016年版，3页、25页。

贸进出口总额超1万亿美元,约占全国1/4。①如果放在全球范围内,广东经济总量堪称"大可敌国"。按照2018年10月IMF②发布的当年GDP前20强经济体预测,广东经济总量已经超过西班牙、澳大利亚、俄罗斯等国家,直逼韩国,相当于是目前世界上的第13大经济体。③总体上,广东省域经济外交在全国探索最早、基础较牢,所承担的使命和任务较重,面临的形势和挑战也更为严峻与突出,在全国最具有标杆性和共性示范价值。一是中央政府不断授权压担。党的十八大特别是共建"一带一路"以来,中国在推动对外开放从过去由商品和要素流动型开放向规则等制度型开放转变的大格局下,再度授权广东先行先试,为全国探路。特别是在改革开放40周年之际,习近平总书记于2018年多次对广东工作发表重要讲话、作出重要指示批示,赋予广东一系列新使命新任务。④二是国际形势持续"倒逼"。广东经济深度融入全球体系,世界百年未有之大变局对其形成的不确定性冲击有增无

---

① 马兴瑞:在广东省第十三届人民代表大会第二次会议上的《政府工作报告》,载《南方日报》,2019年2月12日。

② IMF是国际货币基金组织的英文简称。

③ 胡国华:《势不可挡珠江潮——广东改革开放40年回望》,载《南方》,2018年第12期;姚冬琴:《31省份GDP总量、增速大比拼:山东与广东、江苏差距继续拉大》,载《中国经济周刊》,2019年2月28日。

④ 2018年3月7日,习近平总书记参加十三届全国人大一次会议广东代表团审议并发表重要讲话,明确要求广东努力实现"四个走在全国前列"、当好"两个重要窗口"。同年10月22日至25日,习近平总书记到广东视察,对广东工作提出深化改革开放、推动高质量发展、提高发展平衡性和协调性、加强党的领导和党的建设等四个方面重要指示要求。同年11月6日,习近平总书记致信祝贺珠海航展开幕。同年12月26日,习近平总书记对深圳工作作出重要批示。资料来源:广东省委书记李希在中共广东省委十二届六次全会所作报告,2019年1月3日。

减，应对中美经贸摩擦、突破核心技术及设备的瓶颈、推进高水平"引进来""走出去"、提高开放型经济附加值竞争力等，都成为当前广东躲不过、绕不开且直接关乎其经济安全和前途命运的关键问题。三是自身具有强烈的内在转型需求。由于广东开放型经济在全国构建最早、体量最大，面临的"双重挤压"最为突出，自身转型发展的任务繁重，在新常态下更深入推进省域经济外交拓展新局的内生性更强。

综上，无论是在"一带一路"背景下更好贯彻落实习近平总书记和党中央的部署要求，更好适应国际形势急剧变化，还是更好推动其自身"巨无霸型"开放经济体转型升级，掌控区域发展主动权，广东都有扎实推进省域经济外交各领域工作爬坡越坎、开创新局的强大内生动力，对广东立足新时代重整行装再出发提出新的更高要求。因此，基于新历史特点以广东为例"麻雀解剖式"实证研究其省域经济外交的实践启示，梳理、凝练所面临的形势与挑战及存在的短板与不足，提出面向未来、行稳致远的更好应对方案，并以此建构中国省域经济外交的理论图谱和实践范式，不仅为广东所亟须，而且能对全国其他省域产生辐射引领效应。

二、研究意义

本书所开展的是一项案例实证综合研究，既有实践方面的求索，又有学理方面的追求，以国际关系理论为视角，以广东探索实践为基础，以"一带一路"实施为背景，突出问题导向和目标导向，着力建构中国省域经济外交的理论图谱与实践范式，具有重要的现实意义与理论意义。

（一）现实意义

最现实的意义，就是可以在新形势下为广东乃至全国省域火热推进的经济外交实践提供指引。经济外交对在当下以"发展为第一要务"、致力于大国和平崛起的中国之重要性不言而喻，对省域而言尤其重要，是其对外工作"大盘子"中的主要职责、核心任务，在工作全局中具有突出重要位置。1978年中国改革开放特别是2013年年底"一带一路"倡议施行以来，广东以"三个主动适应"为模式特征的省域经济外交扎实推进，功能充分发挥，生动诠释了其牵引对外开放全局的蓬勃生机和广阔前景，也一直在引领全国改革开放潮流。这是一个渐次展开、逐步推进的过程，也是一个结合中央授权和自身需求变化而不断拓展提升的过程。随着中国特色社会主义进入新时代，广东省域经济外交也面临一系列新形势、新挑战，寻求取得更大突破的内生动力趋强；加上广东作为中国改革开放排头兵、先行地、实验区[1]，有义务也有能力继续先行先试、率先成功转型，更好为全国新时代高水平对外开放探路领航。基于此，以广东为例的省域经济外交形成了哪些经验？当前面临哪些形势和问题？深层原因是什么？有哪些更好的解决方案？这些问题都比较现实地摆在实际工作者面前。

---

[1] 见新华社通稿：《习近平在广东考察时强调：高举新时代改革开放旗帜 把改革开放不断推向深入》，新华社广州2018年10月25日电。

尤其值得关注的是，以广东为例的省域经济外交的创新实践和艰辛探索，在新形势下已跳出"一省一域"的地理范畴，具备全国全局的共性示范价值。最为突出的一点就是，广东作为中国的一个省级次国家区域，在外交事权集中于中央的大格局下，如何在应对破解新挑战新问题中既不越位，又不缺位，且担当作为，这在中国没有先例，也没有经验可循，这就需要广东等省域在国家层面的授权支持下探索提出更好应对方案。实际上，就中国而言，不仅广东省域经济外交面临深刻的转型问题，东部沿海开放大省江苏、浙江、山东等也面临同样的问题。特别是在新形势下，中央授权省域更深度参与"一带一路"建设，更好推进以规则等制度型开放为重点的新一轮高水平对外开放，其本身就有探索破解这一现实命题的共同需求，而广东经验可以成为全国其他省域的一个学习参照。

（二）理论意义

一是加强以国际关系理论视角考察中国省域对外开放及国际经贸合作的研究。中国虽然作为一个中央集权管理的单一制国家，但省域政权也有大量的对外活动，[①]怎样从学理层面把这些实践经验梳理阐述出来并形成中国话语体系，这在学术上是一个很大的创新，是学界叙述好中国自信、中国道路等方面一个很好的探讨话题。

---

① 陈志敏：《次国家政府与对外事务》，北京：长征出版社，2001年版，317-330页。

二是创新深化对中国省域经济外交最核心实践启示的研究。本书立足于此，以广东为例聚焦提出中国省域经济外交概念及其"三个主动适应"的实践模式，并从理论与实践等维度展开深入探讨，建构其内在运行机理和推进逻辑，这在一定程度上对此问题的学理研究起到补充和丰富的作用。

三是丰富"一带一路"倡议与中国省域经济外交的互动关联方面的研究。"一带一路"倡议开启了中国更主动外交的新实践，[①]但近年来探讨省域在"一带一路"建设中参与互动及其作用机制的研究成果仍然有限，本书以国际关系理论为基础，以广东为例，把省域经济外交置于"一带一路"建设的宏大时代背景下进行互动关联研究，以期对新时代中国省域经济外交探索实践起到更好的指引和支撑作用。

四是丰富中国省域经济外交的理论研究。本书尝试借鉴国际关系理论中的次国家政府外交理论、世界体系论，以及政治经济学中的中央与地方关系理论等为基础理论，集成建构中国省域经济外交理论图谱，具有一定的学术价值。特别是结合了中国第一对外经贸大省广东这一实证案例，搭建省域经济外交与"一带一路"倡议相互作用的理论框架，研究并总结其在新时代中国省域开放型经济新体制构建、全面开放新格局形成等方面的功能作用和意义，以及在实现中国省域参与国际制度规则制定、增强国际体系话语权影响力的实现路径，为中国省域经济外交深入推进提供理论依据和方法指引。

---

① 赵可金：《"一带一路"：从愿景到行动》，北京：北京大学出版社，2015年版，4页。

第二节
核心概念界定

一、经济外交及其种类界定

关于经济外交（Economic Diplomacy）这个词，最早见诸日本政府1957年发表的《外交蓝皮书》中。①西方国家使用经济外交一词比较晚，主要是西方学者不太愿意在外交前面加上限定词，认为外交的政治属性不可分割，但总体上倾向于把经济外交作为维护国家安全和政治利益的手段。②在中国改革开放以来以经济建设为中心任务的大格局下，包含经济和外交两层含义、以服务对外开放为主要内容的经济外交，顺应时代大势被逐步广泛践行并走向历史前台。③经济是外交的基础，一个国家的外交

---

① 赵可金：《经济外交的兴起：内涵、机制与趋势》，载《教学与研究》，2011年第1期。

② Diane B. Kenz, Butter and Guns, America's Cold War Economic Diplomacy, New York, The Free Press, 1997, p.5.

③ 高虎城：《让中国梦点亮美好世界——学习贯彻习近平总书记经济外交思想》，载《求是》，2014年第7期。

最根本的是实现本国的国家利益。①列宁曾经说过,"我国的内外政策归根结底是由我国统治阶级的经济利益和经济地位所决定的。"②经济外交的重要目标之一就是维护国家利益,它比另外的外交分支能更直接地围绕1978年党的十一届三中全会确定的党和国家以经济建设为中心的战略目标发挥作用,更直接地服务于我国的经济发展;因此,它在围绕党和国家中心工作(经济建设)而展开的总体外交中占有非常重要的地位。③在新形势下,经济外交作为外交工作服务国内发展的直接体现,其深入推进事关全局,对提高我国开放型经济水平、提升在世界经济领域话语权、推动与各国关系的发展,以及对营造更加有利于我国的外部环境,更好地服务于实现"两个一百年"奋斗目标具有重要意义。④

当前,学界关于经济外交形成了一批研究成果,但由于对经济和外交之间关系的不同定位,对经济外交的概念界定、种类等问题仍存在争论。其中,鲁毅等在《外交学概论》一书中认为,经济外交有两种不同的含义和性质,第一种为利用经济手段达到特定政治目的或对外战略意图;第二种在对外关系中着重发展同各国的经济联系,以发展本国经济并通过外交手段处理经济事

---

① 赵可金:《非传统外交导论》,北京:北京大学出版社,2015年版,81页。

② 列宁:《列宁全集》第27卷,北京:人民出版社,1958年版,338页。

③ 赵可金:《经济外交的兴起:内涵、机制与趋势》,载《教学与研究》,2011年第1期。

④ 全国干部培训教材编审组:《国际形势与中国外交》,北京:人民出版社,2015年版,107–111页。

务。①周永生在《经济外交》一书中认为，经济外交的特点在于经济性，具有经济因素的外交都可以看作经济外交。具体来说，一是以经济利益为目的的外交，二是以经济力量为手段或依托的外交。②何传添在《东盟经济外交研究》一文中认为，经济全球化是当今各国开展经济外交的时代背景，实现国家利益最大化是开展经济外交的根本目标。③赵可金在《非传统外交导论》中认为，所谓经济外交，不过是外交在经济领域中的拓展，是外交主体为执行特定的外交政策，以和平方式处理彼此间经济领域中出现的摩擦与纷争的活动。④学界认为，经济外交由来已久，是一个理论落后于实践的范畴。在中国的春秋战国时期，尽管没有经济外交的说法，但当时各诸侯国的经济外交行为已较为普遍，形式也多种多样，比如各国之间的送礼、纳贡、援助、谋取经济利益等；近代以来，西方列强采取的通商外交、金元外交等众多谋取原料来源和销售市场等行为，从根本上讲就是经济外交。⑤第二次世界大战后，随着经济全球化的深入发展，经济问题在外交中占有的比重越来越大，经济外交成为外交活动的最重要内容。⑥1978年中国改革开放以来，中国改变"政治挂帅"的思

---

① 鲁毅、黄金祺、王德仁等：《外交学概论》，北京：世界知识出版社，1997年版，167页。

② 周永生：《经济外交》，北京：中国青年出版社，2004年版，1-28页。

③ 何传添：《东盟经济外交研究》，暨南大学博士学位论文，2005年6月。

④ 赵可金：《非传统外交导论》，北京：北京大学出版社，2015年版，83页。

⑤ 周永生：《外交学原理》，上海：上海教育出版社，2008年版，333页。

⑥ 高虎城：《让中国梦点亮美好世界——学习贯彻习近平总书记经济外交思想》，载《求是》，2014年第7期。

路，开始强调政治为经济服务，政治与经济并重，经济外交的重要性开始显现。随着改革开放的深入，中国经济外交在内涵和外延上不断扩展，在总体外交工作中的地位不断提升。比如，外交部继2012年成立国际经济司后，在2013年12月成立国际经济金融咨询委员会，目的就是为了进一步加强经济外交工作。[1]

学界总体认为，经济外交这一现象的出现，反映了经济因素在外交领域、国际关系领域中的作用日益重要。[2]关于经济外交的种类，如果按照使用方式和手段的性质划分，可以分为经济合作外交、对外援助外交和经济制裁外交三种。其中经济合作外交是经济外交最重要的方式，[3]是基于国际经济合作需要产生的一种外交形式，是一种建立在双方利益均沾基础上的外交，[4]是为了开展和促进国际经济合作制定和实行的对外交往政策与活动，一般通过国内立法、国际协定与合作项目进行。关于经济合作外交的具体经济目标，发展中国家注重引进和利用先进技术、国际资金、先进的管理方式、国际人才等，发达国家的侧重点则在于利用对方国家的市场、资源等。[5]

---

[1] 张清敏：《当代中国外交》，北京：五洲传播出版社，2014年版，131-135页。

[2] 姚家庆：《东莞对东盟国家的经济外交》，载《东南亚研究》，2012年第2期。

[3] 杨闯等：《外交学：理论与实践》，北京：世界知识出版社，2018年版，170页。

[4] 赵可金：《非传统外交导论》，北京：北京大学出版社，2015年版，85页。

[5] 周永生：《经济外交》，北京：中国青年出版社，2004年版，323-341页。

由于学界对经济外交的定义仍存在较大争议，形成高度共识尚需时日，本书在此无意也无力拓展此项工作。为本项研究开展的需要并综合各方面研究，本书把经济外交的概念界定为：相关对外交往主体，包括国家与国家之间以及国家内部的各个地区之间、区域之间，为了实现其自身既定预期目标，所采取的各种国际经贸合作交往行为及手段的总称；这些行为及手段，既包括促进外经贸发展、招商引资、企业"走出去"、国际产能合作等，也包括相应的机构设置、相关的政策出台等。同时为了研究的便利，本书在国家与国家之间经济外交的种类界定方面，与当前学界的研究共识保持一致，即为经济合作外交、对外援助外交及经济制裁外交三大类；国家内部的各个地区之间、区域之间经济外交的种类界定方面，将在下文予以阐述。

二、省域经济外交及其种类

根据《中华人民共和国宪法》第三十条规定，中国一级地方行政区域是省、自治区、直辖市，以及特别行政区。因此，省级区域指的就是中国一级地方行政区域。本书所强调的省域指的就是中国内地范围的省、自治区、直辖市这一层级的地方行政区域。本书之所以提出并运用省域经济外交这一概念，正是结合中国特殊的国情语境、省域对外经贸合作与交往的现实重要性以及当前学界研究趋向等综合因素，为更好强化其工作导向、政治经济属性和推进合力而导入。

从传统或狭义的角度而言，外交是以主权国家为主体，是一国维护本国利益及实施对外政策的重要手段。①随着全球化和信息化使得主权存在的时空正发生变化，传统外交所定义的概念、功能和机制必将随之变化，特别是外交的实施方式正在发生重大变革。以省域政府为代表的次国家政府行为体正以日益积极的姿态参与到了国际事务当中，成为国际体系的重要参与者和竞争者，也受到国内外学界越来越多的关注。②本书所强调的省域经济外交，就是基于外交的广义概念并运用次国家政府外交理论，对省域对外经贸合作与交往等相关工作的泛化表述，是经济外交在省域层面的体现。

就中国作为高度单一制国家的特殊国情语境而言，省域作为中国治理体系的基干和非主权的次国家行为体，其开展对外交往的合法性来自于中央政府的授权，是国家总体外交的重要组成部分，其对外行为从传统角度也多被表述为外事工作。但无论采用哪种表述，省域党委政府系统承担大量的对外工作都一直为不争的现实状态而客观存在，总体上分为两大块：第一是坚决服从中央政府的领导，为国家总体外交大局服务；第二是在完成中央所赋予的全局性任务之外，其核心工作是紧扣围绕促进地方经济发展这一大局，统筹谋划和务实推进地方与境外的经贸交流与合作，为省域更好完成以经济建设为中心这一头号目标任务而扎实发挥职能作用。基于中国特殊国情语境的这一总体分工部署，决

---

① 鲁毅、黄金祺、王德仁等：《外交学概论》，北京：世界知识出版社，2005年版，5页。
② 熊炜、黄书铭、余长征：《北京建设世界城市外交策略研究》，载《中国外交与北京对外交流研究报告（2017）》，北京：世界知识出版社，2018年版，141–216页。

定了省域对外交往的职责范畴，省域对外工作的主攻方向就是在中央顶层设计和授权之下扎实做好对外经贸工作，这也决定了省域经济外交的现实重要性。

实际上，自中国改革开放特别是近些年来，伴随着中国东部沿海部分省域经济总量持续增大以及人员国际往来日益频繁，省域承担并开展了大量的对外交往事务，在新形势下拓展对外交往广度和深度的内在需求也愈加迫切，对包括经济外交在内的对外交往体系提出新的更高要求，以更好地服务经济社会发展大局。中央也根据实际情况，有序扩大了对省域授权外交的深度和广度，以期更好实现央地共同利益最大化。比如2012年以来，中央大力推动中美省州和城市间经贸合作，中方25个省市与美国7个州市分别建立中美省州贸易投资合作工作组，调动双方深入推进经贸合作积极性；此后，地方合作被逐步上升为中外合作新机制。①在共建"一带一路"总体安排中，国家也授权省域及骨干城市深度参与，②这自然要求地方充分发挥其所赋予的对外职能，主动推动对外经贸交流与合作。③

根据现实状况，一些学者对经济外交的实施主体进行了拓展研究，认为随着以跨国企业为主要推力的经济全球化深入发展，许多次国家行为体在国际经济交往当中的作用越来越大，如果只关注国家行为体的传统类型经济外交已不符合实际状况。

---

① 商务部：《关于中美经贸关系的研究报告》，2017年5月，62-63页。
② 《推进共建丝绸之路经济带和21世纪海上丝绸之路的愿景与行动》，载《人民日报》，2015年3月27日。
③ 任远喆：《次国家政府外交的发展及其在中国跨境区域合作中的实践》，载《国际观察》，2017年第3期。

鉴于经济外交的实施主体已不仅仅局限于国家政府行为体，包括省域政权在内的次国家政府行为体也可以为实施主体，学界对省域经济外交的合法性开展了初步研究。其中，尼古拉斯·贝恩（Nicholas Bayne）和斯蒂芬·伍洛克（Stephen Woolcock）编著的《新经济外交》（*The New Economic Diplomacy*）一书中，就对经济外交进行了更宽泛的定义，认为经济外交的主体已扩张到了非主权行为体，即包括各级地方政府、机构、组织，甚至包括跨国团体。[①]我国知名国际关系学者、复旦大学副校长陈志敏教授近些年来聚焦省域等次国家政府外交开展了大量研究，他在《次国家政府与对外事务》一书中认为，和其他国家的经验相比，中国地方政府在开展国际活动方面并不逊色，地方政府在对外交流中发挥了中心角色作用，其国际行为带来了中央和地方的共赢局面。[②]该书将地方政府对外事务纳入国际关系视野加以研究，分析了全球化时代地方政府开展国际活动的动力、议程和形式，并将视野拓展到了欧美等发达国家，比较剖析了中西地方政府对外事务的异同，这当属近年来在国内国际关系学界引起较大反响的一本力作。[③]国务院参事、清华大学经济外交研究中心主任何茂春教授在其编著的《经济外交事务》一书中，专门对省域等地方经济外交进行论述，认为商务部特派员办事处、地方商务局、

---

① Nicholas Bayne and Stephen Woolcock eds, The New Economic Diplomacy, Decision-Making and Negotiation in International Economic Relations, Ashgate, 2003.

② 陈志敏：《次国家政府和对外事务》，北京：长征出版社，2001年版，322—323页。

③ 杨勇：《全球化时代的中国城市外交——以广州为个案的研究》，暨南大学博士学位论文，2007年10月。

地方外办等职能部门是地方经济外交的管理机构。[①]还有学者认为，随着全球化的不断发展，许多非主权行为体在国际经济关系中的作用进一步凸显，因而只关注主权国家的传统经济外交定义则显得不合时宜。[②]这些研究，以较大创新勇气对地方对外事务的展开进行了理论拓展，也为本书提出和运用省域经济外交这一概念提供了理论支持。对此，本书在接下来的文献研究综述等章节中还将作更为详细的阐述。

提出省域经济外交这一概念，还有助于更好强化省域对外经贸交流合作的政治经济属性和推进合力。鉴于经济对外交流合作在省域对外工作中具有事关全局的突出重要性，当前包括广东在内的省域党委政府系统涉及此项工作的成员单位很多，主要有省外办、商务厅、发改委、侨办、贸促会、宣传部、文化旅游厅等职能部门，亟须聚焦"发展为第一要务"这一目标凝结更大合力。在实际工作当中，负有对外工作"牵头抓总"功能的省域等地方政府外办，尤其需要改变以往过于强调"迎来送往、出国境审批"等传统业务，把更多力量和精力统筹凝聚到服务地方经济发展这一中心大局上来。实际上，在广东省外办的有关工作研究中，于前些年就提出要全面开展经济外交，强调"通过大力开展经济外交，统筹国内国际两个大局，积极开展能源资源合作，开拓国内国际两个市场，用好国内国际两种资源，提升广东经济的

---

① 何茂春等：《经济外交事务》，北京：清华大学出版社，2016年版，341—345页。

② 姚家庆：《地方政府的经济外交：东莞的案例》，暨南大学博士学位论文，2018年12月。

国际竞争力,提升开放型经济发展水平,以更好地服务地方的经济建设"。①这就表明,推进省域经济外交,已成为广东实际部门的重要共识和聚力方向。

基于此,本书认为综合各方面的情况,考虑到为了进一步强化省域对外交往关于"以经济建设为中心"的工作导向,提出并阐明运用省域经济外交这一概念及原理适逢其时、很有必要,这将有利于强化省域对外工作中服务好国家总体外交和区域经济社会发展的职能属性。就其概念的含义而言,本书将其界定为省域党委政府及相关实施主体在服务保障好国家总体外交和根本利益的前提下,在国家政治以及中央外交授权范围内,以促进经济发展为导向的经济国际交流合作行为及手段的综合集成。另外,本书所指的省域经济外交突出强调央省共赢,就是在落实央省利益最大最优这一大前提下,以服务推动区域经济发展为根本目标。

鉴于当前学界对经济外交具体种类还没有定论,就国家行为体的经济外交而言,比较公认的有经济合作外交、经济制裁外交、对外援助外交三大类,②这为省域经济外交种类的界定提供了参考体系。在这三大种类当中,因经济制裁的权力掌握在国家,省域并没有获得授予这方面的事权,因此经济制裁外交是国家行为,省域顶多也是配合国家采取相应行动,可以忽略不论;对外援助外交主体也是国家事权,尽管中央政府综合各方面考量也授权省域适度参与,但具有较强特定性和国家政治属性,本书也暂且不展开论述。基于此,本书为了研究的便利,特别确立这

---

① 广东省外办编写的研究专集:《论地方外事工作十大关系》,2009年6月。
② 周永生:《经济外交》,北京:中国青年出版社,2004年版,275-336页。

样一个设定，就是省域经济外交的主要种类为经济合作外交，从某种程度上讲，经济合作外交可以作为省域经济外交的代名词，主要任务是在服务好国家总体外交这一根本前提之下，主动适应、扎实作为，突出服务好省域经济社会发展这一工作大局。鉴于中国是近40年来实现快速崛起的世界最大发展中国家和世界第二大经济体，而广东又是中国第一经济大省、第一对外经贸大省，且省域经济外交又以国家顶层设计下促进地方发展为核心任务，因此，本书将以广东为例的省域经济外交的政策目标主要定义为，在确保央省利益最大最优的大前提下，以服务推动区域发展为根本任务。其主要手段方式为，通过展开国际经贸交流合作，从改革开放初期侧重于引进和利用先进技术、国际资金、先进管理方式、国际人才等，到当下演进为既侧重"引进来"、也注重"走出去"利用国际市场和资源。其具体体现为：一是引进和利用先进技术和管理方式，二是引进利用国际资金，三是利用对方国家的市场、资源、劳动力等发挥本国本地区的比较经济优势。同时，鉴于侨务、友城、商协会等国际交流合作是广东省域经济外交的特色实践抓手，本书也将其确立为广东省域经济外交展开的特色支柱和要件，在下文加以论述展现。

需要指出的是，本书所界定的省域经济外交，第一不是严格意义上的政治外交的含义，第二其开展的主体不仅仅是独立主权国家的国家与国家之间的外交，而是包括国家与国家之间、地方与地方之间这种对外经济的合作交往，是基于这一特定广义概念展开本书研究的。也就是说，其可以是国家与国家之间的经贸合作交往，也可以是一个国家内部的各个地区之间、区域之间的经贸合作交往。就广东而言，由于毗邻港澳，与台湾地区也相距不远，其早期引进的境外资金中有很大比例来自港澳台地区，因此更具有特殊的含义。当然，随着后来中国加入世贸组织特别是2008年世界金融危机发生后，广东更多向全球范围拓展合作空间，2013年年底共建"一带一路"以来这一趋势更加进一步强化，但港澳台资金所占的份额依然较大。在这一演进格局之下，鉴于港澳台在当今中国政治经济格局中的地位比较特殊，比如港澳地区分别在1997年与1999年回归之前比较特殊，回归之后也还有其特殊性，具体体现为其虽然同属于一个中国，但在基本法框架下享有"一国两制"的特殊政策。因此，基于这一特殊的国情语境并为了本书研究上的便利，也将其与内地所开展的经贸交流合作作为省域经济外交的宽广范畴。

第三节
研究文献综述

共建"一带一路"是当前中国倡导推进的对外开放总牵引及头号工程,毫无疑问成为新时代中国省域经济外交推进的宏大时代背景及重大历史性机遇。省域深度参与"一带一路"建设,不仅是其在中央总体外交框架下坚决贯彻落实中央部署要求的实际行动,也是把握新时代、新趋势、新要求抢抓重大历史机遇的必然要求。因此,立足新时代新高度展开省域经济外交研究,既涉及省域经济外交的合法性研究,也涉及"一带一路"倡议与省域经济外交的内在关联性研究,还涉及省域经济外交各领域具体工作推进的专题研究。本书以广东为实证案例对上述问题的现有研究成果进行回顾梳理时发现,学界对深入推进省域经济外交的必要性、紧迫性已逐步形成共识,但专门围绕省域经济外交展开集成综合研究的还相对较少,特别是把省域经济外交与"一带一路"倡议进行内在关联性研究的更少。相比之下,不少学者以广东为例围绕某一些具体领域工作如"引进来""走出去"等开展了不少细化性研究,有的还形成了一些有代表性的观点。

一、省域经济外交内在运行机理研究成果

学界从中国属于单一制国家、外交属中央事权等大逻辑出发，从中央与地方分权治理体制的角度，从政治集权与经济分权相结合的中国模式，研究包括广东在内的中国省域作为次国家行为体开展经济外交的合法性、内在机理，以及存在的一些突出问题等，产生了一批研究成果。

一些研究认为，省域地方政府作为次国家行为体开展经济外交，是全球化背景下的必然，顺应了历史大势，符合时代潮流。有的学者认为，在全球化背景下，次国家政府的国际合作日益频繁，开始在自身的职能和权限范围内根据地区发展的实际需要开展国际合作，客观上推动了地区经济社会的发展，也在一定程度上促进了国家利益的整体提升，并为中央政府国际合作做出了有效探索和补充。其不仅在当前和短期内产生了积极作用，而且代表了未来发展方向，是顺应全球化发展的一种长期趋势[1]。有的学者指出，地方政府国际合作是在全球化深入展开的历史背景下发展勃兴的。全球化导致了民族国家权威不断向上转移至超国家权威、向下转移至次国家行为体、向外转移至社会性行为体，这为地方政府国际合作奠定了重要基础。全球化还使国际政治出现了分合交织进行的历史现象，为地方政府国际合作提供了重要契机。地方政府国际合作的议题领域主要局限在经济社会领域，基本不涉及主权范围内的事项，因而具有明显的非主权性，促进了

---

[1] 江长新：《次国家政府参与国际合作问题研究——以吉林省政府为例》，吉林大学博士学位论文，2011年5月。

中国多维外交格局的形成①。有的学者认为，在全球化的时代背景和中国走和平发展道路的政策指引下，中国地方政府在对外关系中的参与程度也达到了一个新的水平，成为当代中国政治经济生活中的突出现象。在新的国际环境下，中国对外关系展开中存在央地协力的政策倾向，中国在内外关系协调发展的实践中实现了国内国际制度建设下的不断优化②。

一些学者以广东为例围绕省域经济外交展开的内在运行机理，以及存在的一些突出问题等进行了探讨。有的学者结合广州城市外交实践提出，在全球化深入推进背景下，城市作为财富、人才等聚集地，发展节点功能逐步突出；城市作为非国家行为体，不同于传统的国与国之间的外交形式、性质和特征，是一国总体外交的有益补充③。有的学者结合广东与印度尼西亚的经贸往来研究指出，在中国现行行政架构框架下，中央的战略部署决定了一个地方对外经济交往的大方向和重点，而地方的发展方向则决定了地方对外经济交往的频率。在现行的政企关系现状中，地方政府的领导人仍然是地方对外经济交往的主体；地方外交的延续主要受到结构性因素的影响，地方领导人的更替可能会影响地方外交的成效，但不会影响地方外交的方向和重点④。有的学

---

① 王立军：《全球化背景下的中国地方政府国际合作》，山东大学博士学位论文，2012年3月。
② 张鹏：《中国对外关系展开中的地方参与研究》，上海外国语大学博士学位论文，2013年6月。
③ 杨勇：《全球化时代的中国城市外交——以广州为个案的研究》，暨南大学博士学位论文，2007年10月。
④ 王子昌：《地方外交的结构性分析：以广东省与印度尼西亚经贸关系为例的分析》，载《东南亚研究》，2009年第3期。

者选取广东东莞为案例研究提出，外资逐渐与中国地方政治经济网络相互融合，形成了一种新的跨境合作模式，特点是与外资合作对象为地方政府而非主权国家。外资与地方政府处于相互适应过程，外资不仅推动地方政府进一步国际化，同时还重塑央地关系，其成败关键在于地方政府对外经济行为能力的大小[①]。

国外学界也有不少研究经济外交的成果面世。其中一些学者从国家层面分析经济外交的特点和走势。其中，彼得·卡岑斯坦（Peter Kazenstei）的《权力与财富之间》分析了面对石油危机时不同国家的不同反映，提出国家的国内结构是关键变量[②]；戴安妮·坤芝（Diane Kunz）的《大炮和黄油：美国冷战时期的经济外交》以时间为维度，详细阐述了冷战期间美国对欧洲和非洲的经济外交政策。[③] 有的学者还对经济外交中的地方政府行为体进行了分析。其中，斯蒂芬·伍洛克（Stephen Woolcock）指出，经济外交所涉及的问题，如投资与保险规则、金融服务、卫生与治安等都体现了地方政府的影响力。尤其是在吸引外资方面，很多省市县等各级政府之间展开了激烈的竞争，在国际经济中一个新的现象就是，"地方政府间对外资的争夺有时甚至比国与国之间

---

① 姚家庆：《地方政府的经济外交：东莞的案例》，暨南大学博士学位论文，2011年11月。

② [美]彼得·卡岑斯坦著，陈刚译：《权力与财富之间》，长春：吉林出版集团有限责任公司，2006年版，序言。

③ Diane Kunz, Butter and Guns, America's Cold War Economic Diplomacy, New York, Free Press, 1997.

对外资的争夺还要剧烈。"①

二、"一带一路"与省域经济外交关联研究成果

从某种程度上讲,"一带一路"实施不仅对中国总体外交格局带来了深刻变化,也对省域经济外交更加主动深入拓展带来了积极效应,可以说是省域经济外交推进的重要"分水岭"。本书梳理发现,当前学界对共建"一带一路"为省域经济外交提供的宏大背景、重大机遇已逐步达成共识,但关联研究成果仍相对不多,即使有也是从一些子系统展开,集成研究还较少。学界普遍认为,"一带一路"作为中国首倡、内外上下联动的重大经济外交平台,一个突出贡献就是构筑起由中国主导的新型国际关系,逐步摆脱原来一直被动跟随式的地缘政治经济格局。这一重大变化,不仅为中国赢得更好的国际环境和发展机遇,同时也为包括广东在内的省域经济外交推进提供了更广阔参与平台。

在国家宏观层面,学者认为建构"一带一路"是党中央在国际国内形势发生深刻变化的时代背景下,以命运共同体及利益共同体的全新理念推动的新一轮对外开放,它的建设和实施将会对中华民族的伟大复兴产生深远影响,特别是在国内层面,将有利于形成中国全方位对外开放新格局,有利于推动中国东西部均衡协调发展,有利于促进中国经济、政治、文化全面发展。

---

① Stephen Woolock, "State and Non-State Actors", in Nicholas Bayne and Stephen Woolcock, The New Economic Diplomacy, Decision-Making and Negotianion in International Economic Relations, Ashgate 2003, pp.45-65.

认为"一带一路"作为新时期中国的对外开放战略，其倡导的和平发展、合作共赢、相互支持的外交理念，是新时期中国发展与世界各国关系的精髓，其贯彻实施将会惠及周边国家和地区，给中国带来新的发展机遇①。认为"一带一路"是中国与世界关系变化的产物，从最初作为对外政策的倡议，逐渐转变为统筹国内发展和对外开放的大战略，其本质上是中国寻求建立以合作共赢为核心的新型国际关系的重要载体，致力于做一个负责任、敢担当的大国，其核心是中国要学习做建设性领导者，为国际社会提供更多的国际公共产品②。认为"一带一路"是中国继往开来倡导提出的前所未有的全球经济发展战略，有利于国内经济走出国门实现发展模式全面转变，同时以合作共赢形式扭转经济"逆全球化"走势，为中国与世界发展注入巨大的正能量③。认为全球经济"新常态"正在形成，中国经济的全球影响日益凸显，中国需要为全球提供更多的公共产品，"一带一路"倡议作为中国新时期的对外开放战略提出，有利于发挥我国在改革全球治理结构领域的新兴大国主导作用④。有的学者从共生国际体系角度阐述"一带一路"及命运共同体理念，认为国际社会的相互依存达到前所未有的广度和深度，同时全球性挑战也日益增多，"你中有

---

① 胡伟：《"一带一路"：打造中国与世界命运共同体》，北京：人民出版社，2016年版，序言。
② 赵可金：《"一带一路"的中国方略研究》，载《新疆师范大学学报》（哲学社会科学版），2016年第1期。
③ 冯并：《"一带一路"：全球发展的中国逻辑》，北京：中国民主法制出版社，2015年版，1—105页。
④ 赵晋平等：《聚焦"一带一路"：经济影响与政策举措》，北京：中国发展出版社，2015年版，1—39页。

我、我中有你""一荣俱荣、一损俱损"的格局既使得维护和平的成本空前提高，但也导致各国维护和平的意愿空前高涨，更促使优化共生关系成为必然①。有的学者认为，在时代呼唤之下，我们通过"一带一路"给世界带来什么、输出什么，这是一个值得深入思考的问题。纵观历史上每一个具有影响力大国的崛起，都向世界输出过标志性的事物。如今，"一带一路"倡议摆在了我们的面前，在经济发展与区域合作之外，我们想要向世界展现出一个什么样的中国？我们究竟有什么名片要向世界展示？这些追问要绵延于"一带一路"进程中的每一个环节，是需要深刻反思和总结的重要内容②。认为长期以来中国外交一直把大国关系作为重中之重，因为国际关系的结构性问题主要是由大国关系来决定。特别是改革开放以来，中国要融入国际体系之中，而主导国际体系的无疑是大国尤其是美国和欧洲主要国家。"一带一路"倡议的提出为中国外交调整甚至是外交转型提供了一个极好的机遇③。认为"一带一路"倡议的经济外交属性契合地方外交特质，激活了地方外交的内在动力，中央政府的政策性放权助推了地方外交，沿线国家扩大合作的愿望成为地方外交的外在拉力④。

---

① 蔡亮：《共生国际体系的优化：从和平共处到命运共同体》，载《社会科学》，2014年第9期。

② 刘伟、郭濂：《"一带一路"：全球价值双环流下的区域互惠共赢》，北京：北京大学出版社，2015年版，序言3-4页。

③ 胡键：《"一带一路"：战略构想与其实践研究》，北京：时事出版社，2016年版，45页；孙绍勇：《协同推进态势下"一带一路"发展机遇的辩证统一》，载《理论学刊》，2017年第9期。

④ 陈翔、韦红：《"一带一路"建设视野下的中国地方外交》，载《国际观察》，2016年第6期。

不少学者结合"一带一路"倡议,以广东为例提出其配合"一带一路"落地实施的思路与举措。有的学者认为,广东应利用快速发展形成的优势积极参与"海上新丝路"建设,当好建设排头兵,率先推进广东与沿线各国经贸、科技、文化等交流合作关系,在国家战略中发挥应有作用①;把"一带一路"和自贸区战略作为广东打造开放型经济新体制的两大抓手,实行双轮驱动,其中在"走出去"方面要从产品"走出去"转向产业"走出去",并把产业融入全球产业链②。有的学者从凝聚各方力量的视角,认为在共建"一带一路"过程中,华侨华人可以成为跨境合作的独特资源,他们的地位与作用是显而易见的,不容忽视也不可忽视③。认为无论从哪种角度解读,华侨华人都是"一带一路"倡议一个十分重要的组成部分,需注意其实施可能给华侨华人带来的不利影响④。有的学者从城市参与的角度,认为我国力推"一带一路"背景下广州的城市发展面临大有作为的重要机遇期,依据国家战略、地缘区位、资源禀赋,广州完全有能力、有条件、有信心担当排头兵⑤;对于广州在"一带一路"中的战略

---

① 陈万灵:《广东参与"海上新丝路"的战略思考》,载《广东经济》,2014年第9期。

② 杨广丽:《大力发展离岸贸易 加快广东自贸区服务功能升级》,载《广东经济》,2015年第9期。

③ 赵思洋:《华侨华人、中国外交与国际关系——张振江教授访谈》,载《国际政治研究》,2016年第5期。

④ 王子昌:《"一带一路"倡议与华侨华人的逻辑连接》,载《东南亚研究》,2015年第3期。

⑤ 郭凡、蔡国萱:《21世纪海上丝绸之路与广州》,广州:中山大学出版社,2015年版,6—12页。

定位，也应在传承历史传统的基础上赋予新的时代特色，赋予以新的阐释①。有的学者从机遇挑战及对策的角度，认为广东具有深度参与国家"一带一路"特别是海上丝绸之路建设的诸多有利条件，但也面临一些政治风险、创新机制风险、产业转移风险等②；"一带一路"区域经济和产业发展差异明显，合作受政治外交等因素干扰，粤港澳合作与"一带一路"区域协同发展必须创新相应合作机制③。有的学者从微观角度，认为广东高水平大学建设必须与国家"一带一路"建设相结合，才能取得最好的战略叠加效果，在两者相结合过程中，广东高校可以依托自身的资源与优势，在创新理念、机制建设和具体路径三个方面发挥积极作用④。有的学者从地缘经济功能重塑的角度，认为广东因其雄厚经济实力、特殊区位优势、港澳极化外溢、开放优势传承弘扬等有力支撑，在中国以共建"一带一路"为牵引日益走近世界舞台中央的历史背景下，其地缘经济功能凸显出进一步重塑优化的新机遇，需要从增强内核、纳入国家盘子、强化自主体系等方面综合施策，破解难题、强化优势。⑤

---

① 曹云华、李皖南：《广州与"21世纪海上丝绸之路"建设》，北京：中国经济出版社，2017年版，5-21页。

② 于之倩、杜文洁：《广东"一带一路"经贸合作的战略选择》，载《市场经济与价格》，2016年第12期。

③ 左晓安：《与"一带一路"倡议协调发展的粤港澳合作机制创新》，载《特区经济》，2017年第1期。

④ 李丹阳：《广东高水平大学建设与"一带一路"相结合研究》，载《广东省社会主义学院学报》，2017年第2期。

⑤ 蔡立辉、梁钢华：《"一带一路"与广东地缘经济功能重塑》，载《暨南学报（哲学社会科学版）》，2019年第6期。

东盟主要国家与广东隔南海相望,是广东最主要的贸易伙伴之一,不少学者为此就"一带一路"与广东东盟经贸合作深化展开研究,认为广东与东盟产业合作还不足,应充分利用双方的比较优势,加强双方政府沟通对话,积极构建产业合作平台,政府出台相关优惠政策,创新产业合作模式,政府、企业、市场要三位一体共同发力[1];应在"一带一路"倡议下加强与东盟国家科技合作,建立广东与东盟科技合作圈[2];应加强广东与东盟合作平台建设[3];应加强广东与东盟的交通基础设施互联互通,并建立相应的信息共享和运行机制[4];应把握机遇、应对挑战,从争取国家支持、加强组织化程度、突出合作重点、强化服务保障、发挥华侨华人助推作用等综合施策加以解决[5],等等。

广东亚太创新经济研究院受广东省商务厅委托,从2013年起编制"一带一路"沿线国家市场环境研究系列丛书,首批印行俄罗斯、印度、巴西、南非等金砖国家的市场环境分析与研究报告,认为广东在对接"一带一路"进程中,除发展先进制造业和现代服务业的若干重要支柱产业外,还应重视做大做强海

---

[1] 吴淑娟、梁紫媚:《"一带一路"建设背景下加快广东省向东盟产业投资的研究》,载《东南亚纵横》,2016年第3期;刘辉军、白福臣:《广东与东盟产业合作的路径选择——基于比较优势理论分析》,载《当代经济》,2017年第25期。

[2] 王瑞良、肖奎喜:《"一带一路"与广东东盟科技合作圈建设研究》,载《东莞理工学院学报》,2016年第6期。

[3] 周春霞:《21世纪海上丝绸之路背景下广东—东盟合作平台建设机制研究》,载《广东经济》,2016年第11期。

[4] 邵玉华:《"一带一路"倡议下广东—东盟互联互通货运通道建设对策的探讨》,载《铁道货运》,2016年第3期。

[5] 蔡立辉、梁钢华:《"一带一路"与广东东盟经贸合作的深化研究》,载《学术研究》,2019年第6期。

洋经济、海丝文化旅游、时尚产品等相关产业群体①。广东省政府新闻办联手国务院国资委研究中心、北京大学光华管理学院，自2017年起每年对外发布《中国广东企业"一带一路"走出去行动报告》，梳理广东企业在"一带一路"沿线国家对外经济合作情况，为企业走出去提供参照体系。②中山大学粤港澳发展研究院毛艳华教授团队编著《广东参与"一带一路"建设蓝皮书（2013—2018）》，对"一带一路"倡议提出以来广东参与"一带一路"建设在各个领域取得的成绩和存在的问题进行总结研究，认为未来广东应通过建立海外园区、打造现代服务体系、扩大进口等方式综合平衡与沿线国家的进出口规模、商品结构和国别结构，充分挖掘各自的比较优势，强化与沿线国家的价值链合作。③

由于"一带一路"倡议提出的时间不算太长，目前学界探讨省域在"一带一路"建设中参与互动及其作用机制的研究成果仍然有限。但学界认为，要扎实做好新形势下的"一带一路"工作，既要充分发挥好中央主导权和顶层设计，也要充分激发中国地方政府的积极性、主动性，推动其在"一带一路"倡议实施乃至命运共同体构建过程中发挥重要作用，形成上下联动、各负其责的推进格局。

---

① 董小麟：《对建设"一带一路"若干问题的再认识》，载《市场经济与创新驱动——2015岭南经济论坛暨广东社会科学学术年会分会场论文集》，2015年版。

② 广东省政府新闻办：《中国广东企业"一带一路"走出去行动报告2017》《中国广东企业"一带一路"走出去行动报告2018》。

③ 毛艳华、荣健欣、邹嘉龄等：《广东参与"一带一路"建设蓝皮书（2013—2018）》，广州：广东人民出版社，2018年版，46-59页。

三、省域经济外交主要领域工作研究成果

梳理发现，目前对作为省域经济外交主体的经济合作外交展开研究的居多，并且对其很多领域进行了较为深入的探讨。自中国改革开放率先在广东实施以来，学界对广东等省域的经济合作外交工作推进高度关注，相关研究主要围绕对外贸易、利用外资、企业"走出去"、营商环境塑造等子系统展开，形成了一批细化性研究成果，但总体上分布不均，集成研究也相对不足。

（一）关于对外贸易

一是对外贸方式与结构展开研究。主要以广东为例围绕其外贸发展的实践及反映的规律展开研究，前期多结合外资引入研究加工贸易问题；而后较多开展不同地区、不同国家外贸方式的比较研究，同时展开了加强一般贸易、实现贸易方式转变的研究。期间对外贸的产品结构、市场结构等均有系统的研究。广东学者对于外贸转型的研究在国内开展较早，提出从广东省情出发，应采取出口导向为主、替代进口为辅的复合型战略模式；将来经过若干年后，在贯彻执行中央制定的沿海地区经济发展战略的过程中，应在发展技术、资本、知识密集型产业方面先行一步[①]。在外贸出口国别方面，较多学者在20世纪90年代以来提出要实行市场多元化，特别是金融危机冲击下，广东等省域更要开拓新兴市

---

① 曾牧野：《学习邓小平对外开放理论的三点认识》，载《南方经济》，1994年第11期。

场，改变出口市场过于集中在欧美和中国港澳的局限性，从出口的数量型向质量型转变，出口要从低成本扩张逐步转变为以品牌质量取胜①。

二是对"入世"影响省域外贸的情况展开研究。大多学者认为，"入世"有利于广东等省域扩大外贸市场，但也有一些学者更辩证地分析可能带来的二元影响，如"入世"后广东对外贸易依存度会进一步提高，短期会产生一定影响，对一般贸易会产生较大冲击；还必须关注"入世"后对人力资源的争夺这个问题。他们同时提出了对策：广东等省域外贸要打造新增长点，通过科技兴贸、扩大进口、发展生产性企业，以及扩大私营企业出口、做大技术和服务的出口、发展电子商务、做好加工贸易特别是开拓境外加工贸易、增加外商投资等，以促进出口和进口两个方向的贸易②。这些前瞻性的研究，基本被后续的实践所采纳。

三是对外贸与环境关系展开研究。对于早期外资进入后产生环境污染的问题，多有反思与剖析；进入21世纪以来，学者展开了进一步深化的分析。有学者以广东为例对其出口贸易对环境影响的实证分析表明：广东等省域对外贸易规模扩大将使环境进一步恶化，而出口商品结构的可持续性优化将有利于环境的改善③。这对于优化出口产品和出口产业结构的战略调整，提供了经济利

---

① 李惠武：《供给侧结构改革、促进就业与发展民营经济》，载《广东经济》，2017年第2期。
② 沈伯明：《入世后广东加快实施"走出去"发展战略》，载《国际经贸探索》，2003年第6期。
③ 张梅：《广东出口贸易对环境影响的实证分析》，载《国际贸易问题》，2006年第4期。

益考量之外的环境价值的启迪。

四是提出完善外贸产业体系问题。如提出应大力扶持发展广东等省域的外贸综合服务新业态，认为这是通过外贸供应链集成，为生产型企业提供除生产以外的一揽子解决方案的一站式外包服务，建议其先行先试探索建立行业规范标准及配套政策[①]。在国际金融危机背景下，一些学者提出以海外并购的方式，建立国际营销渠道体系，建立发达省域全球销售网络[②]。有的学者认为，服务业对外开放是实现广东等省域产业转型升级的必要选择，要扩大其对外开放的力度和水平，从搞好顶层设计、制定对外开放总体规划、坚持"走出去"和"引进来"双向互动、加强区域分工合作、创新服务业体制机制等入手[③]。

（二）关于利用外资

利用外资是获得外部资本以及先进技术与管理经验的重要方式与渠道，是实现地方经济增长的重要途径。学界研究分析了利用外资的结构性问题，提出优化外资利用的产业结构与来源地、引入地的结构等对策建议。有的学者以广东为例指出，其农业利用外资太少，资金到位率低（不足1/3，有的年份只有百分之十

---

① 蔡祖顺、张良亮：《全国视野下的广东经济走向》，载《南方》，2015年第9期。

② 冯邦彦、彭岚：《广东经济空间结构演变及优化》，载《广东商学院学报》，2009年第6期；董小麟：《当前国际经济形势变化的影响与对策——从广东/广州当前经济发展态势得出的思考》，载《国际经贸探索》，2009年第4期。

③ 夏杰长、林吉双、黄立军：《广东服务业对外开放报告2014》，北京：经济管理出版社，2014年版，1—22页。

几)、波动性大,个中原因有认识不到位、引导不足及外资政策对农业没有倾斜等;并提出农业利用外资,要把引进设备、技术和良种摆在更加重要的位置上,而且严格保护耕地①。部分学者对比了广东利用外资的结构和全球趋势的差异,指出全球资本流集中服务业是全球经济一体化向纵深发展的必然趋势,而广东服务业实际利用外商直接投资总额超过50%集中在批发零售、房地产等传统服务业,利用外商直接投资水平不高。从投资来源看,1979—2015年间广东实际利用外商直接投资的75.8%来自亚洲地区,其中一地就占到了63.2%,同期来自美日欧所占比重只有10%左右,不利于广东产业转型升级的实际需求②。

学界还针对利用外资的效益或效应问题展开研究。在引入外资的早期,就有学者建议要通过利用外资,达到改造生产领域老企业的目的③。学者以广东为例对其利用外资质量作了定量评估,指出要积极引导鼓励外资向高新技术产业、农业新技术等流动,增强外资对优化产业结构的积极作用④。还有学者指出,广东等省域直接利用外资对国内投资有即期挤出效应,建议积极引进产业关联度高的外资项目,重点引进技术含量高的大型项目,

---

① 李中:《广东农业利用外资问题研究》,载《中国农村经济》,1996年第3期。

② 魏作磊、詹迂羽:《改革开放40年广东服务业利用外资分析与展望》,载《发展改革理论与实践》,2017年第1期。

③ 李克华、刘春琪:《利用外资加速广州工业企业技术改造问题初探》,载《广东社会科学》,1984年第1期。

④ 叶勇、张丹:《广东外资利用质量评估——基于因子分析法的研究》,载《特区经济》,2011年第10期。

增强技术溢出效应[1]。

(三) 关于企业"走出去"

限于数据获取的难度，专门针对省域这一方面所展开的深入研究还相对较少。有的学者建议通过建立海外工业园、产业园的方式，引导广东等省域企业在海外建立产业集群，提升投资效益[2]。有的学者对于企业特别是中小企业"走出去"提出了产业选择、国别选择、方式选择等序列化的策略建议[3]。此外，还有不少学者建议广东等省域企业可以选择多种形式发展自己的跨国企业[4]。有的学者从全国数据研究发现，对外直接投资存在显著的逆向技术溢出效应，但这受限于各个省区市的消化吸收能力，在行业上也存在明显差异[5]。

(四) 关于国际营商环境塑造

营商环境研究不局限于自身，也包含国际营商环境的研究。一类是进行国内外营商环境的比较研究，研究国际先进经济体的

---

[1] 邵学言等：《广东FDI对国内投资挤出效应的实证研究》，载《南方金融》，2006年第10期。

[2] 潘叙迭：《广东企业"走出去"应对策略》，载《大经贸》，2007年第7期。

[3] 董小麟：《关于提升我国中小企业国际化水平的思考》，载《国际经贸探索》，2012年第4期。

[4] 刘城：《广东培育本土跨国公司战略研究》，广州：华南理工大学出版社，2014年版。

[5] 霍忻：《中国OFDI逆向技术溢出效应的地区差异分析》，载《广东财经大学学报》，2015年第5期。

营商环境,作为中国及各省域营商环境的参照系;另一类是研究他国的营商环境,供企业对外贸易与对外投资参考,增进企业开展对外经济关系时加强对对方国家和地区的了解。不少学者多方面论证了营商环境建设的内涵、意义,实证分析了广东建设国际化、法治化、便利化营商环境中的经验与存在的不足,指出了完善的建议①。有学者在开发区等基础上提出外经贸功能园区概念,认为外经贸功能园区是具有国际贸易、投资功能的特殊经济地理管辖区域,值得加大力度谋划布局②。考虑到营商环境评价的标准对于实践的意义重大,广东亚太创新经济研究院作了《广东营商环境指标体系研究》,建立一套测评标准,对营商环境在一般定性分析中引入定量测评③。有学者提出,要发挥自贸区引领新一轮高水平对外开放的优势,以推进"开放+"为行动纲领,不断拓展国际和区域经济合作的领域和空间,努力建设更具活力的开放型经济运行新体制④。有学者建议以自贸试验片区法治创新推进深港合作,推动前海法治环境建设完善,在深层次上解决前海深港合作的法律制度困境⑤。

---

① 康念福:《广东建设法治化国际化的营商环境及对策建议》,载《广东经济》,2012年第9期;黄吉乔等:《推进深圳法治化国际化营商环境建设的国际比较分析及启示》,载《市场经济与价格》,2014年第2期。

② 陈万灵:《广东对外经济贸易发展研究报告(2014—2015)》,北京:社会科学文献出版社,2015年版。

③ 胡益等:《广东营商环境指标体系研究》,载《市场经济与创新驱动——2015岭南经济论坛暨广东社会科学学术年会分会场文集》,2015年版。

④ 覃剑:《广州市构建开放型经济新体制路径研究》,载《对外经贸》,2016年第10期。

⑤ 吴燕妮:《以自贸区法治创新推进深港深度合作》,载《开放导报》,2017年第4期。

四、前期研究成果评述

综上所述，前人的研究成果多以次国家政府外交为理论基础，对广东等省域深入推进经济外交的相关问题进行研究，其中部分已对中国逐步走近世界舞台中央进程中如何进一步把握和利用好省域等地方政府力量这些问题予以关切，推动了国际关系与省域经济外交形成关联研究，并对中国次国家政府外交和经济外交的制度完善产生一定参考价值。前人研究成果为本书的深化研究奠定了很好基础。需要强调的是，在已有的研究中，由于受多方面因素制约，相关研究还存在一些不足。主要体现在：

一是集成研究仍相对偏少。与当前经济外交日益重要的形势格局相比，学界对包括广东在内的省域经济外交展开的集成研究仍然较少。从目前的成果看，仍较为集中地围绕其某个子系统或领域展开研究，比如对外贸易、利用外资、企业"走出去"等贸易投资领域，但围绕经济外交做集成综合研究屈指可数。由于各方面限制，学界对以广东为例的省域经济外交的客观运行规律、历史进程与未来发展趋势等全链条的认识还有待进一步加强，唯有如此才能更好地服务政府决策和整体推进实际工作。

二是对广东等省域的经验模式研究还有待深化。最直观的表现，就是还没有对其省域经济外交最具规律性的模式特征和鲜明主线，即主动适应实践进行必要的梳理总结。就广东省域经济外交的专项领域研究而言，从微观个案层面研究的较多，但从宏观层面着眼的还不够，经验、体会和成就研究的较多，对成功的原因、存在的问题和应该反思之处展开的研究也还比较少。特别是各类智库的咨询研究，大多数为按照命题作文等方式展开研究，自主性序列化的长期跟踪研究做得也还不足。

三是资料收集还不够系统权威。在文献运用方面，以年鉴、媒体等公开刊载的宏观或行业统计数据为基础展开研究居多，对来自政府特别是一线职能部门的权威核心素材掌握和运用还不够，尤其对由政府组织开展形成的一些内部深度调研材料运用还相对不足。由于很多研究与一线部门的工作推进与实际需求贴得还不够紧密，其研究的对策建议在具体实践层面是否管用有效，还需要进一步印证。

综上，当前研究现状从某种程度上讲还不能很好地为中国省域经济外交的持续纵深推进提供更为有力的理论指引和实践支持，有必要结合国内外新的形势机遇、中央新的部署要求和广东等省域内在的自身需求，在前人研究的基础上展开进一步系统深化。同时，鉴于前人研究成果当中，对"一带一路"这一新倡议与省域经济外交展开的关联互动等领域尚未进行专门深入探究，对新时代省域经济外交存在的一些结构性问题及其深层原因等方面所做的梳理研究也还显得不够，这也为本书进行拓展性研究留下了空间。

第四节
内容、结构与创新

一、研究内容

鉴于目前在此领域研究存在的上述不足,本书运用国际关系的基础理论,以广东省域经济外交的探索实践为实证案例开展集成研究,系统梳理总结其演进过程所形成的经验模式,剖析在新形势特别是共建"一带一路"背景下所面临的形势机遇和存在的主要不足,在剖析其深层原因的基础上,研究提出相关应对方案。最后以广东为例,探讨建构具有共性规律及中国话语特点的中国省域经济外交理论图谱和实践范式。

本书研究的重点内容和主要问题有:①指引省域经济外交开展的基础理论与一般性解释是什么?②共建"一带一路"给省域经济外交带来哪些深刻变化和重大机遇?它们之间存在哪些高度关联的内在互动规律?③以广东为例的省域经济外交实践的基本原理与经验模式是什么?④与新背景、新定位、新要求相比,以广东为例的新时代省域经济外交存在哪些短板与不足,深层原因是什么，有哪些更好的应对解决方案？⑤以广东为例的省域经济外交在整个国家经济外交中的地位作用如何，是否具有全国普遍适用性，对新形势下央省关系更良性互动提出哪些新命题？

二、框架结构

这里强调的框架结构，实际上就是我们常讲的思维导图，指出本书的核心问题及分析论证的理论、方法、路径与结论。具体而言，本书共分为五个部分（见图1-1）。

第一部分是"导论"（即第一章），主要论述本书研究的缘起与意义，核心概念界定等，在分析国内外研究现状基础上，指出本书的研究内容、框架、创新与不足。

第二部分是"理论"（即第二章），主要阐述本书运用的基础理论及研究设计，提出所运用的基础理论及一般性解释，以及理论视域下以广东为例的省域经济外交的基本原理，最后提出本书的相关研究设计。

第三部分是"总论"（即第三章到第四章），运用翔实权威素材以广东为例对其省域经济外交的历史演进、经验模式，以及"一带一路"背景下所面临的形势与机遇、短板与不足、深层原因等进行全面梳理、总结和解读。

第四部分是"策论"（第五章），根据新背景、新定位、新要求，以广东为例提出新时代省域经济外交深入推进的路径方法和"四梁八柱"具体举措。

第五部分是"结论"。主要凝练提出以广东为例的实践所产生的全国辐射效应，进而指出其面临的挑战，最后提出完善的初步构想，以及进一步深化研究的思考。

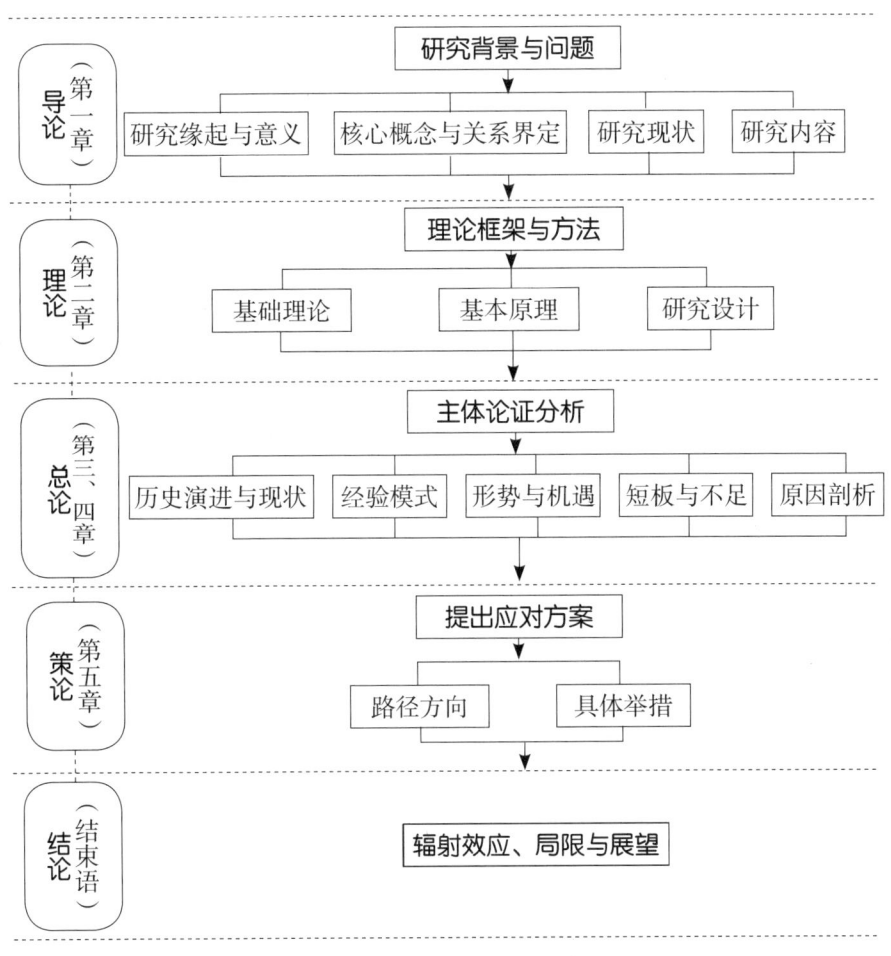

图1-1 本书框架结构

三、主要创新与不足

本书在前人理论和实践研究积累的基础上，力求在以下几方面有所创新：

一是在理论上，本书借助于国际关系学相关理论来分析中国省域对外开放及国际经贸交流合作，特别是运用次国家政府外交理论、世界体系论，以及政治经济学中的中央与地方关系理论等合理成分，集成搭建中国省域经济外交与"一带一路"相互作用的理论框架和实践范式，这在国内的类似研究中仍不多见。

二是在实践上，作者利用在党政机关工作的便利，参与和见证了广东省域经济外交推进落地的一些重大调研与决策，经常与省市相关负责人直接交流，深入查阅广东省域经济外交工作的各类文献素材和会议资料，深入全省重点地区及核心企业调研考察，从而获取丰富系统的第一手权威资料，这些硬件是大多数实际研究者所不具备的。

三是在成果上，作者在研究过程中运用所收集掌握的翔实权威素材，对广东实践特别是其演进、经验、形势、不足等进行了新的梳理解读，并将其上升到中国省域经济外交的共性层面，这种系统性的集成研究成果目前仍然不多。特别是本书以广东为例创新提出并系统阐明中国省域经济外交概念及其运行原理、"一带一路"倡议与其高度关联、"三个主动适应"模式、"五个力不足"论断、"四梁八柱"应对方案等研究成果，对丰富学界类似研究起到抛砖引玉的作用。

不足方面：第一，受作者长期在体制内特别是党政机关工作所形成的思维制约，对一些更为前沿的理论与实践问题的拓展创新研究还略显不足。比如，对关乎中国省域经济外交主动拓展的关键问题，也就是在中央与地方关系格局下省域经济外交该如何把控好自身主动性与中央授权性的边界力度方面，所做的探讨研究显得还有点保守。第二，因为本书是基于理论视角下以广东为例关于中国省域经济外交所展开的对策研究，对广东实践的历程经验、结构问题与思路对策等方面下力较大、着墨较多，但在理论凝练与拓展方面还有一定的提升空间。第三，由于国外对广东等中国省域经济外交所开展的实证研究并不多，同时对国外相关研究成果的收集难度也相对较大，因此对其利用也还显得不够。

第二章
省域经济外交理论基础与研究设计

　　科学理论的价值就在于回答时代课题，推动实践发展。[①]本章作为全书研究的理论框架部分，将对本书研究所运用的相关基础理论进行综合梳理，并基于这些基础理论为本书研究建立一个理论分析框架。本章共分为四节：第一节概述了为本书研究提供支持的相关基础理论及其一般性解释；第二节具体分析了在上述基础理论视角下以广东为例的中国省域经济外交展开的一些基本原理；第三节提出基于理论与原理之下本书的具体研究设计；最后是本章小节。

---

① 中共中央宣传部：《习近平新时代中国特色社会主义思想三十讲》，北京：学习出版社，2018年版，9页。

第一节
本书运用的基础理论概述

本书运用的基础理论主要有三个，即国际关系学中的次国家政府外交理论、政治经济学中的中央与地方关系理论以及世界体系论。运用次国家政府外交理论，主要是解释广东等中国省域经济外交展开的现实可行性、时代必要性和未来纵深性。运用中央与地方关系理论，主要是解释省域经济外交推进的合法性和权责边界。在此之外，本书还运用世界体系论，主要是借助其分析框架解释中国崛起与"一带一路"背景的深刻时代内涵，及其与省域经济外交的高度关联、带来的重大机遇和历史使命。也就是说，运用世界体系论，主要从理论上解释新时代广东等中国省域经济外交推进的世界坐标及历史方位，尤其彰显出广东作为中国第一经济大省及第一外贸大省，必须在中国推进大国和平崛起的历史进程中具有更宏大的雄心魄力、更强大的国家整体思维及更突出的省域主动作为，并将其贯穿于广东省域经济外交的全过程、各方面，在任何时候都不能有丝毫自满与懈怠。

一、次国家政府外交理论

一直以来，传统的国际关系理论比较偏重于对国家行为体开展分析，对作为次国家行为体的省域等地方政府的研究还相对较少。自20世纪80年代以来，随着国际格局体系的变化以及对外交往实践的逐步演进，学界对其展开的相关研究也呈现增多趋势。[①]

在这方面的研究当中，国外学者结合联邦制国家的特点，对地方政府对外事务展开探讨。其中，由美国学者约瑟夫·奈（Joseph Nye）和罗伯特·基欧汉（Robert Keohane）合著的《权力与相互依赖》（*Power and Interdepence*）一书的问世及其创建的复合相互依赖理论，冲击了"国家中心"范式，认为国家权力日益向次国家行为体扩散。[②]

随着研究的不断深入，学者们以不同类型次国家行为体的外交作用为案例进行总结，并归纳出若干理论，其中较具代表性的是"平行外交"和"多层外交"理论。帕纳耀惕·索尔达托（Panayotos Soldatos）和伊夫·杜恰切克（Ivo Duchacek）等提出、发展和建构了"平行外交"理论（Paradiplomacy），认为地方政府作为次国家行为体的一种典型形式，在国际舞台上的存在已是不争的事实，其国际行为具备了目标、战略、策略、机制、决策过程、手段和"外交政策"产出，因而与国家的外交政策并

[①] 叶桂平：《次国家行为体的对外关系研究——以澳门特别行政区为例》，载《世界经济与政治》，2013年第2期。

[②] ［美］约瑟夫·奈、罗伯特·基欧汉著，门洪华译：《权力与相互依赖》，北京：北京大学出版社，2002年版，卷首语。

没有多少不同。①

继平行外交理论之后，英国学者白里安·豪京（Brain Hocking）在《外交政策的地方化：次国家政府和多层外交》中提出"多层外交"理论（Multi-layered diplomacy），认为全球化进程中国内政治国际化和国际政治国内化的双重趋势作用明显，公民社会、地方政治、国家政治和国际政治日益结合为一个多层政治舞台，世界政治的多层博弈结构也催生了新的多层外交。②

除此以外，其他相关理论如"全球治理"理论、"两枝世界"理论等都对非主权行为的国际参与给予了高度的重视。③詹姆斯·罗西瑙（James Rosenau）在其提出的"两枝世界"理论（Bifurcated structure of world）中总结了当今世界已同时出现分散化和一体化两种趋势，认为国家行为体和次国家行为体是对等的，其相互竞争、合作、互动或共存，不断挑战和削弱传统国家行为体的主导作用。④

结合这一时期西方学者的研究结果，中国许多国际问题学者对关于国际关系行为体正不断趋向多元方面也有许多论述，普遍

---

① 陈志敏：《次国家政府与对外事务》，北京：长征出版社，2001年版，10-11页。

② Brain Hocking, Localizing Foreign Policy, Nocentral Governments and Multi-layered Diplomacy, London: The Mac.Millan Press Limited, 1993, pp.34-35。

③ 姚家庆：《地方政府的经济外交：东莞的案例》，暨南大学博士学位论文，2011年11月。

④ James Rosenau, Turbulence in World Politics, A Theory of Change and Continuity, Princeton: Princeton University Press, 1990; Raymond Saner and Lichia Yiu, "International Economic Diplomacy: Mutations in Post-Modern Times", Netherlands Institute of International Relations, Discussion Paper No.84, 2003, p.6.

认为国际体系的发展带有明显的多重化，非国家行为体正在不断增加，国家和非国家行为体之间的互动，已成为当代国际体系发展演变的一个重要环节。①还有学者指出，次国家行为体在国际关系中的参与，使得巩固国家对外经济政策的工作更加复杂，并对外事工作构成新的挑战。②

这些相关研究认为，当今世界的国际交往已不仅仅局限于中央政府间和国际组织间开展，地方政府作为次国家政府行为体的典型代表，也在发挥着越来越重要的作用。在中国，地方政府对外交往的热心程度并不亚于西方发达国家中的次国家政府，其在改革开放中获得了对外交往的更大自主权，具备了行为动机和行为能力。③以省域为例，其经济外交属于次国家政府外交的范畴，不同于以往的国与国之间的对外交往形式、性质和特征，它所享有的对外事务授权属于一个国家内的地方行政、经济实体的职能性权力。地方政府对外关系战略与国家发展总体战略是相一致的，是一国总体外交的有益补充，也成为世界普遍潮流。④权力从国家向非国家行为体的弥散过程，动摇了传统外交的权威

---

① 陈志敏：《次国家政府与对外事务》，北京：长征出版社，2001年版，317—330页。

② 叶桂平：《次国家行为体的对外关系研究——以澳门特别行政区为例》，载《世界经济与政治》，2013年第2期。

③ 陈志敏：《次国家政府与对外事务》，北京：长征出版社，2001年版，11页。

④ 赵可金：《公共外交的理论与实践》，上海：上海辞书出版社，2007年版，9页。

基础，直接改变了外交的内容。①像世界许多新兴工业化国家一样，在全球化发展过程中，中国的次中央外交或者次国家政府的国际行为也相应增长。一方面，次国家政府和组织日益介入国家的对外政策的制定过程；另一方面，次国家政府和组织开展了越来越广泛的国际活动，表达了新的市场化和法制化条件下地方各级政府和组织的自主意识，产生了广泛深远的影响。②作为一个单一制国家，中国地方政府对外交往的从属性和合作性大于其对中央政府整体外交构成的竞争性，中国特色的行政管理体系在一定程度上保证了地方政府的外交行为不至于损害中央政府的对外政策目标。在新的形势下，中央与地方政府的外交活动的协调方面，已不仅局限在减少冲突的有限目标上，而是对进一步完善协调机制提出了新要求，以更加充分发挥地方政府的独特作用。

在这一理论视角下，加大对次国家政府经济外交的授权，成为当前世界外交领域的一大趋势。单一制国家也不例外，其外交的地方化逐步成为大方向、大趋势，省域经济外交模式逐步合法化、机制化和制度化。中国自1978年实行改革开放以来，特别是在共建"一带一路"的背景下，中央政府为了调动省域等地方政府的积极性和主动性，对其参与对外事务的授权力度持续增大，不仅实现了经济权力从中央向地方的转移，而且为次国家政

---

① 王逸舟：《全球政治和中国外交》，北京：世界知识出版社，2003年版，175-181页。

② 北京对外交流与外事管理研究基地编：《中国外交与北京对外交流研究报告（2017）》，北京：世界知识出版社，2018年版，69-139页。

府参与外交事务提供了战略和制度保障。总体上，伴随着中央政府不断以授权方式对地方开展"放管服"改革①，省域在经济领域和国际间活动的自主性和能量逐步增强，对外交往得到了蓬勃发展，在国际舞台上发挥的作用愈加显著。特别是"一带一路"倡议的提出为我国总体外交工作提出了新的任务，共建"一带一路"的设计与落实更需要发挥次国家政府外交的独特优势，这在一定程度上对中央与地方的关系加以重新调适，使次国家政府外交具有更多的战略性作用与意义。

综上，次国家政府外交如今已成为中国开展同周边地区跨境合作的主要形式，是国家总体对外战略的一大补充和重要组成部分，对国家对外战略的有效实施起着积极而显著的作用。②比如作为中国省级区域的广东，其欲促进地方经济发展，就必须主动走进世界，在一个高度联系互动的全球经济体系中维护和促进自身的利益；③同时，广东作为中国第一经济大省、第一对外经贸大省，也有沉甸甸的政治责任和足够厚实的基础条件代表国家积极参与国际顶级经济合作与竞争。改革开放初期，广东这种跨境合作更多体现在"引进来"方面；随着中国经济快速增长并以共建"一带一路"为牵引逐步走近世界舞台中央，省域经济外交的内涵及模式也在发生重大变化，呈现出"引进来"和"走出去"

---

① "放管服"是简政放权、放管结合、优化服务的简称，"放"即简政放权、降低准入门槛，"管"即公正监管、促进公平竞争，"服"即高效服务、营造便利环境。

② 任远喆：《次国家政府外交的发展及其在中国跨境区域合作中的实践》，载《国际观察》，2017年第3期。

③ 伍俊斌：《对外交流桥头堡》，广州：广东人民出版社，2016年版，185页。

并重的新形态，广东尤其要在中国省域经济外交推进中发挥排头兵及更大引领作用。

但相对而言，以广东为例的省域经济外交工作虽然取得很好的成绩、形成扎实的基础，但面对新背景、新定位、新要求，其所面临的一些结构性挑战也越来越凸显。特别是在中央政府根据内外形势变化及整体综合考量而适时调整相关政策所凸显的不确定性，更需要把握好其权责边界，有所为有所不为。特别是广东在全国对外开放全局中的地位举足轻重、牵一发而动全身，尤其要发挥好省域经济外交的示范引领作用，运用好在吸引高质量跨国投资方面所具有的天然竞争优势，突出加强与代表国际最先进生产力水平的欧美发达国家合作，当好代表国家参与国际顶级竞争与合作的主力军。

二、中央与地方关系理论

中国作为一个高度单一制国家，省域等地方政府对外交往必须置于中央与地方关系的框架逻辑下进行，严格遵循中央授权体制，严格在中央顶层设计之下办事。只有这样才能把牢正确的政治方向，确保省域经济外交实践的合法性。

从治理的角度，"集权有其存在的历史与合理的权力。"[①] 中央集权在中国有着特殊的历史传统，中国历史上的绝大多数统一性政权都采用了中央集权的国家结构形式，"大一统""独尊

---

① 马克思、恩格斯：《马克思恩格斯全集》第41卷，北京：人民出版社，1982年版，396页。

中央"等文化传统根深蒂固。中华人民共和国成立之初,虽然当时也有过尝试实行地方自治或者联邦制的战略考量,①但最终还是建立起了中央高度集权的单一制体制。这既是中国几千年来历史传统的惯性使然,也是当时促进国家有效治理的现实需要,既有现实的偶然,也有历史的必然。

20世纪50年代以来,中国按照地域划分为若干行政区域,各行政区域受中央政权机关的集中统一领导,由此形成了自上而下的国家权力架构和运作体系。除了中央政府之外,其他各级政府都被统称为"地方政府",省(自治区、直辖市)作为中国4级地方行政体系中的第一层级,在宪法授权下运作。中央与地方的关系一直是一对矛盾,在中国历史上,如何发挥好两者的积极性,使之融洽相处,一直考验着当政者的领导艺术。②毛泽东在《论十大关系》中曾指出,"处理好中央与地方的关系,这对于我们这样的大国大党是一个十分重要的问题。"③

在多层分权治理的背景下,在中华人民共和国成立到1978年以前,地方政府对外交往获得的中央授权较少。在这方面,中国《宪法》明确规定,中国是一个单一制国家,国家处理对外事务的所有权力都归属于中央,地方政府的权力仅限于"管理本行政区域内的经济、教育、文化、科学、卫生、体育事业……"。在

---

① 苏力:《当代中国的中央与地方分权——重读〈新十大关系〉第五节》,载《中国社会科学》,2004年第2期。
② 王定毅:《习仲勋与深圳经济特区的创建——从中央与地方关系维度考察》,载《改革开放与中国特色社会主义——第十五届国史学术年会论文集》,北京:当代中国出版社,2016年版,170页。
③ 毛泽东:《毛泽东文集》第7卷,北京:人民出版社,1999年版,32页。

实际运行过程中，中国作为一个完整的主权国家，中央政府是国家对外交往中的单一主体。也就是说，中央政府统一行使外交权，地方政府不具有代表国家行使外交权的权力；地方对外工作是国家总体外交的组成部分，是经中央授权具体办事的，必须坚决贯彻执行好中央外交方针政策和外事规章制度，服从服务于中央对外工作的总体部署。在经济领域，由于当时中国一直采取高度集中于中央的全面指令性计划经济，地方政府在制订计划、使用物资、开展投资、支配财政等方面所获得的权限相当小。也就是说，当时省域等地方政府对外交往事务"少之又少"，甚至基本没有。

中国地方政府参与国际合作的动力与改革开放以来中国对外关系领域的分权是分不开的，制度性分权和政策性分权为其提供了激励和保障。[①]在1978年改革开放之后，中国为了激活地方政府参与经济发展的内生动力，开始改变中央过于集权的局面，对许多原属于中央政府的事权事项进行了下放，使得地方政府获得的自主权事项不断增多。与中央政府相比，地方政府在资源配置上具有更为明显的信息优势，这极为有利于加快其自身发展。[②]这种以发展为核心目标的地方分权，集中从财政分权和行政分权两个方面展开，也使原有的中央和地方关系发生了质的变化，从而影响了对外交往权力在中央与地方的配置格局，这也正是省域

---

① 苏长和：《中国地方政府与次区域合作：动力、行为及机制》，载《世界经济与政治》，2010年5期。

② 孙彩红、余斌：《对中国中央集权现实重要性的再认识》，载《政治学研究》，2010年第4期。

经济外交深入展开的发端。比如，从1980年开始，中央政府通过确立"分灶吃饭"的央地财政关系，就赋予了地方更大的财政管理权限，调动了地方政府增收理财的积极性而大力发展地方经济。① 1982年，全国人大第五届五次会议通过了新宪法，从政治与经济两方面对中央与地方关系进行了调整，在政治方面扩大了地方政府的行政、人事管理权限，首次确立了地方立法权限；在经济方面实行财政包干及下放了各种经济管理权限，如外资审批权、基建审批权、物价管理权等。②

在央地分权的视角下，地方政府成为推进地方经济社会发展的实施主体。中国作为单一制国家立足全局，着眼调动地方积极性、主动性，对地方对外交往逐步适度授权搞活，为地方对外交往深入开展提供合法性支撑。在现行中国国家结构形式下，地方参与国际合作对中央外交起着配合、补充和支持的作用。③但总体而言，在中央授权主导的分权治理体制之下，中央关于地方的对外交往授权仍然是"有限授权"，强调对外工作政治性很强，地方政府必须加强统筹协调，始终坚持在中央的集中统一领导下开展工作，首要任务是要全力配合好国家外交工作大局。也就是说，国家外交层面的事，一律要严格按照国家部署要求办，国家

---

① 张闫龙：《财政分权与省以下政府间关系的演变——对20世纪80年代A省财政体制改革中政府间关系变迁的个案研究》，载《社会学研究》，2006年第3期。

② 姚家庆：《地方政府的经济外交：东莞的案例》，暨南大学博士学位论文，2011年11月。

③ 王义桅：《如何克服中国公共外交悖论？》，载《东北亚论坛》，2014年第5期。

让地方做什么就做什么,地方绝不能擅自行动。当然,在服务好国家总体外交大局以外,中国的地方政府在经济对外交往方面获得了较大的政策性授权,使得地方政府可以从地方经济社会发展的实际需要出发,统筹谋划和务实推进经济对外交流合作,扎实做好引进外资、对外贸易、对外投资、人员往来等具体领域的经济外交工作,不断提升区域经济的对外开放水平,有力促进地方经济跨越发展。

在实际运作中,央地关系的协调过程也呈现不少新问题。比如,尽管中国的地方政府在某些方面的实际权限甚至大于联邦制国家的地方政府,但是由于很多没有宪法的依据,地方政府的很多改革和创新也还没有法律的保护,存在的不确定性和风险都非常大。一些地方改革者顾虑重重,既是因为缺少上层的充分授权,也是因为没有上层权力的政治支持及法律保障。①

在分权背景下,中国不断深化对外开放特别是向地方授权放权的过程,也是地方政府不断纵深推进经济外交的过程。这也成为中国改革开放以来推动地方经济趋向活跃的最关键因素之一。正如有的学者所指出的,"行政性放权开启了一个政府间关系的新时代,使地方政府获得了越来越多的自主决策权,如投资决策权、吸引外资权、外贸权等。"②省域是中国国家治理体系中的核心和基干,同时其作为中国的省级次国家区域,就是要在中央顶层设计之下认

---

① 郑永年:《中国的"行为联邦制":中央地方关系的变革与动力》,北京:东方出版社,2013年版,9页。
② 周黎安:《转型中的地方政府:官员的激励与治理》,北京:格致出版社,2008年版,77—78页。

真做好自己的分内事，即从旗帜鲜明讲政治的高度认真服务好国家总体外交，同时扎实服务好地方经济社会发展大局。

三、世界体系论

世界体系论，是20世纪70年代兴起的一种有广泛影响的理论。这一理论主要阐释世界体系得以产生、巩固和发展的过程及其原因，并对世界范围内的劳动分工进行分析，从而对剩余价值如何向中心国汇集等问题作出非常有力的解释。[1]它试图用中心边缘依附关系、世界劳动分工和阶级冲突等为变量来建立分析框架，阐述世界体系的历史演变进程，从而解释16世纪以来的世界发展史。[2]诚然，世界体系论主要阐释国家与世界之间的权力演进格局体系，本书运用这一理论，一方面是为了借用其关于"中心—半边缘—边缘"的研究视角及演进分析框架，阐释中国正以共建"一带一路"为牵引日益走近世界舞台中央的发展大势；另一方面是为了阐释广东等中国省域经济外交与其高度关联，从而找准新时代广东发展的世界坐标与历史方位。这里头包含两层含义，一是广东作为中国省域经济发展的排头兵，因其特殊的中央授权定位、区位优势、雄厚经济实力等有力支撑，在中国以共建"一带一路"为牵引日益走近世界舞台中央的历史大势下，其地缘经济功能凸显进一步重塑优化的新机遇；二是广东作为中国的

---

[1] 张康之、张桐：《"世界体系论"的"中心—边缘"概念考察》，载《中国人民大学学报》，2015年第2期。

[2] 刘晔：《世界体系理论的发展与比较》，载《海派经济学》，2015年第13卷第3期。

省级次国家区域，必须自觉顺应这一历史大势，抓牢重大机遇，扎实发挥好新时代中国省域经济发展龙头的引领功能，致力成为亚太区域乃至世界发展的重要一极。

世界体系论的主要代表人物为美国纽约州立大学教授伊曼纽尔·沃勒斯坦。伊曼纽尔·沃勒斯坦是一位著名的社会学家，但他在政治学、历史学、经济学方面也相当擅长，出版和发表了不少有影响的专著和论文，他的重要著作集中反映了世界体系论的主要观点。1974年，伊曼纽尔·沃勒斯坦的《现代世界体系》第一卷出版，学术界认为这是世界体系论创立的标志。[1]他的世界体系论是一种关于社会现代化的理论，认为西方工业革命的原因不在于这些国家的内部，而在于已经组成了单一世界体系的各国之间的关系中；在这一世界体系中，国与国之间存在着等级，少数国家成为核心国，多数国家成为它们的附属国。[2]伊曼纽尔·沃勒斯坦构建的现代世界体系论是一个由经济、政治、文化三个基本维度构成的复合体，经济体是整个世界体系的基本层面，是政治体、文化体存在和发展的决定性因素。伊曼纽尔·沃勒斯坦提出"中心—半边缘—边缘"分析模式，认为世界经济体以世界范围的劳动分工为基础建立，世界经济体包括一个占支配的中心和一个处于依附地位的外围，不同区域（中心、边缘、半边缘）被派定承担特殊的经济角色；中心国家在世界体系中占

---

[1] 张康之、张桐：《"世界体系论"的"中心—边缘"概念考察》，载《中国人民大学学报》，2015年第2期。

[2] ［美］伊曼纽尔·沃勒斯坦著，王逢振译：《变化中的世界体系》，北京：中央编译出版社，2016年版，导言。

据主导地位，依靠先进技术和工业产品等控制支配着其他的国家。①伊曼纽尔·沃勒斯坦提出当代世界体系的三个依靠：依靠高利润的世界生产体系、依靠处于中心地带的主权国家的社会聚合力、依靠相当稳定的国家关系。边缘国家面临的选择是，凝聚其后发优势举力于发展这第一要务，力求在该体系内部由边缘地位上升为中心地位，为"追赶式"。②

伊曼纽尔·沃勒斯坦的世界体系论从世界体系层次分析世界发展的历史，无疑是有意义的，是对经典现代化理论的重要补充，开拓了体系论研究的新视角，特别是他关于发达地区与不发达地区关系的分析很有可取之处，是多种体系论中的佼佼者。但我们在考量这一理论时，也要清楚看到其局限性：因为主要基于资本主义的视角、以西方强国为中心进行分析，存在一定的不足。特别是随着20世纪80年代以来经济全球化的深入发展，当今世界的格局体系正呈现出新的发展态势：一是国际分工格局的演变；二是大批跨国公司的快速发展；三是区域经济一体化特别是中国以及亚太地区的快速崛起，正有力改变世界经济体系的内部运动格局。2008年世界金融危机的发生及演进不仅终结了由美国负债主导的经济全球化，更是对资本主义全球体系的一次全面挑战。这意味着500年形成的资本主义全球地域的分层结构，即由欧美国家为主导的增长核心—后发的半边缘地区—落后的边缘地

---

① ［美］伊曼纽尔·沃勒斯坦著，吕丹、刘海龙等译：《现代世界体系》第2卷，北京：高等教育出版社，1998年版，卷首语。
② 倪世雄：《当代西方国际关系理论》，上海：复旦大学出版社，2014年版，331-334页。

区这种全球要素流动的格局被改写，欧美力量的衰落和亚洲力量的崛起将成为21世纪最为突出的特征。[①]

依据世界体系论，世界权力中心辐射源往往是世界经济重要增长极。基于此，作为近40年来人类最伟大的发展奇迹之一，中国的快速崛起并迅速成长为世界经济重要增长极，理应成为当今世界一个重要权力中心源，这就极大拓展了世界体系论的实践外延，也有力改写了自世界第一次工业革命以来世界体系一直由西方国家主导引领的格局。从某种层面上讲，这一格局演进，也给适应新形势主动构建具有中国话语、中国叙述等特点的世界体系论提供了沃土，提出了新的时代要求。这在实践层面的一个重要体现就是，在此期间，中国经济总量占世界的比重在不断上升，其世界参与度、贡献率及国际话语权也在不断增强，成为当今世界最大的一个变量因素（见表2-1）。尤其是进入21世纪以来，中国与世界的关系发生了根本性的变化：从世界第八大贸易体上升为第一大贸易体，从世界第六大经济体上升为第二大经济体，不久可望成为第一大经济体；自近代以来，无论是在中国历史还是世界历史上，从来没有像今天这样世界影响中国、中国影响世界，世界更加需要中国、中国更加需要世界。[②]中国崛起不仅使得东亚拥有能影响世界的超级大国，而且将使东亚成为世界主要的战略竞争地区。[③]

---

① 封小云：《香港经济特点及优势分析》，载《港澳研究》，2017年第3期，71页。

② 胡鞍钢：《中国进入世界舞台中心》，杭州：浙江人民出版社，2017年版，40页。

③ 阎学通：《世界权力的转移：政治领导与战略竞争》，北京：北京大学出版社，2015年版，64-73页。

第二章 省域经济外交理论基础与研究设计
Chapter II Theoretical Basis and Research Design on Provincial Economic Diplomacy

表2-1 部分年份中国经济总量占世界的比重

年份	中国GDP（亿美元）	中国经济占世界比重（%）
1990年	3614.04	1.60
2001年	13394.44	4.10
2008年	46696.41	7.52
2012年	85908.97	11.49
2017年	122377.00	15.17

材料来源：国家发改委课题组《中国对外开放40年》，北京：人民出版社，2018年版，290页。

全球治理格局取决于国际力量的对比，全球治理体系变革源于国际力量的对比变化。借用伊曼纽尔·沃勒斯坦勾勒的世界体系论关于"中心—半边缘—边缘"的演进框架分析，当前中国已具备从广度和深度不断向全球范围拓展纵深腹地，以及引领新的国际规则体系变革的综合条件。以中国为代表的新兴经济体成为世界经济增长的新引擎，中国正日益走近世界舞台中央，在重塑全球治理体系中有了更大的发言权，也将承担更多的大国责任。[①]就战略层面而言，未来国际秩序和国际体系的规则设计，事关国家之间发展制高点的争夺，也事关各国在国际秩序和国际体系中长远制度性安排等方面的地位和作用。因此，提高中国在世界的制度规则话语权，既是中国发展的需要，也是世界发展的需要。当前，国际力量对比正发生深刻变化，中国提出的倡议和

---

① 郭凡、蔡国萱：《21世纪海上丝绸之路与广州》，广州：中山大学出版社，2015年版，1-2页。

贡献的智慧与方案，将深刻影响全球治理体系的重塑和全球政治经济新秩序的构建。①实际上，中国的迅猛发展对世界格局的冲击力量日益增大，正从多个维度使未来世界秩序变得日趋复杂。比如，在物质层面，中国对外部能源与资源的需求大幅增加；在货币层面，人民币将逐渐成为国际货币体系中的关键货币之一，并在很大程度上改变现有国际货币金融体系；在制度层面，中国将寻求更为公正的国际规则；在观念层面，中国的发展模式将得到更多的国际认同。②中国积极参与全球经济治理的意图在于着力完善国际经济秩序，这不仅符合全球经济发展的需要，也符合中国国内的经济诉求，是提高中国在全球经济治理体系中话语权的重要途径。③

从历史大纵深的视野看，中国改革开放及经济外交深入推进的历程，也是中国量力而行、主动深入参与全球治理体系变革的历程（见表2-2）。可以预见的是，世界经济格局体系的变化，将深刻改变世界权力的地理空间分布版图，给中国乃至亚太地区日益成为世界经济重要增长极和权力中心辐射源提供战略机遇，这不仅影响当前及未来的世界历史，而且也还正在开启一个新的伟大时代。

---

① 国家发改委课题组：《中国对外开放40年》，北京：人民出版社，2018年版，21页、251页。

② 冯维江、徐秀军：《"一带一路"：迈向治理现代化的大战略》，北京：机械工业出版社，2016年版，55页；张宇燕：《中国的国际环境与对外战略构想》，载《长江论坛》，2013年第12期。

③ 何爱平、李雪娇、彭硕毅等：《新时代中国特色社会主义政治经济学的创新发展研究》，北京：人民出版社，2018年版，71页。

表2-2 1978年以来中国参与全球治理的标志性事件

时间	事件	意义
1979年1月	中美正式建交	与全球治理主导者美国建交，为中国融入国际体系铺平了道路
1980年	恢复国际货币组织与世界银行理事国地位	标志着中国融入全球经济治理体系迈出第一步
2001年6月	上海合作组织正式成立	标志着中国开始以主动姿态参与和搭建地区层面的多边治理机制
2001年12月	加入世界贸易组织	是中国经济融入世界经济的重要里程碑
2013年9月、10月	习近平总书记提出"一带一路"倡议	标志着中国在开启深度融入全球治理体系、提升主导力上迈出关键一步
2017年2月	构建人类命运共同体理念首次写入联合国决议	标志着中国倡议的全球治理理念得到了世界认可

资料来源：国家发改委课题组《中国对外开放40年》，北京：人民出版社，2018年版，257页。

麦肯锡公司的世界增长周期预测，"世界经济中心千年后回归东方"。该机构分析指出，宋朝以后，世界经济中心从中国移至欧洲，后来又移到美国，不久的将来将回归中国，可谓世界归位。[1]在这一格局之下，中国如何将大国综合实力转化为大国外交能力，成为关乎国家命运也关乎人类命运的重大问题。[2]党的

---

[1] 王义桅：《世界是通的："一带一路"的逻辑》，北京：商务印书馆，2016年版，8—9页。

[2] 王帆、凌胜利：《中国特色大国外交》，北京：世界知识出版社，2017年版，序言。

十八大以来，以习近平同志为核心的党中央顺应和平、发展、合作、共赢的时代潮流，提出共建"一带一路"倡议，以全球视野倡导构建国际关系新秩序，正是顺势而为、主动作为之创举。党的十九大报告提出"坚持推动构建人类命运共同体"[1]，这成为习近平新时代中国特色社会主义思想和基本方略的构成之一，将有力指引中国特色大国外交全面推进、深入展开，助力中国的国际影响力、感召力、塑造力进一步提高，为建设持久和平、普遍安全、共同繁荣、开放包容的世界贡献中国力量、中国方案和中国智慧。[2]

综上，可以借用世界体系论演绎阐释当今中国发展的国家命运、整个国家的大趋势，那么广东等中国省域经济外交肯定要适应这样的历史大背景，即国家日益走近世界舞台中央，广东作为中国省域发展的龙头，就必然要在中国推进大国和平崛起进程中有更大的担当与作为，这也就彰显出新时代广东省域经济外交背后所蕴含的大趋势、大格局。具体而言，根据世界体系论关于"中心—半边缘—边缘"演进框架，"一带一路"勾勒出的是中国从改革开放初期处于世界经济边缘或半边缘艰难起步、奋力挺进世界舞台中央的跨越图景，并积极发挥负责任大国作用，主动参与全球治理体系改革与建设，日益成为世界权力中心辐射源；同样，广东作为中国改革开放的排头兵和由此崛起的中国第

---

[1] 习近平：《决胜全面建成小康社会 夺取新时代中国特色社会主义伟大胜利——在中国共产党第十九次全国代表大会上的报告》，北京：人民出版社，2017年版，25页。

[2] 慎海雄：《习近平改革开放思想研究》，北京：人民出版社，2018年版，313-314页。

一经济大省、第一对外经贸大省，在中国全局中具有特殊的经济地位，不仅在过去和现在发挥了重要的引擎作用，也必将在未来发挥更大的引领作用。特别是在中国以"一带一路"建设为重点全面参与全球治理体系变革的背景下，广东等省域迎来了中央授权式地方外交权重持续增大的窗口期，省域经济外交被持续赋予更大舞台、更多机遇。基于此，广东在积极顺应国际格局体系变革、全球共建"一带一路"、粤港澳大湾区及深圳先行示范区建设等重大历史机遇中，因其处于"一带"与"一路"交会地带的特殊区位、自身雄厚的经济实力、中央赋予更大的授权等综合因素支撑下，其面向未来的地缘经济功能可望进一步重塑优化，必将在中国乃至世界格局体系中扮演更加重要的角色，这也必将成为新时代广东发展演进的大逻辑与大趋向。

第二节
理论视域下省域经济外交基本原理分析

前文的理论解释框架,为省域经济外交的展开及其内在运行机理的建构提供了理论支持和行为规范。总的是要在聚焦其基本遵循、目标任务、手段路径等方面落实好"三个把准":一是把准基本准则,落实好政治经济属性、权责边界"两个有机统一";二是把准价值取向,致力于追求央省利益最大最优;三是把准技术路径,遵循"三个主动适应"。

一、基本准则:落实"两个有机统一"

根据次国家政府外交理论和中央与地方关系理论,地方外交作为外交的泛化,就是指地方政府在中央政府政策指导下所从事的对外交往活动;[①]而广东作为中国的省级次国家区域,就是在中央授权指导下扎实展开对外交往。基于此,其推进省域经济外交的基本准则,就是必须落实好"两个有机统一",即落实好经

---

① 陈志敏:《中国的地方外交》,载《国际观察》,2010年第1期。

济目标与政治属性的有机统一，落实好单一制国家之下中央统一领导和地方积极性发挥的有机统一。这"两个有机统一"，必须贯穿于广东等中国省域经济外交推进的全过程、各方面。

第一，之所以要落实好经济目标与政治属性的有机统一，是因为经济外交本身也是外交，而外交是政治的重要表现，外交工作本身就是政治工作。广东等中国省域经济外交作为中国经济外交工作在省级次国家区域的延伸，是国家总体外交的重要组成部分，同样也是政治工作。因此，政治属性是省域经济外交的最高准绳，做好省域经济外交工作的首要前提，就是要旗帜鲜明讲政治，牢牢守住政治安全这条底线，确保实现政治安全与经济发展的互促共赢。必须时刻绷紧"外事无小事"这根弦，把政治考量、政治功能置于省域经济外交的最高层面，时时刻刻把讲政治贯穿于省域经济外交工作始终，真正做到习近平总书记所要求的那样，"观察分析形势要把握政治因素，谋划推动工作要落实政治要求，处理解决问题要防范政治风险"。[1]在这一关键问题上，绝对不能有半点马虎和丝毫含糊。

落实好经济目标与政治属性的有机统一，必须坚持"两手都要抓，两手都要硬"。一方面，要自觉服从和服务于国家的总体外交大局，时时刻刻把国家利益放在第一位，这是省域经济外交工作的最大政治。另一方面，在抓好政治的同时，也要抓好经济，自觉把齐抓共促经济与政治辩证统一于省域经济外交工作实践当中。

---

[1] 见《中共广东省委关于深入学习贯彻落实新时代党的建设总要求 努力把各级党组织锻造得更加坚强有力的意见》，载《南方日报》，2018年7月31日。

抓好省域经济外交的政治属性,最根本的是牢固树立底线思维,始终把维护政治安全放在首位,形成更完善的政治安全管控体系,有效维护正在不断拓展的海外利益。随着中国综合国力的不断提升,一些国家对中国发展比较认同,希望学习借鉴中国的经验模式;但也有一些国家特别是欧美发达国家,对中国发展壮大心态复杂,防备之心、甚至遏制的一面在增强。其深层次的原因,主要是这些国家始终把中国的发展壮大视为对其资本主义道路和制度的挑战。因此,在开展省域经济外交工作时一定要加强政治设计,根据不同对象有针对性地做工作,重点在深化政治互信、推动务实合作、促进民心相通方面下功夫,充分发挥好广东的窗口和示范作用。

第二,之所以要落实好中央统一领导和地方积极性发挥的有机统一,是基于中国的历史经验和现实要求使然。正如前文所述,中国是一个权力自上而下的单一制国家,外交事权在中央,地方对外工作是国家总体外交的重要组成部分,是经授权具体办事的,其首要任务就是坚决贯彻执行好中央外交方针政策和外事规章制度,服从服务于中央对外工作的总体部署。[1]广东等中国省域对外交往的主要职责使命,一方面是坚决有效服务好国家总体外交,另一方面是扎实有为做好自身对外经贸工作。这是当前中国地方对外交往的基本格局,是由中国的国家结构形式和中央地方的分层治理体制所决定的。在中央与地方分权体制大背景下,广东等中国省级次国家区域扎实推进省域经济外交,就是要

---

[1] 赵玉涛:《外事概说》,上海:上海社会科学出版社,1995年版,23页。

落实好中央集中统一领导和地方积极性发挥的有机统一，坚决落实党对省域经济外交工作的全面领导，坚定不移在中央顶层设计和授权之下开展工作，在坚决把握好正确政治方向的根本前提下做到有所为有所不为。

落实好中央统一领导和地方积极性发挥的有机统一，最根本的是要坚决完成中央交办的对外工作任务，同时在省域经济外交中更好体现中央对外工作意图，将其与国家的外交布局和工作要求更好地结合起来，坚持围绕中心、服务大局，坚定维护国家主权、安全和发展利益。最首要的是要牢固树立"四个意识"①，坚定"四个自信"②，坚决维护习近平总书记作为党中央核心、全党核心的地位，坚决维护以习近平同志为核心的党中央权威和集中统一领导，坚决服从服务于党中央对外工作大局，以国家整体利益为基本准绳开展地方对外工作，绝不允许有令不行、有禁不止。坚持外交大权在党中央，严格贯彻党中央制定的对外工作大政方针、战略部署、重大决策，严格在中央授权范围内履行职责、开展工作，不得自作主张、自行其是、先做后报。特别是广东地处改革开放和对敌斗争的"两个前沿"，对外工作具有特殊的重要性和复杂性，任何时候都要坚持在深入推进省域经济外交的同时把维护国家的安全利益放在首要位置。

---

① "四个意识"，指的是政治意识、大局意识、核心意识、看齐意识。
② "四个自信"，指的是中国特色社会主义道路自信、理论自信、制度自信、文化自信。

二、价值取向：谋求央省利益最大最优

本书所强调的价值取向，也可以理解为省域经济外交的目标与任务。价值这一词语作为经济学和伦理学中的一个基础概念，其涵义是"值得追求的或美好的事物的概念，或者是值得追求的或美好的事物本身，反映的是每个人所需求的东西。"① 就省域经济外交的政治范畴而言，无论央地关系怎样变化，政治的严肃性和权威性都要求地方政府所展开的对外交往行为一定要首先服从于中央总体外交战略。同时，中央与地方对外交往的目标和利益也是基本一致的，应把追求央省利益的最大最优作为核心目标。② 根据世界体系论，中国作为当今世界最具成长性的经济增长极和权力中心源，必须以更强的大国雄心、大国担当构建自身新的价值导向，顺应浩浩荡荡之世界发展潮流，立足当下面向未来积极发挥更大的全球引领作用。同样就广东而言，由于其作为中国第一经济大省、第一对外经贸大省，承担着中国改革开放排头兵、先行地、实验区的特殊使命任务③，必须在国家的大格局、大趋势之下以更强的国家思维和使命担当，继续发挥好全国省域发展的龙头带动功能，为全国高质量发展作出新的更大贡献。

---

① ［美］杰克·普拉诺等著，胡杰译：《政治学分析词典》，北京：中国社会出版社，1986年版，187页。

② 杨勇：《全球化时代的中国城市外交——以广州为个案的研究》，暨南大学博士学位论文，2007年10月。

③ 见新华社通稿：《习近平在广东考察时强调：高举新时代改革开放旗帜把改革开放不断推向深入》，新华社广州2018年10月25日电。

落实到新时代广东等中国省域经济外交推进领域，其价值取向的根本就是要始终遵循一条主线，即着眼在中国乃至全球发挥更大牵引作用的宏大目标，在保持国家对外工作体系权威性、统一性的基础上充分发挥主观能动性和创新性，主动适应国内外形势变化要求和自身实际需求，按照中央顶层设计和授权，突出工作重点、把握关键环节，自觉服从服务于国家外交大局和地方经济社会发展中心任务，实现服务国家总体外交和促进地方经济社会发展这两个目标的有机统一，谋求中央和省域利益的最大最优，牢牢掌握区域发展主动权。

基于次国家政府外交理论，做好新时代广东等中国省域经济外交工作，总体上要把握好一些关键要点，以始终确保政治方向正确、经济可持续发展和大局和谐稳定。一是要坚决贯彻执行好中央外交大政方针。地方对外工作是国家总体外交的重要组成部分，必须坚决贯彻执行好中央外交大政方针，服从服务于中央对外工作的总体部署。二是要把地方对外交流工作的核心放在促进经贸发展上。经贸合作是国与国合作的主渠道，也是经济外交最主要的载体和平台。[①]就广东而言，其作为中国第一对外经贸大省，在坚决完成好中央交办的对外工作任务之外，更为重要的是从所在省域经济社会发展的实际需要出发，以比较优势为依托，统筹谋划和务实推进国际经贸交流合作，更好地促进区域经贸发展，不断提升全省对外开放水平。三是要扎实做好涉外安全这件大事。在当前内外斗争形势复杂严峻的情况下，省域经济外交工

---

① 高虎城：《让中国梦点亮美好世界——学习贯彻习近平总书记经济外交思想》，载《求是》，2014年第7期。

作既要牢牢坚持改革开放这一强国之路不动摇，又不能对改革开放中出现的问题置若罔闻，更不能把坚持改革开放与加强涉外管理对立起来，越是深化改革开放，越要加强涉外管理工作。

总之，从省域经济外交的规定内容和特征演进来看，必须在确保国家政令统一、保持地方自主、服务经济社会发展、促进安全稳定等体系维度形成高效协同和有机统一。

三、技术路径：遵循"三个主动适应"

本书所强调的技术路径，主要是指必须顺应引领省域经济外交的相关关键变量及影响因素，厘清主次轻重、聚力核心手段，着力推进国际经贸交流合作的主体领域工作，确保路径方向不偏、手段方式有力及各项工作行稳致远。

就省域经济外交的动力变量而言，基于次国家政府外交理论，次国家政府国际行为的动力机制，有来自国际、国家和地方三个层面的驱动因素，因而形成了次国家政府国际行为的动力学。[①]从国家与次国家区域的关系来看，一个次国家区域的经济对外交流行为受国际、国内和地方三个层面的因素推动。从国际层面看，世界体系的变化改变了次国家区域活动的国际环境，次国家区域日益融入不断加深的全球相互依赖中，直接受到国际影响，并被要求做出应对；与此同时，一个国家的发展依赖它在国际上的经济竞争力，次国家区域也是如此，能否在中央顶层设计之下加入国际化潮流并发展自己的竞争优势，是次国家政府的最

---

① 陈志敏：《次国家政府与对外事务》，北京：长征出版社，2001年版，38页。

大政治之一，也是面临的最大挑战。①因此，广东等中国省级次国家区域推进省域经济外交的技术路径，就是必须遵循"三个主动适应"，即主动适应国际形势变局、主动适应中央的授权边界变化、主动适应自身实际需求演进，从而不断调整优化、完善升级省域经济外交的思路举措，因地制宜、因时而变，根据不同时期自身不同的实力、基础和需要，灵活采取有针对性的不同重点策略，有力、有序、有效实现国家和地方发展利益的最大化。

在这"三个主动适应"当中，有着主次和轻重之分，国际形势复杂多变、具有较大不确定性，对其自身实际也易于自行掌控，最需牢牢把握的就是要精准洞察和主动适应中央的授权边界变化。根据中国的宪法和相关法律规定，地方权力机关及其常设机关有自主管理地方事务的权力②，这也是省域主动适应经济外交开展合法性的重要指引。根据学者王诚的研究，"从中华人民共和国成立初期到现在，中国始终坚持的是政治集权而行政分权以及地方经济的分权"③。中国省域随着中央财权和事权的不断下放，进一步掌握了更多的权力，这些权力先后落实为国家《宪法》《地方人大和地方政府组织法》等授权确认，为省域经济外交的展开提供了法理依据和行为规范。也就是说，省域经济外交必须遵循"三个主动适应"这一技术路径，顺应天时地利人和等

---

① 伍俊斌：《对外交流桥头堡》，广州：广东人民出版社，2016年版，184–185页。
② 薄贵利：《中央与地方权限划分的理论误区》，载《政治学研究》，1999年第2期。
③ 王诚：《改革开放中的先行先试权研究》，上海交通大学博士学位论文，2009年5月。

各种变量因素而与时俱进，牢牢把握发展主动权。

在实际操作过程中，省域经济外交作为地方经济对外交往工作的集合体，其核心是推进经济合作外交，把着力推进国际经贸交流合作作为主攻方向及根本手段方式，特别是要结合自身优势特点扎实推进侨务、友好省州（城）、商协会等几大要件助力展开的对外经贸交流合作。落实好省域经济外交，就是在聚焦中央顶层设计之下谋求央省经济利益最大最优这一核心目标，扎实落实好上述的关键种类与实践抓手，主动适应、主动作为、奋发有为，同时做到有所为有所不为。

第三节
本书相关研究设计

一、研究时段与空间的选取

在这方面，必须精准把握省域经济外交所处历史方位的重大时代课题，以及需要传承弘扬好的既有经验模式，在此基础上选取确定本书研究的时段与空间范畴。基于此，本书研究以"一带一路"建设为宏大时代背景，以广东为例重点聚焦盘点近40年来特别是"一带一路"实施以来省域经济外交与沿线国家及全球区域深入展开的生动丰富实践。

在改革开放以来相当长的一段时期，中国外交理念和战略的核心为"韬光养晦、有所作为"，总体上是一种守势为主的外交，[①]省域经济外交更多是在中央总体外交之下接受和融入西方设计主导的规则体系。"一带一路"作为中国创新提出的营造新全球秩序的倡议，是中国经济外交的实践平台和中国全球外交

---

① 杨凤城：《改革开放与中国特色社会主义进入新时代》，载《改革开放40年的中国外交》，北京：中共党史出版社，2018年版，总序。

布局及影响力扩展的重大舞台，①其核心是中国要学习做建设性领导者，为国际社会提供更多的国际公共产品，②是中国新时期对外开放的龙头，③这必将从更宽广格局为中国经济外交注入新活力，也必将引发全球经济和政治格局的深刻变化。④"一带一路"的经济外交属性为地方政府开展地方外交营造有利的软环境，即二者有着内涵特征与精神实质的一致性；地方外交有着明确的经济驱动特质，地方政府把加强国际合作视为可持续发展必不可少的环节。⑤在具体落实层面，中央要求所有部委办、省区市和党政军各部门都要对接"一带一路"，⑥其中就包括要求省域更好发挥主动性配合实施国家总体外交，这就给省域经济外交推进带来了一系列新的重大机遇，从某种程度上讲，"一带一路"实施可以说是省域经济外交纵深推进的"分水岭"。基于此，本书研究时选取"一带一路"实施为宏大历史背景，主要是突出共建"一带一路"对中国外交格局带来的深刻变化以及对省

---

① 杨闯等：《外交学：理论与实践》，北京：世界知识出版社，2018年版，523页。

② 赵可金：《"一带一路"：从愿景到行动》，北京：北京大学出版社，2015年版，4页。

③ 汤敏：《"一带一路"是新时期对外开放的龙头》，《改变世界经济地理的"一带一路"》，上海：上海交通大学出版社，2015年版，68页。

④ 王曙光：《中国论衡——系统动态平衡发展理论与新十大关系》，北京：北京大学出版社，2018年版，57页。

⑤ Pertti Joenniemi and Alexander Sergunin, "Paradiplomacy as a Capacity-Building Strategy: The Case of Russia's Northwestern Actors", in Problem of Post-Communism.Vol.61, No.6, 2014, p.22.

⑥ 国家发改委、外交部、商务部：《推动共建丝绸之路经济带和21世纪海上丝绸之路的愿景与行动》，2015年3月28日发布。

域经济外交所凸显的"分水岭"功能机遇和积极效应，进一步彰显新时代广东等中国省域经济外交的时代性与现实性。但鉴于"一带一路"倡议提出及实施的时间只有几年，很多工作仍在探索前行当中，本书研究重点并非聚焦"一带一路"倡议实施本身，而是聚焦省域经济外交推进的生动实践。

同时，本书虽然以"一带一路"为背景，但并不意味着广东等中国省域深度参与"一带一路"建设的时段和空间，就等同于省域经济外交工作的全部时空范畴。具体而言，在研究时段方面，本书并不局限于"一带一路"自2013年年底实施以来的近些年，而是把广东等中国省域经济外交放在改革开放40多年甚至更长的时轴维度中充分考察，聚焦盘点40多年来特别是"一带一路"实施以来其省域经济外交的历史演进、成效与经验，分析新时代省域经济外交面临的形势与挑战、存在的不足与相关对策建议。在研究空间方面，也并不意味着只研究"一带一路"沿线国家这一区域，而是把省域经济外交放在全球区域来考察。

有一个必须清晰把握的基本事实，就是"一带一路"区域的狭义范围是特定的，并非全球区域；广东等中国省域深度参与"一带一路"建设只是其省域经济外交全球版图拓展的重要部分，但并非工作的全部。尤其在广东等中国省域迈向以高质量发展为主线的新阶段，当下省域经济外交工作的展开，既需要与"一带一路"沿线国家开展资源与市场对接、开展国际产能合作、联手打造合作新高地，也更需要从全局的角度聚焦于创新驱动发展这个新形势下的第一发展动力,①更加突出加强与欧美发达国家和地区的高端经济技术人才等领域的交流合作,以在更大范围凝结运用全球高端市场和资源,为中国经济不断向上突围先行探路。

用历史的纵深视角考察,回溯数百年前的世界经济地理版图,在哥伦布发现美洲新大陆之前,历史上的"一带一路"以陆海统筹两个轴带,涵盖了亚欧非地区,也是当时人类活动的主体区域。根据海上丝绸之路的演变格局,一般把历代海上丝绸之路分为三大航线,一是东洋航线,二是南洋航线,三是西洋航线。②在当时欧洲海洋强国粉墨登上历史舞台以来的很长一段时期,部分欧洲国家如葡萄牙、西班牙、荷兰、英国等,先后以主角身份参与到海上丝绸之路行列中来,甚至把当时的中国产品卖到遥远的美洲大陆。③在现在的世界格局体系之下,"一带一路"倡议得到越来越多国家的认可,合作朋友圈也在持续扩大,截至2019年4月12日,中国已经与126个国家签署了共建"一带一

---

① 2018年3月7日,习近平总书记在参加十三届全国人大一次会议广东代表团审议时系统提出了三个"第一"的重要论断,即"发展是第一要务、人才是第一资源、创新是第一动力"。见新华社通稿:《习近平参加广东代表团审议时强调:发展是第一要务 人才是第一资源 创新是第一动力》,新华社北京2018年3月7日电。

② 郭凡、蔡国萱:《21世纪海上丝绸之路与广州》,广州:中山大学出版社,2015年版,111页。

③ 谭元亨:《广州十三行——明清300年艰难曲折的外贸之路》,广州:广东经济出版社,2015年版,181-190页。

路"合作文件。① 但尽管如此,"一带一路"沿线国家也还不能代表全球地区。在联合国193个现有会员国当中,② 还有相当一批国家仍为非"一带一路"共建国家。特别是相当部分西方发达国家,如欧洲一些国家以及美国、日本等国,大多出自其对我国进行遏制围堵等多方面政治考量,现在还没有参与到"一带一路"共建阵营中来。因此,要准确把握"一带一路"与全球的范围并非是一致的。现在国内有一些人把"一带一路"倡议当成为中国的全球战略,甚至把中国所有的外交活动都说成"一带一路"实践,这些都是不够科学严谨的。

当然,共建"一带一路"倡议虽源自中国,更属于世界,重点面向亚欧非大陆,更面向所有伙伴开放。③ 也就是说,其虽为中国首倡,但实为全球共建,是面向全世界开放的共建平台,并不局限于历史上的"一带一路"沿线国家,展现的是国际秩序或全球治理更加良性演进的广阔空间。只要世界各国有意愿,我们都欢迎。④ 展望未来,"一带一路"作为国际经济合作倡议及经济外交重大平台,因其共建共赢取得人心而融通天下,格局阵营必将不断扩容,"一带一路"与全球各国交融共进,必将成为大

---

① 见《已同中国签订共建"一带一路"合作文件的国家一览》,来源于中国一带一路网:https://www.yidaiyilu.gov.cn/xwzx/roll/77298.htm,2019年4月12日最后访问。

② 这一数字来源于联合国网站:https://www.un.org/zh/sections/about-un/overview,2019年4月12日最后访问。

③ 国家发改委:《共建"一带一路"倡议:进展、贡献与展望》,载《人民日报》,2019年4月23日。

④ 中共中央宣传部:《习近平新时代中国特色社会主义思想学习纲要》,北京:学习出版社、人民出版社,2019年版,215页。

概率事件，也必将为省域经济外交提供更为广阔的施展舞台。

二、对策研究定位及领域的确定

本书研究的主要定位为对策研究，即在共建"一带一路"时代背景下习近平总书记和党中央赋予广东等省域新的目标定位、提出新的更高要求之后，相关省域特别是广东作为中国对外开放和省域经济外交推进的首席排头兵，接下来该怎么办、该怎么干。也就是说，本书侧重于在"一带一路"背景下以广东为例对中国省域经济外交的更深入推进而展开对策性研究，一方面为新时代广东新实践提供指引，同时也为全国兄弟省域深入推进此项工作提供参照借鉴。因此，本书将以广东为例重点研究探讨新时代其省域经济外交推进的既有经验模式、机遇背景、短板不足、深层原因及对策建议等领域内容，深入阐述好其为什么推进、往哪个方向推进、采取什么举措推进等核心问题，进而探寻中国省域经济外交的共性规律。

基于上述考虑，作为本书对策研究体系的一个重中之重，"推进"都作为一个核心关键词贯穿其中，因此，有必要对其核心内涵进行厘清和把握，以更好地抓住主要矛盾和矛盾的主要方面，更精准聚焦本书研究的重点核心领域与主攻用力方向。关于"推进"，《现代汉语词典》将其解释为：推动工作朝着一定的方向前进；[1]《新华字典》解释为：用力使物体顺着用力的方

---

[1] 中国社会科学院语言研究所词典编辑室：《现代汉语词典》第7版，北京：商务印书馆，2016年版，1330页。

第二章 省域经济外交理论基础与研究设计
Chapter Ⅱ Theoretical Basis and Research Design on Provincial Economic Diplomacy

向移动。①它们表达的总体意思,就是形容对事物的运动状态施加影响,使其继续朝着一定的方向向前运动;将其扩展到事业工作领域,说的就是用力推动使之前进。基于此,本书关于省域经济外交推进的对策研究,将聚力于推进的核心含义,力求落实好"三个更好体现"。一是更好体现路径举措,因为省域经济外交涉及的内容比较多,但万变不离其宗,根本就是遵循中央顶层设计,在中央授权下扎实服务好区域经济社会发展这个中心大局;二是更好体现动态特征,因为党的十八大以来中国发展进入"从站起来、富起来到强起来"的伟大转折期,②习近平总书记倡导提出共建"一带一路"就现实开创了中国主动引领外交新格局,同时也对省域经济外交带来"分水岭式"重大机遇;三是更好体现力量凝聚,因为中国特色社会主义进入新时代,中国主要矛盾发生变化,改革发展又进入"船到中流浪更急、人到半山路更陡"的攻坚期和深水区,③突破的难度并不亚于改革开放初期,更需要凝聚起各方面的磅礴伟力。就省域经济外交而言,既有赖于中央政府富有远见的顶层设计和运筹帷幄,也有赖于充分调动省域等地方政府的积极性主动性;既要发挥好政府的力量,同时也要发挥好非政府的力量,综合施策、激发凝聚方方面面的合

---

① 《新华字典》第11版,北京:商务印书馆,2017年版,504页。

② 王曙光:《中国论衡——系统动态平衡发展理论与新十大关系》,北京:北京大学出版社,2018年版,57页。

③ 习近平总书记在庆祝改革开放40周年大会上深刻指出,我们现在所处的,是一个船到中流浪更急、人到半山路更陡的时候,是一个愈进愈难、愈进愈险而又不进则退、非进不可的时候。改革开放已走过千山万水,但仍需跋山涉水,摆在我们面前的使命更光荣、任务更艰巨、挑战更严峻、工作更伟大。见《习近平在庆祝改革开放40周年大会上的讲话》,新华社北京2018年12月18日电。

力，等等。

基于上述的一些考虑，本书将所开展对策研究的主体内容界定为：推动广东等中国省域经济外交砥砺前行的路径方法和具体措施的总结梳理与分析展望，特别是聚焦推进措施与"一带一路"背景的高度关联，结合这一背景研究新时代广东等中国省域经济外交为什么要以更大雄心、更高站位推进，往哪个方向更高质量、更高水平推进，推进的"四梁八柱"具体举措是什么，可对国家及兄弟省域提供哪些参考启示，等等。

三、研究工具与方法的确立

本书研究采用的研究工具与方法主要有：

一是文献研究法。本研究是主题重大、事关全局的实证案例研究，要更加准确系统把握，必须吃透中央地方精神、横贯古今中外，在掌握大量权威素材的前提下，将其放在历史长河、世界格局、国家演进中对其进行综合考察，这就需要开展认真扎实的文献收集、梳理和总结研究。从实用角度来讲，本书的文献研究主要有两大部分，一部分是对文献进行综述性研究，对本书所涉及的一些领域，比如适用于省域经济外交领域的国际关系理论、国内外当前研究现状等方面内容，进行全面、系统而准确的文献综合梳理。通过对这些文献进行综合梳理，发现当前学界的研究前沿领域，并为本书的进一步研究提供可行的方向性指引和扎实的理论支持。这一部分内容的文献综合研究，主要是基于当前学界既有的研究成果，认真系统梳理所有相关的研究素材。另外的

第二章 省域经济外交理论基础与研究设计
Chapter Ⅱ Theoretical Basis and Research Design on Provincial Economic Diplomacy

一部分,也是最为重要的,就是以广东为例对其省域经济外交这个实证案例的历史演进、当前现状、存在的突出结构性问题,以及立足新时代所面临的形势挑战等方面进行综合文献研究。这一部分研究,主要是基于广东省域经济外交各成员单位的档案资料、调研报告等各种文献。在这过程中,本书突出问题导向,选择契合研究主题的最新资料,以权威性、新颖性为资料取舍标准。在对已有学术文献进行系统收集的同时,作者利用在党政机关工作的资源便利,内部查阅中华人民共和国成立特别是改革开放以来广东省域经济外交各项工作的有关文献及会议资料,有效获取第一手权威素材。基于此,文献研究法是本书研究的一大亮点,作者在研究过程中比较全面、综合、完整地梳理广东在国家改革发展各个阶段省域经济外交的做法、特点、经验和不足,对广东省域经济外交的历史和经验做出新的梳理、总结和解读,这些成果可为后人研究提供更为坚实的基础。

二是田野调查法。田野调查不仅是一种工具、方法,也是一种认识论。[①]对省域经济外交展开研究,很重要的就是既要对宏观情况了然于胸,也要对基层一线情况有感性和理性的认识;既要熟悉政府层面的情况,也要了解跨国企业、商会、协会、国际组织等进展;既要了解城市的情况,也要了解农村的变化,等等。要达到这样的目的,就必须开展扎实的田野调查。因此,田野调查法也是本书研究当中很重要的研究方法,本研究开展的富有成效的田野研究,主要有两方面。第一,作者因工作需要,经

---
① 强静雅:《传播学中田野调查法运用现状与探讨》,载《理论界》,2013年第10期。

常陪同有关领导赴基层及一线部门调研，其中有很多涉及省域经济外交的考察点，可以作为有心人进行资料收集。第二，因2018年是中国改革开放40周年，广东省级党委政府系统组织开展了多轮调查研究①，其中部分研究涉及对外开放和经济外交的相关内容，作者作为重要参与者之一，参与了调研的全过程。第三，利用节假日外出考察，到省市县较为典型的涉外场所开展调查研究。比如2019年春节期间，作者就利用假期深入曾经的粤东第一大港樟林古港等实地调研，系统掌握了潮汕地区近几百年来经济外交深入展开的那一段久远而辉煌的历史。当然，田野调查作为一种综合性很强的研究方法，本书研究当中除了采取参与式观察了解等重要方法之外，主要还采用了访谈法、口述史等研究方法，这在下文还将展开更为详细的阐述。同时，作者还把不同的调查方法广泛运用于具体研究当中，比如关于新时代广东省域经济外交存在的一系列短板与不足，就是在文献研究基础上再通过田野调查的深入论证研究而得出来的。总之，本书研究根据广东省域经济外交的实际情况开展有针对性、卓有成效的田野调查，为本书的整体研究奠定坚实的基础。

三是权威访谈法。本书研究所采取的访谈法，多为偶发性的权威深度访谈。因工作关系，作者经常接触到参与广东省域经济外交重大决策的省市相关负责人及见证者，有时因为工作需要直接找他们交流探讨，有时也会因为对某些问题的困惑而找他们深

---

① 围绕贯彻落实党的十九大精神和习近平总书记对广东重要讲话、重要指示批示精神，以及总结改革开放40周年经验和启示，中共广东省委于2018年共组织3轮18个专题调研，以更好形成做好新时代广东各项工作的思路举措。

入了解有关情况。访谈之前，作者一般会草拟一个初步的提纲，进行时间或长或短的访谈，以把情况搞准搞透为标准。本研究中关于广东省域经济外交存在的一些突出结构性短板和不足，很多都是跟相关领导同志深入交流过程中，有感而发而提炼总结出来的。

四是参与式研究法。如前文所述，作者因为工作关系，参与了广东省部署开展的一些"深调研"工作，在参与过程中，深化了对广东省域经济外交省情以及顶层设计情况的了解。比如，结合对习近平总书记关于广东对外工作的3次重要指示批示[①]，深切感受到党的十八大以来中央关于高水平对外开放的风向标发生了根本变化，即已经从过去的商品要素开放为主转向制度规则开放为主转变提升。而在这方面，中央要求广东先行先试、先行突破，这就使得广东省域经济外交既面临新的形势与机遇，也面临新的使命与挑战。通过参与式研究，增强了对广东宏观、中观及微观层面的掌握，这些成果也很多体现到本书研究当中，成为其中的一大亮点。

五是混合式研究法。在对所搜集的材料进行深入系统研究过程中，本书运用国际关系学、外交学、管理学等相关基础理论，采取以规范研究与实证研究相结合的混合式研究方法展开研究。在规范研究方面，聚焦省域等地方政府经济外交的理论形成及其

---

① 这3次重要指示批示分别为：2017年4月提出的"四个坚持、三个支撑、两个走在前列"中的"为全国构建开放型经济新体制提供支撑"；2018年3月嘱咐广东做到"四个走在全国前列"中的"在形成全面开放新格局上走在全国前列"；同年10月视察广东提出"四个方面重要指示要求"的第一条"深化改革开放"中，要求广东"在更高水平上扩大开放"。

内在运行机理；在实证研究方面，运用统计分析、案例分析、模型分析、比较分析等手段进行系统分析研究，总结凝练为理论系统化层面，以构建起内在逻辑清晰、关联度高的论证体系。通过对历史文献、第一手素材以及研究对象实际情况等方面内容进行深入系统的分析研究，归纳结论，进而形成本书的对策建议及研究体会。

本章小结

基于国际关系学相关基础理论分析，当今世界的权力中心源正在发生变化转移，中国已成为世界经济头号增长极并逐步走近世界舞台中央；广东作为中国第一经济大省，随着粤港澳大湾区及深圳先行示范区建设等重大国家战略的深入推进，其作为中国乃至世界经济重要增长极的势头进一步强化。同时，广东作为省级次国家政府行为体的典型代表，也在中国经济外交格局中发挥着越来越重要的作用。广东对外关系战略与国家发展总体战略是相一致的，是一国总体外交的重要补充，在国际经济舞台中发挥着愈加显著的重要作用，不仅推动了地方的繁荣发展，也为国家总体外交展开和整体利益拓展作出了重要贡献。基于相关基础理论视域，广东等中国省域经济外交运行的基本原理清晰，就是以高度服从中央并保持地方活力、落实政治经济属性"两个有机统一"为基本准则，以实现中央与省域利益最大最优为价值取向，以遵循"三个主动适应"为推进技术路径。本书研究选取的时段以"一带一路"倡议推进实施为时代背景，但同时也涵盖改革开放40多年来的探索实践；研究的空间不仅为"一带一路"沿线国家和地区，而且也涵盖与广东等中国省域展开国际经贸交流合作的全球区域。在研究定位方面，在进行理论图谱建构的同时，主要着力点为力求展开具有较强指导性与实用性的对策性研究。在所采用的研究工具与方法方面，主要有文献研究法、田野调查法、权威访谈法、参与式和混合式研究法等，以此构建起既科学规范又扬长避短的研究论证体系。

第三章
广东省域经济外交的回顾与现状分析

回顾是为了更好地前行。正如前文所述，本书以"一带一路"为研究背景，主要是凸显共建"一带一路"对广东等中国省域经济外交带来的"分水岭"机遇使命与演进格局，但在研究时段方面并不局限于"一带一路"实施以来的近些年，而是将其放在改革开放40多年甚至更长的时间轴里充分考察，聚焦盘点其演进、经验、机遇、不足及对策。在本章，将以广东为例对其历史演进与现状进行重新梳理和解读，分析其经验模式，探寻其共性规律。本章共分六节：第一节概述其久远的历史演进及中华人民共和国成立后的能量积蓄；第二节梳理改革开放以来不平凡的推进历程；第三节为主体特色工作研究，主要从侨务、友城、商协等特色要件推进入手，将广东省域经济外交演进概况予以更立体展现；第四节对其推进成效与放大效应作出概述分析；第五节从改革开放以来召开的历次党代会、宏观视角、运行逻辑这三个维度，对其经验模式及共性规律进行概述分析；最后是本章小结。

第一节
历史发展与演进

经济外交并非源于现代，其出现和外交的产生一样久远。人类产生国家时就有了外交，外交产生的同时也伴生了经济外交。[①]广东地处中国南大门，北倚南岭、面向大海，海岸线绵长，拥有中国通往东南亚、欧洲、非洲等地的最近出海口和最短航线。[②]因其独特的地理位置，历来是中国联系海外的重要通道，也是中国对海外交往最早、对外贸易最发达、华侨华人最多的省域。[③]关于广东对外经贸交往的久远历史实践，国内外相关研究文献可谓汗牛充栋，本书无意再作更系统的研究阐述。作为一本以广东为例集成研究中国省域经济外交推进的专著，为充分凸显改革开放特别是共建"一带一路"背景下广东所传承的显赫地位和流淌的奋

[①] 周永生：《经济外交》，北京：中国青年出版社，2004年版，46页。
[②] 张争胜：《广东地理》，北京：北京师范大学出版社，2016年版，8页；郭凡、蔡国萱：《21世纪海上丝绸之路与广州》，广州：中山大学出版社，2015年版，57页。
[③] 黄华华：《为〈广东发展之路——以改革开放30年为视角〉所作的序》，《广东发展之路——以改革开放30年为视角》，广州：广东人民出版社，2009年版。

进血脉，也对其这段久远的历史演进历程再予简要梳理展现。

一、久远的历史与深厚的沉淀

说广东省域经济外交具有久远辉煌的历史，是因为广东具有厚重的历史文化底蕴与积淀，自古至今都是全国举足轻重的对外贸易口岸与交通枢纽，也是中国两千多年来唯一从未中断过海上贸易的省域。① 岭南自古与中原相距甚远，因海而生、因商而富，与中原的农耕文化有所差异。在漫长的中国历史进程中，广东的先民们泛江海为生，驾舟楫同环南海区域的各方人群交流往来，开展海上贸易。自秦汉开始，广东人民就通过海洋走上与世界各地交往的道路，成为中国海上丝绸之路最早的发源地，始终与海上丝绸之路沿线诸国保持着频密的经贸联系，为中华文明与世界文明的交流互鉴发挥着重要的窗口作用。② 秦始皇33年（前214年）岭南地区始设郡县，广东开始纳入以中原为中心的中央王朝版图。为巩固南方疆土，秦国遣派较大规模的中原人士南迁岭南，③ 给广东带来当时较为先进的生产技术和文化，推动广东迎来历史上第一次大规模的开发浪潮④。罗马帝国和秦汉帝国，

---

① 乔培华、袁炎清：《21世纪海上丝绸之路与广东航运文化》，广州：中山大学出版社，2016年版，15页。

② 见《广东省参与丝绸之路经济带和21世纪海上丝绸之路建设实施方案》，https：//www.yidaiyilu.gov.cn/zchj/jggg/1814.htm，2019年2月28日最后访问。

③ 刘权：《念祖爱乡：海外广东人的情结》，广州：广东人民出版社，2005年版，1页。

④ 《广东改革开放史》课题组：《广东改革开放史（1978～2018年）》，北京：社会科学文献出版社，2018年版，3页。

是当时世界的两大中心，而丝绸之路就是连接位于欧亚大陆两端的这两大中心的重要纽带。在广西兴安开凿灵渠把珠江水系与长江水系连接起来，打通岭南与中原地区运输通道，使得当时的广州、徐闻等港口自秦汉开始就逐步兴盛，成为昔日中国海上丝绸之路的最重要始发港和中转港之一。①

广东通过海上联通外国、通过陆道联通中原的对外交往优势，在之后漫长的历史岁月中一直得到很好的传承弘扬。经过魏、晋、南北朝时期的持续开发和隋唐时期的重点经略，广东与中原腹地以及海外国家的联系日益紧密，形成一条以南海北部沿岸为主、横亘中国南北双向辐射的经济走廊。②特别是在这一历史进程中，中国由中原地区经关中地区、河西走廊直达西域乃至欧洲诸国的陆上丝绸之路，由于不时遭到西域列强或北方群雄竞起的少数民族军事集团的袭击困扰，万里驼铃的陆上大动脉经常危机四伏，存在频遭封堵而被迫中断的极大不确定性，这也使得万里波涛的中国海上丝绸之路的重要地位与日俱增、愈显重要。在唐代中期特别是"安史之乱"以后，海上丝绸之路逐步取代陆上丝绸之路，成为中国对外贸易的主要通道，在宋元时期进一步成为东西方文化经济交流的重要载体。③

海上丝绸之路作为古代东西方之间的海上交通和贸易大通

---

① 广东省政府参事室：《"一带一路"广东要览》，广州：广东经济出版社，2016年版，369页。

② 司徒尚纪：《21世纪海上丝绸之路广东再出发》，广州：广东旅游出版社，2016年版，155页。

③ 郭凡、蔡国萱：《21世纪海上丝绸之路与广州》，广州：中山大学出版社，2015年版，1页、85页。

道，也铸就了广东作为中国海上丝绸之路桥头堡的显赫历史。从3世纪30年代起到宋朝后期，广州一直为中国海上丝绸之路的第一大港。其中在唐代，张九龄在粤北大庾岭开凿拓展通往中原的通道，通过水陆转运连通珠江水系的北江与长江水系的赣江，这使得中原与岭南联系的路程大大缩短，来自中国南方腹地和海外的商品聚集于广东，运往中原。由于当时西域诸国纷争不断，阻断了陆上丝绸之路的通道，只能通过海上丝路进行文化和经济交流，中国商人与西亚的阿拉伯、波斯等国商人，联手打造出一条由广州通往西亚波斯湾诸国的海上贸易通道，跨越南海、印度洋，通向波斯湾和非洲大陆东部海岸，全长1.4万公里，是16世纪大航海时代之前世界最长的远洋航线，被称为"广州海通夷道"，[1]每年经由这条航线到达广州的阿拉伯商船就有4000多艘[2]。唐代，广州不仅是我国的主要进出口口岸，也是世界著名的港口城市。[3]唐朝后期，在广州的阿拉伯人和家属已经有好几万人，形成他们的社区，被称为"藩坊"。[4]为加强海外贸易管理，唐朝在广州设立"市舶使"，成为中国最早管理海外贸易的

---

[1] 郭凡、蔡国萱：《21世纪海上丝绸之路与广州》，广州：中山大学出版社，2015年版，1页、85页、86页。

[2] 冯并：《"一带一路"：全球发展的中国逻辑》，北京：中国民主法制出版社，2015年版，229页。

[3] 蒋祖缘、方志钦：《简明广东史》，广州：广东人民出版社，2008年版，119页。

[4] 葛剑雄：《丝绸之路：历史地理背景和未来思考》，载《改变世界经济地理的"一带一路"》，上海：上海交通大学出版社，2015年版，17页。

专门机构，①这也是中国现代海关的雏形，开创了古代海外贸易管理的新制度，成为海上丝绸之路进入兴盛期的重要标志。②

宋朝时期中国的海外贸易"唯广最盛"，广州为当时中国海外贸易最发达的第一大港，特别是北宋时期几乎独揽了全国的海外贸易。宋朝沿用唐朝的建制，改"市舶使"为"市舶司"，同样设在广州，并制定实施了中国第一部管理海外贸易的专门法规——《广州市舶条》。

元朝初期，广州在抵抗元兵南统征伐的纷飞战火中外贸枢纽功能有所弱化，其延续一千多年的中国第一大港的位置一度被福建泉州港取代，但在元朝中后期仍恢复为中国第一大港。③明清"海禁"期间，特别是欧洲粉墨登场的各海运列强依次崛起并先后主导中国通往欧洲的国际海上航线以来，当时的中央王朝为了巩固一己政权安全之考量，逐渐加强对国际经济交往活动的限制，甚至断然关闭中国大部分沿海港口，却也使得偏居中国南方一隅的广州，在这段闭关锁国历史时期成为当时中国唯一的对外通商口岸，独揽中外贸易生意，承担起中国与世界联系的桥头堡功能。④

16世纪之后，欧洲经济社会进入发展上升期，但中国却进入

---

① 《广东改革开放史》课题组：《广东改革开放史（1978～2018年）》，北京：社会科学文献出版社，2018年版，3页。

② 广东省政府参事室：《广东海上丝绸之路史料汇编（秦汉至五代卷）》，广州：广东经济出版社，2017年版，总序。

③ 伍俊斌：《对外交流桥头堡》，广州：广东人民出版社，2016年版，27页、30页。

④ 国家发改委课题组：《中国对外开放40年》，北京：人民出版社，2018年版，3页。

传统政治制度的衰落阶段，故步自封，开始闭关锁国。① 在随后开启的以欧洲部分海洋强国为主导的"大航海时代"，1557年葡萄牙人租澳门为商埠，与广州形成中转，广东最先卷入近现代世界贸易体系，得世界风气之先。1685年，江、浙、闽、粤四大海关设立，粤海关最为重要，进出口货物吞吐量与税款均远高于其他三个海关。1699年，英国在广州建立常驻贸易机构后，广州成为当时外国对华贸易的中心。1739年1月至1745年9月，瑞典商船"歌德堡号"曾三次远航至广州。1757年，除葡萄牙和西班牙的船只驶往澳门外，广州被清政府限定为同外国人开展对外贸易的唯一口岸，史称"一口通商"，一直到1842年鸦片战争结束。于美国独立后第二年即开启中美贸易先河的美国"中国皇后号"商船，就是在1784年8月抵达广州的。其间，广州十三行成为清政府特许的半官方对外贸易垄断组织，行商被认为是清代最富有的商人群体之一。十三行最根本的意义，是由原来国家垄断的朝贡制度，转变为民间平等互惠的自由贸易，标志着真正市场经济的兴起，这也是人类历史的一大进步。② 清代广州一口通商后，客观上造就了广州的显赫地位③，外国商船来中国贸易基本上集中于广州黄埔港口岸，广州外贸迅速发展，商货聚集，成为清代对

---

① 门洪华：《中国与世界关系的逻辑建构：理论、战略与对策》，北京：北京大学出版社，2016年版，184页。

② 谭元亨：《广州十三行——明清300年艰难曲折的外贸之路》，广州：广东经济出版社，2015年版，190页。

③ 中共广东省委组织部、广东省地方志办公室：《广东资政志鉴》，广州：广东人民出版社，2015年版，58页。

外贸易中心。①在那段时期内,全国各地的产品和大批物资都通过广东运往海外,外国商品也只能从这里运往内地各省,使得广东不仅成为中国进出口商品的集散地和生产中心,也是国内与世界市场联系最密切的地区。②特别重要的还在于,明清时期是世界地理大发现、欧洲文艺复兴、资本主义兴起、西方文化不断向外扩张和传播时期,广东作为中国首受之区,最早接受西方文化影响,从中吸收自己需要的文化养分,滋润、发展和壮大自己,使岭南文化内涵更加丰富,先进成分更多,由此积累起来的文化势能更强大,对外辐射作用也越大、范围更广,这是海上丝路其他省份所欠缺的。③

1840年,中英鸦片战争首先从广东开启,也由此拉开中国近代历史的大幕。之后,由于清政府被迫开放除广州之外的厦门、上海、宁波、福州等通商口岸,随后又陆续增开了武汉、九江、天津等口岸,广东作为全国一口通商的垄断地位不复存在。辐射腹地的缩小使广州港的贸易额迅速下降,全国对外贸易中心很快转移到了当时地理位置更为优越的上海。④尽管如此,在近代中国曲折苦难的历史进程中,广东遭受欧美列强侵略最早、受西方思想文化的冲击影响也最早,广东中外交流活跃,继续在中国近

---

① 唐文雅:《广州十三行沧桑》,广州:广东省地图出版社,2002年版,34页、36页。

② [美]傅高义著,凌可丰、丁安华译:《先行一步:改革中的广东》,广州:广东人民出版社,2008年版,2-3页。

③ 广东省政府参事室:《"一带一路"广东要览》,广州:广东经济出版社,2016年版,11页。

④ 舒元等:《广东发展模式——广东经济发展30年》,广州:广东人民出版社,2008年版,8-9页。

代以来的历史舞台扮演着重要角色。实际上，在近代中国百年屈辱历史中，广东不仅成为中国近代历史的策源地，也成为中国近代民主革命的策源地。

广东在漫长的中外交流中孕育了具有重商传统和开放兼容的岭南文化，加之近代大量海外移民及海外华侨踊跃回乡投资，以及毗邻港澳等影响，使得广东在中国早期现代化进程中开风气之先。1872年，越南归国华侨陈启沅在南海西樵创办了中国第一家使用西式机器生产的工厂——继昌隆缫丝厂，标志着中国近代民族资本主义工商业的诞生。①此后佛山巧明火柴厂、广州电灯公司、广州机器局、石井枪弹厂、广东钱局等相继创办，这些企业堪称中国近代民族企业的代表，对于中国工业的起步与壮大发挥了重要作用。独特的历史机遇与鲜明的文化禀赋，助力广东人养成了敢为人先、求真务实、自强不息、开放兼容的人文精神和优良传统。而这独树一帜的开放标识与人文传统，也使得广东在近现代中国历史上扮演了先行者的重要角色。②

二、中华人民共和国成立后的困顿探索与能量积蓄

1949年中华人民共和国成立以后，中国结束了长达百年的战乱和分裂状态，出现了一个相对和平的局面，国家也进入了经济建设年代，但这个时期西方资本主义世界对我国采取封锁、敌对

---

① 任贵祥：《海外华侨华人与中国改革开放》，北京：中共党史出版社，2009年版，480页。

② 罗小军：《新型大国经济关系的生长——1978—2015中美经济外交》，北京：时事出版社，2016年版，17页。

政策，中苏关系于20世纪50年代中后期开始恶化，国民党"反攻大陆"，加之朝鲜战争、中印边境冲突、越南战争以及中苏珍宝岛冲突等事件的接连发生，都让中国处于较为复杂的国际环境之中。①由于国内外环境的影响和决策判断的作用，中国当年在国际上主要为国际存在和安全而努力，国内建设也没能把经济建设牢固确立为中心任务，经济外交也主要在社会主义阵营和第三世界范围内进行，经济利益并不是当年中国外交最紧迫的考虑，而是运用经济资源来换取第三世界的政治支持和彰显在国际社会的存在。②即使在那段特殊的年代，广东也积极承担着中国对外开放的桥头堡功能，在与中央保持高度一致的同时积极结合自身的省情实际，创造性地运用中央的政策，积极履行职责，为全国大局发挥作用。

在中国遭到西方封锁、禁运，外汇严重匮乏的情况下，中央将广东作为重点发展对外贸易的地区，一方面自力更生发展生产；另一方面多渠道、多形式开展对外贸易，尽力开拓与港澳地区和一切友好国家政府或民间的贸易往来。③在当时中国外交向社会主义阵营和第三世界"一边倒"的情况下，广东按照中央统一部署，担负了我国中南、西南两大区域各省区市的进出口任务，并得到国务院准许"主动争取对资本主义国家的贸易，大力推动土特产出口"，积极组织农副产品、土特产及轻工化工、

---

① 何爱平、李雪娇、彭硕毅等：《新时代中国特色社会主义政治经济学的创新发展研究》，北京：人民出版社，2018年版，10页。

② 《广东改革开放史》课题组：《广东改革开放史（1978~2018年）》，北京：社会科学文献出版社，2018年版，6页。

③ 中共广东省委党史研究室：《广东经济发展探索录》，广州：广东人民出版社，2009年版，26—27页。

第三章 广东省域经济外交的回顾与现状分析
Chapter Ⅲ Review and Analysis on the Current Situation of Guangdong's Provincial Economic Diplomacy

矿产等出口。出于自救的需要,把突破封锁的外贸尝试变成沟通世界的窗口,广东积极配合国家谋划建立对外交易平台,于1957年4月在广州中苏友好大厦举办第一届中国出口商品交易会(即广交会),为打破西方国家经济封锁作出了贡献。① 此后,广交会成为一个时期内中国对外贸易的唯一窗口,虽在"文革"时期遭到一定干扰与破坏,但未曾中断。广交会在争取外汇、保障供给、支援国家工业化建设等方面作用显著,更重要的是它为中国外贸发展打下了基础,为新中国开辟出一条与世界交往的通道。② 借助每年举办两次的广交会,广东努力开展同亚洲、非洲、拉丁美洲和西方国家的贸易,到1978年通商国家达到84个,获得了比国内其他省区市更多机会和条件与海外保持经济贸易联系。③

在这期间,中国国门并没有完全打开,毗邻台湾地区及港澳地区、面向大海的广东作为国家战备前沿,对外经贸交往受到极大限制,投资较少、工业基础薄弱、发展较为缓慢,大大落后于毗邻的港澳地区,导致在一段时间内广东"逃港潮"盛行。1952年到1978年的27年间,广东国民收入年均仅增长5.3%,慢于全国6%的平均水平;扣除同期人口增长因素,实际每年净增长率只有3.1%。④ 1978年,广东省GDP仅为185.85亿元,只占全国的

---

① 郭凡、蔡国萱:《21世纪海上丝绸之路与广州》,广州:中山大学出版社,2015年版,161页。
② 王利文、李金亮:《先行一步的探索——广东经济学者关于改革开放的思考》,广州:广东人民出版社,2008年版,254页。
③ 舒元等:《广东发展模式——广东经济发展30年》,广州:广东人民出版社,2008年版,13页。
④ 中共广东省委宣传部:《邓小平理论在广东》,广州:广东人民出版社,1997年版,90页。

5.1%，①工业增加值占全省GDP的比重约为41%，是一个落后的农业省份。改革开放前，广东的发展速度不仅极大落后于毗邻的港澳地区，甚至连续14年低于全国平均水平，经济总量仅居全国中下游水平，人均GDP、人均工业总产值等均低于全国平均线。

在省域经济外交方面，广东虽然为中国历史悠久的对外交往桥头堡，但受当时国内外形势制约，也难有大的作为，在利用外资、粤港澳经济互补、对外贸易等方面都是小范围的零敲碎打，没有形成大规模的局面。②自中华人民共和国成立到1978年党的十一届三中全会召开的29年间，广东外贸和外汇使用又是在中央统管下进行运作的，广东开展外贸既没有更多的经营权，更没有发展的积极性。③特别是20世纪60年代以后，中国国内陷入"文革"困扰，中国主要面向社会主义开展贸易的部分开放也因中苏交恶而陷入困顿，其标志是1969年中共九大报告高举"反帝反修反各国反动派"的革命旗帜。④一些史学家认为，20世纪50年代的"一边倒"，跟对外开放沾不上边，中国内地的对外开放，其实肇始于晚年的毛泽东与美国总统尼克松的会晤，并成于中美建交和邓小平访美。此前的中国，关门锁国，"自力更生"，一方面搞"输出革命"，另一方面则反对"以美国为首的帝国主义、

---

① 黄华华：《为〈广东发展之路——以改革开放30年为视角〉所作的序》，《广东发展之路——以改革开放30年为视角》，广州：广东人民出版社，2009年版。

② 中共广东省委党史研究室：《广东经济发展探索录》，广州：广东人民出版社，2009年版，26页、33页。

③ 门洪华：《中国与世界关系的逻辑建构：理论、战略与对策》，北京：北京大学出版社，2016年版，170页。

④ 王利文、李金亮：《先行一步的探索——广东经济学者关于改革开放的思考》，广州：广东人民出版社，2008年版，362-363页。

以苏联为主的修正主义和各国反动派"。这种自我封闭和畸形的"以国际阶级斗争"为纲,造成了一度空前孤立的国际地位。尤其是广东毗邻港澳,又有众多海外华侨,用阶级斗争的眼光看,这里离资本主义世界最近,情况更为复杂。①在这期间,广东省域经济外交开展相对缓慢,但长期的沉寂,也孕育了更强烈的爆发;一旦时机成熟,历史总会再次垂青于广东这片从久远历史中走来的开放沃土。

实际上,当时广东已处于大开放能量的积蓄当中。特别是随着国际形势发生急剧变化,科学技术的快速发展和发达国家劳动力成本的不断增加,迫使劳动密集型产业向发展中国家转移,发达国家致力于发展技术密集型产业和资本技术双密集型产业,实现产业结构升级,世界经济一体化的趋势更加明显,世界各国之间的互相开放、互相依存程度更加增强。②这些因素,为改革开放之后广东省域经济外交的能量爆发打下了坚实的基础。痛定思痛,大家深刻认识到闭关锁国、故步自封是一条走不通的死胡同,必须打开国门、走向世界,经济才能振兴,国力才能增强。因此在改革开放初期,广东时不我待,率先挺身向中央提出大规模利用外资和进行多方位的对外贸易,从而开启引领中国对外开放及经济外交的伟大实践。③

---

① 胡国华:《势不可挡珠江潮——广东改革开放40年回望》,载《南方》,2018年第12期。

② 许朝辉:《国际化需要真实的理由》,载《商学院》,2005年第7期。

③ 中共广东省委党史研究室:《广东经济发展探索录》,广州:广东人民出版社,2009年版,33页。

第二节
改革开放以来的推进历程

中国省域经济外交是伴随着中国对外开放进程而全面展开并逐步深化的过程。经过摸索和酝酿，1978年12月，党的十一届三中全会果断决定把党和国家工作重心转移到以经济建设为中心的社会主义现代化建设上来，作出实行改革开放的重大决策，实现了具有深远意义的伟大历史转折。这个伟大历史转折，引领中国开始推行以经济建设为中心的国家发展战略，也引领中国外交工作开始围绕经济建设这一中心全面展开，外交对象从原来的以第三世界为主体扩大到发达国家并以他们为中心，从而开启了中国省域经济外交深入推进的新征程。在中国实施改革开放重大决策这个关系国家和民族命运的历史关头，毗邻港澳地区、面向东南亚、华侨众多、拥有独特地缘人缘优势的广东，在改革开放总设计师邓小平同志亲自决策和支持推动下，由国防战备前沿成为改革开放前沿，主动请缨、义不容辞地担负起了先行一步、为全国探路破局的历史重任，成为中国引进西方经济、文化、科技的窗口，引领开启了中国特色社会主义建设的伟大航程。

在这波澜壮阔的历史进程中,伴随着中国在世界经济地位的不断提升,经济外交在中国的重要性也在不断提升:经济外交从改革开放初期引进世界先进的科技、先进的管理方式、雄厚的资金;到20世纪90年代初期以后坚持不断扩大开放,大力发展外向型经济,积极融入国际经济社会,拓宽国际经济合作领域;再到21世纪以来,加入世界贸易组织,全面对外开放,大力开拓国际市场,加快"走出去"步伐,推动公正合理的国际新经济秩序的建立,持续发挥着不可替代的积极作用。[1]在党中央的坚强领导和关心支持下,广东也根据不同时期的历史特点并遵循中央部署安排,发挥区位优势和主观能动性,抓住世界产业转移和经济全球化纵深推进的有利时机,[2]以敢闯敢试、敢为人先的勇气和魄力挺立于时代潮头,以"敢为天下先"的历史担当和"杀出一条血路来"的革命精神,渐次展开、升级推进以国际经贸交流合作为重点的省域经济外交各项工作,多维度齐头并进、多重点同向发力,推动各项事业不断跃升变迁。主要分为三个阶段。

一、第一阶段:潮起广东先行一步

这一阶段,主要指从1978年党的十一届三中全会召开到1992年邓小平南方谈话的这段时期,中央"放权"和省域经济外交"搞活",在全国先行一步、全面展开,是其生动缩影。在这期

---

[1] 周永生:《经济外交》,北京:中国青年出版社,2004年版,45页。
[2] 《广东改革开放史》课题组:《广东改革开放史(1978~2018年)》,北京:社会科学文献出版社,2018年版,36页。

间,广东以习仲勋老书记为代表的改革开放先行者,向中央积极争取"特殊政策、灵活措施",这也与邓小平当时提出的权力"有计划地大胆下放"观点不谋而合,成为此后广东向中央请求"放权"的先声。①在中央的大力支持下,广东担负起中国改革开放排头兵、先行地、实验区的历史使命,抓住对外开放先机,推动省域经济外交等相关工作在全国先行一步。在实际运作中,伴随着改革开放以及央地关系的调整,尤其是中央对地方采取以行政性分权和财政包干制为特征的权力下放(包括地方行政、经济管理、财政权力的下放),大大提升了地方政府在经济对外开放中的权限。而这些权力的下放,成为广东各级政府、企业及社会各界大力发展对外经济的动力所在。这个时期广东省域经济外交的突出特点,是创造性运用中央赋予的特殊政策、灵活措施,发挥毗邻港澳、华侨众多等独特优势,利用当时有利的国际形势融入全球生产贸易网络,服务促进要素资源"大进大出",突破起步阶段所亟须的资金、技术、市场等问题,开启了快速工业化进程,引领全国这一波国际经贸交流合作潮流。

邓小平同志不仅是中国改革开放的总设计师,也是广东改革开放的最高决策者、最坚定的支持者。1979年,邓小平首次明确提出对外开放的概念。②在邓小平的支持下,经过党的十一届三中全会前后的充分酝酿和准备,时任广东省委第一书记习仲勋在

---

① 1980年5月,中共中央和国务院决定将"出口特区"改称为"经济特区"。

② 周文彰、范文:《中国对外开放》,北京:国家行政学院出版社,2013年版,5页。

1979年4月召开的中央工作会议期间,向中央正式提出让广东在全国先行一步,允许在深圳、珠海等地试办"特区"①。当年4月17日,习仲勋在中央政治局召集中央工作会议各组召集人会议汇报时再次提出:"我们省委讨论过,这次来开会,希望中央给点权,让广东能够充分利用自己的有利条件先行一步。"②邓小平回应说:"在广东、福建实行特殊政策,利用华侨资金、技术,包括设厂,这样搞不会变成资本主义。"③7月15日,党中央、国务院批复下发了1979年第50号文件——《中共中央、国务院批转广东省委、福建省委关于对外经济活动实行特殊政策和灵活措施的两个报告》,批准广东在改革开放中实行特殊政策、灵活措施和创办深圳、珠海等特区,指出"中央确定,对两省对外经济活动实行特殊政策和灵活措施,给地方以更多的主动权,使之发挥优越条件,抓住当前有利的国际形势,先行一步,把经济尽快搞上去。这是一个重要的决策,对于加快我国的四个现代化建设,有重要的意义"。中央对广东、福建在对外经济活动中实行特殊政策和灵活措施,是改革经济体制的一种试验。④1980年9月28日,中共中央印发《中央书记处会议纪要(第50号)》(以下简称《纪要》),明确指出广东、福建两省实行特殊政策和灵活

---

① 张汉青:《习仲勋在广东改革开放中》,载《习仲勋革命生涯》,北京:中共党史出版社、中国文史出版社,2002年版,549页。
② 中共中央文献研究室:《邓小平年谱(1975—1997)》,北京:中央文献出版社,2004年版,506页。
③ 广东省档案馆:《改革开放三十年重要档案文献·广东》(上),北京:中国档案出版社,15–16页。
④ 王利文、李金亮:《先行一步的探索——广东经济学者关于改革开放的思考》,广州:广东人民出版社,2008年版,379页。

措施，中央是下了决心的；进一步明确"特殊政策和灵活措施"的内涵：一是增大地方的权力，二是广东、福建两省对外更加开放；重申"中央确定的这个政策是不会变的"，同时明确"中央授权给广东省，对中央各部门的指令和要求采取灵活办法，适合的就执行，不适合的可以不执行或变通办理"。中央的这份《纪要》进一步明确了中央对广东实行"特殊政策、灵活措施"的重大意义，同时也给予广东更大的自主权，让广东更加大胆地去闯。①这是习仲勋在当年11月奉调进京前，为广东争取到的一把"尚方宝剑"，对广东此后继续推进改革开放意义重大。

从"向中央要点权"，到1979年中央50号文明确授权广东"特殊政策、灵活措施"，再到1980年中央书记处50号会议纪要授予广东"尚方宝剑"，这是一个央地高效互动的历史过程，勾勒出一幅"广东争取—中央授权—政策落地"的演进图景，对广东发展具有里程碑意义，使得"先行一步"也由此上升为关乎加速国家四个现代化建设的"一个重要的决策"②。在这一过程中，中国由中央向地方下放部分经济对外合作权力的历史帷幕大举拉开。广东充分运用中央赋予的"特殊政策、灵活措施"，在持续获得更大的对外经济交往权之后，积极制定贯彻落实的具体举措，更加努力地通过引进外资、对外贸易、对外投资、国际交往合作等方式深入开展省域经济外交活动，更好地拓展区域内企

---

① 中共广东省委党史研究室：《广东改革开放决策者访谈录》，广州：广东人民出版社，2008年版，118页、124页。

② 见《中共中央、国务院批转广东省委、福建省委关于对外经济活动实行特殊政策和灵活措施的两个报告》，中共广东省委办公厅编印《中央对广东工作指示汇编（1979年—1982年）》，19页。

第三章 广东省域经济外交的回顾与现状分析
Chapter Ⅲ Review and Analysis on the Current Situation of Guangdong's Provincial Economic Diplomacy

业的发展空间，更好地促进本地区经济的快速发展。

在改革开放之初，广东省域经济外交最为突出和典型的，莫过于经济特区的创办和外向型经济的拓展。在中国内地最早创办的经济特区中，广东四有其三，可见当年广东在全国开放全局的特殊地位及牵引功能。①创办经济特区是中国改革的一项重要实验，也是实行对外开放政策的突破口，被称为"国际共产主义运动史上的伟大创举"。②在经济跨境合作方面，广东以接受香港、澳门转移进来的劳动密集型轻纺加工业和家电制造业等为契机，依托以低成本要素和精细分工为支撑的规模化生产能力以及以人际关系和市场网络为支撑的营销能力，充分发挥香港、台湾的国际化贸易、信息通道优势而获得制造业发展所需的大量要素资源，迅速推进工业化进程并形成产业优势。这期间，由于市场要素成本高等原因，香港最先将其制造企业迁至深圳、广州、东莞等与其毗邻的珠三角城市，形成了独具特色、创造珠三角经济腾飞奇迹的"三来一补"③经济发展模式。通过大力发展"三来一补"加工贸易，兴办"三资"企业，试行外贸"大包干"，放手发展个体经济、私营经济，乡镇企业蓬勃发展，广东经济开始在全国率先"起飞"。早在1978年7月底，受惠于中央对广东"三来一补"的试点政策，中国第一家"三来一补"企业——东

---

① 王利文、李金亮：《先行一步的探索——广东经济学者关于改革开放的思考》，广州：广东人民出版社，2008年版，241-242页。

② 《习仲勋主政广东》编委会：《习仲勋主政广东》，北京：中共党史出版社，2007年版，255页、269页。

③ "三来一补"指来料加工、来样加工、来料装配和补偿贸易，是中国在1978年开始尝试性地创立的一种企业贸易方式。

莞虎门镇太平手袋厂正式成立，标志着广东外向型工业发展正式拉开序幕。党的十一届三中全会召开之后，广东"三来一补"企业发展提速，于1979年2月在深圳蛇口建立中国内地第一个出口加工区。

在这个开创新局的特殊时期，广东大胆突破计划经济的僵化体制，以开放促改革促搞活，有力推动省域经济外交各领域工作驶入快车道。1979年9月，省委决定成立广东省对外经济工作委员会，统一规范管理对外经济工作。1981年4月，省委提出了"对外更加开放，对内更加搞活，对下更加放权"。①1981年6月，时任省委第一书记任仲夷提出"三放"方针："特殊政策、灵活措施，归根到底，不外是对外开放，对内放宽，对下放权。"②任仲夷强调，"对外更加开放"主要是抓"三个引进"（引进外资、引进技术、引进人才和智力）、"三个出口"（商品出口、劳务出口、风景即旅游业出口）和创办经济特区。③1984年7月15日，广东省委、省政府发布《关于贯彻执行中共中央〔1984〕4号文的若干规定》，给乡镇企业"松绑"，以制造业为主营业务、"三来一补"为主要经营模式的乡镇企业开始呈现出爆发式增长态势。20世纪80年代中期后，广东确立以外

---

① 蒋斌、梁桂全主编：《敢为人先——广东改革开放30年研究总论》，广州：广东人民出版社，2008年版，63页。
② 《广东、福建两省和经济特区工作会议纪要》文件中将其概括为："对外更加开放，对内政策更加放宽，扩大两省的权力"，见中共广东省委办公厅编印《中央对广东工作指示汇编（1979年—1982年）》，165页。
③ 张岳琦、李次岩主编：《任仲夷论丛·第二卷·先行一步：改革开放篇》，广州：广东人民出版社，2000年版，24页。

向型经济带动经济全面发展战略,并充分利用国家的开放政策,采取区域梯度推进的开放战略。①广东按照中央部署安排,从1980年创办深圳、珠海、汕头3个经济特区开始,1984年开放广州、湛江2个沿海港口城市,建立经济技术开发区,1985年开辟珠江三角洲经济开放区,到1988年全省域获国务院批准为全国综合改革试验区,继而向东西两翼和粤北山区覆盖,用了近10年的时间基本形成多层次、多形式、多功能的全方位对外开放格局。②

这个时期,广东省域经济外交推进中以市场为取向大胆探索,凭借特有优势大量引用外资、先进技术和经营管理经验,建立并发展外向型经济,较好发挥了试验田、对外开放窗口和示范区等特殊作用,为全国改革发展提供了有益的经验。③特别是深圳、珠海、汕头这3个经济特区以及珠三角地区率先发展,东莞、中山、顺德、南海创造了富有特色的发展模式,被誉为广东"四小虎"。广东GDP由1978年的185.85亿元增加到1992年的2447.54亿元,年均增速达13.7%;外贸规模、经济总量、财政收入分别在1986年、1989年、1991年跃居全国首位,此后一直居全国第一。④

---

① 舒元等:《广东发展模式——广东经济发展30年》,广州:广东人民出版社,2008年版,242页。
② 中共广东省委宣传部:《邓小平理论在广东》,广州:广东人民出版社,1997年版,9页。
③ 中共广东省委办公厅:《广东改革开放启示录》,北京:人民出版社,1993年版,55页。
④ 王利文、李金亮:《先行一步的探索——广东经济学者关于改革开放的思考》,广州:广东人民出版社,2008年版,241-374页。

二、第二阶段：乘势奋进加速展开

这一阶段，主要指从1992年邓小平南方谈话到2012年党的十八大召开前的这段时期。在此期间，广东在中央部署下坚定沿着社会主义市场经济的改革方向，不断扩大开放，整体推进省域经济外交各项工作扩量提质、转型升级，在服务大规模"引进来"不断夯实扩充自身总量的同时，积极探索有序"走出去"的现实路径，促进省域经济外交与国家开放战略形成内外良性互动，加快建设开放型经济强省。

在遭遇不同时段的严峻挑战面前，广东始终扎实拓展省域经济外交的广度和深度，成为这期间的一个重要特点。20世纪90年代初至21世纪之交，中国改革开放面临苏联东欧剧变等世界大变局的严峻考验，以及"姓资姓社"的争论。1992年春天，邓小平同志南方谈话指出要坚持改革开放不动摇，成为中国全面对外开放的先兆；[1]要求广东"胆子再大一点，步子再快一点"，而且提出广东要用20年的时间赶上亚洲"四小龙"，更好地发挥对外开放排头兵的作用。[2]邓小平的南方谈话以广东实践为依据，系统总结了改革开放以来的经验教训，突破了"姓资姓社"的思想障碍，对中国改革开放起到了新一轮思想解放的重大作用。同年召开的中共十四大明确了建立社会主义市场经济体制的改革目标，使改革开放成为不可动摇的基本国策，并提出"力争经

---

[1] 门洪华：《中国与世界关系的逻辑建构：理论、战略与对策》，北京：北京大学出版社，2016年版，175页。

[2] 《追寻巨人光辉足迹——邓小平在广东》，载《南方日报》，1997年2月25日。

过二十年的努力，使广东及其他有条件的地方成为我国基本实现代化的地区"。①之后，广东省域经济外交推进中形成的很多实践经验迅速向全国推广，各地纷纷以广东为标杆，大力吸引外资、提高对外开放程度，特别是上海浦东新区大开发成为国家战略并引领中国新一轮对外开放。在全国省域发展万马奔腾格局之下，广东曾经一马当先的先发优势开始减弱。②1999年，中央根据国内外形势的发展变化，从中国发展全局的高度，明确提出"走出去"战略。2001年12月，中国加入世界贸易组织，中国逐步对接和融入国际规则体系，全国改革开放向纵深发展。③广东牢记邓小平同志提出的"广东力争用二十年的时间赶上亚洲'四小龙'"的嘱托，抓住机遇，奋力前行，发挥好排头兵作用，推动省域经济外交持续深入拓展，成为中国综合经济实力最强、对外开放程度最高的省域之一。

20世纪90年代，广东按照党的十四大、十五大的部署，整体推进社会主义市场经济体制改革，基本建立起社会主义市场经济的主体框架。1993年5月，省第七次党代会提出率先建立社会主义市场经济体制基本框架的改革目标，作出了进一步扩大开放的决定，强调不断强化开放意识、扩大开放区域、拓展开放形式、扩大海外市场、放宽开放政策、加强对海外华侨和港澳台工作等

---

① 中共中央文献研究室：《十四大以来重要文献选编》，北京：人民出版社，1996年版，1-48页。

② 舒元等：《广东发展模式——广东经济发展30年》，广州：广东人民出版社，2008年版，237页。

③ 周文彰、范文：《中国对外开放》，北京：国家行政学院出版社，2013年版，19-20页。

八方面举措；①制定了赶上亚洲"四小龙"的奋斗目标和计划，继续先行一步，大胆地试、勇敢地闯。随着社会主义市场经济制度主体地位的确立，广东改革开放和区域发展达到了前所未有的新高度，在巨大市场需求和地方政府的共同努力下，广东成为承接香港地区及外来制造产业转移的最佳地区。在此阶段，广东抓住国际信息产业兴起及跨国公司把劳动密集型工序向发展中国家转移的机遇，大力吸引日本、韩国、欧美等地厂商进来投资设厂；着力吸引世界500强企业及其研发中心、全球著名科技创新型企业前来落户，促进本土企业充分吸收外商直接投资的技术溢出，紧跟世界产业和技术发展浪潮，始终与国际创新保持同步。

1998年亚洲金融危机之后，广东在继续提升对外开放水平的同时，率先开始了对经济和社会发展模式进行反思，努力谋求新的发展优势和发展动力。1998年，省第八次党代会提出实施外向带动②、科教兴粤、可持续发展三大战略，努力增创体制、产业、开放、科技四大优势，实现广东经济发展的战略性转变。为推进外向带动战略，1999年2月11日，广东省委、省政府印发《关于进一步扩大开放的若干意见》。③2002年，省第九次党代会进一步提出实施外向带动、科教兴粤、可持续发展、区域协调

---

① 谢非：《广东改革开放探索》，北京：中共中央党校出版社，1998年版，60-64页。

② 即"充分发挥对外开放的优势，大力发展外向型经济，带动全省国民经济持续快速健康发展"。

③ 《中共广东省委、广东省人民政府关于进一步扩大开放的若干意见》，粤府〔1999〕3号文。见王利文、李金亮《先行一步的探索——广东经济学者关于改革开放的思考》，广州：广东人民出版社，2008年版，407页。

发展四大战略，增创开放、产业、科技、体制、环境五大优势。

进入21世纪，随着中国加入世界贸易组织，中国开启了进一步融入经济全球化的新征程，对外开放和经济外交各项工作进入了新的历史阶段。广东作为中国经济对外依存度最高的省域，在中央部署下积极参与经济全球化进程和国际分工合作，全面提高对外开放水平，在更大范围、更广领域和更高层次上参与国际经济技术合作和竞争。按照党的十六大、十七大的部署要求，广东全面深化省域经济外交，加快与国际经贸规则体系对接，大力"引进来"积极"走出去"，①开放型经济的层次和水平明显提升。加快产业转型升级，适度发展重化工业，推进自主创新，产业竞争力明显提升。服务国家发展大局，大力推动珠三角改革发展，积极拓宽粤港澳合作领域和范围。2003年后，九届广东省委提出建设经济强省、文化大省、法治社会、和谐广东、实现全省人民富裕安康的奋斗目标，扎实推动内外源型经济协调发展，在提升外源型经济发展水平的同时，大力推动民营经济加速发展，加强基础设施建设，布局钢铁、石化等一批重大骨干项目，建成广州大学城，谋划推进泛珠三角区域（9+2）合作。2008年世界金融危机发生后，十届广东省委充分利用其形成的倒逼机制，抓

---

① "走出去"战略是江泽民同志在全面总结中国对外开放经验的基础上于1996年7月正式提出的。1999年3月7日，在全国人大九届二次会议上，江泽民看望广东代表团时勉励广东"在境外投资、拓展国际市场方面，要努力走在全国前列"。2000年2月25日，江泽民同志在广东考察工作时进一步指出：我国加入世贸组织后，将会为实施"走出去"战略带来更多的机遇。2001年，实施"走出去"战略写入《广东省国民经济和社会发展第十个五年计划纲要》，成为2001年以后广东全面实施"外向带动"战略的重要内容。

住全球经济大洗牌、大变革的机遇，围绕科学发展、先行先试，提出加快转型升级、建设幸福广东，争取国务院批复实施《珠江三角洲地区改革发展规划纲要》，积极应对国际金融危机，倒逼产业转型升级迈出实质性步伐，扎实推进"双转移""腾笼换鸟"，全面深化粤港澳合作，进一步激发了改革发展活力和动力，广东整体实力和竞争力跃上新的台阶。

这20年期间，广东省域经济外交扎实推进，宏观经济实现平稳快速健康发展，广东省GDP由1992年的2447.54亿元，跃升至2012年的57924.76亿元，年均增长13.0%，其中1993年创下最高增速23%；进出口总额由657.5亿美元，跃升至9839.5亿美元，占全国比重超过1/4。全省经济总量1998年超过新加坡，2003年超过中国香港，2007年超过中国台湾，与韩国的差距日趋缩小，赶超亚洲"四小龙"的目标逐步实现。[①]

三、第三阶段：新潮拍岸奋勇争先

这一阶段，指的是从2012年党的十八大召开以来的这段时期。在此期间，广东全面贯彻落实党中央顶层设计和习近平总书记对广东重要讲话、重要指示批示精神，统筹推进"五位一体"总体布局、协调推进"四个全面"战略布局，以共建"一带一路"为牵引全面深化改革、全面扩大开放，着力推动以商品和要素开放向规则等制度高水平开放跃升，全面构建对外开放新格

---

① 广东省统计局、国家统计局广东调查总队：《数说广东改革开放40年》，2018年12月，11页。

局，不断提高省域经济外交水平，奋力在新时代改革开放再出发的伟大征程中继续走在全国前列。

党的十八大以来，中国经济发展步入新常态，面对复杂多变的国际环境和艰巨繁重的改革发展任务，中国外交全面进取、奋发有为，国际参与度日益加强，逐渐由国际体系的参与者成为规则制定者和引领者；[①]包括"一带一路"倡议等一系列重大经济外交和国际合作的战略构想先后被提出，中国投资领域从以"引进来"为主转变为"引进来"和"走出去"并重，开始更加积极参与全球经济治理变革，对外交流合作提升到了新的层次。[②]习近平总书记对广东工作高度重视、寄予厚望，为广东改革开放再出发指明了前进方向，提供了根本遵循。

广东认真遵循中央顶层设计，在全面扩大开放中牢牢把握国家推进"一带一路"建设与广东自由贸易试验区建设等重大机遇，积极参与"一带一路"建设，扎实推进粤港澳大湾区建设，进一步加强与欧美发达国家经贸联系，着力构建对外开放新格局，全面参与全球经济合作与竞争，省域经济外交各项工作取得新的进步。2013年以来，十一届广东省委实施创新驱动发展、珠三角优化发展、粤东西北振兴发展等战略，以扩大开放带动创新、推动改革、促进发展，努力打造"一带一路"重要枢纽和经贸合作中心，高标准推进广东自贸试验区和粤港澳大湾区建设，

---

① 广东省统计局、国家统计局广东调查总队：《数说广东改革开放40年》，2018年12月，11页。
② 国家发改委课题组：《中国对外开放40年》，北京：人民出版社，2018年版，12–13页。

率先推进国际贸易投资规则创新，推动对内对外开放相互促进、"引进来"和"走出去"相互结合，着力优化对外开放区域布局、贸易布局和投资布局，加快培育参与国际经济竞争与合作新优势，构建开放型经济新体制和宽领域、多层次、高水平的全面对外开放新格局。党的十九大以来，十二届广东省委深入学习贯彻习近平新时代中国特色社会主义思想和党的十九大精神，认真落实习近平总书记对广东重要讲话和重要指示批示精神，深入开展"大学习、深调研、真落实"工作，提出并完善优化提升"1+1+9"工作部署①，吹响了新时代改革开放再出发的号角，奋力谱写辉煌壮丽的中国特色社会主义事业的广东新篇章。2018年6月8日，省委书记李希在省委十二届四次全会上专门对广东外经贸转型升级提出要求，认为要抓住国家放宽金融业、制造业等领域外资准入的机遇，加快从市场准入、政策支撑等方面创造更有吸引力的投资环境；着眼更高水平参与国际分工，大力发展总部经济，培育一批具有核心竞争力的本土跨国公司和掌握世界一

---

① "1+1"指的是以推进党的建设新的伟大工程为政治保证、以全面深化改革开放为发展主动力。"9"指的是9方面重点工作：一是以粤港澳大湾区建设为重点，加快形成全面开放新格局；二是以深入实施创新驱动发展战略为重点，加快建设科技创新强省；三是以提高发展质量效益为重点，加快构建推动经济高质量发展的体制机制；四是以构建现代产业体系为重点，加快建设现代化经济体系；五是以大力实施乡村振兴战略为重点，加快改变农村落后面貌；六是以构建"一核一带一区"区域发展新格局为重点，加快推动区域协调发展；七是以深入推进精神文明建设为重点，加快建设文化强省；八是以把广东建设成为全国最安全稳定、最公平公正、法治环境最好的地区之一为重点，加快营造共建共治共享的社会治理格局；九是以打好三大攻坚战为重点，加快补齐全面建成小康社会、跨越高质量发展重大关口的短板。见《中共广东省委十二届四次全会在广州召开》，载《南方日报》，2018年6月9日。

流制造能力的龙头企业；把支持对外投资与促进装备、服务、技术标准"走出去"有机结合起来，以投资带动贸易及产业发展。① 2019年1月3日，省委书记李希在省委十二届六次全会上提出，要进一步完善优化提升"1+1+9"工作部署，把习近平总书记视察广东重要讲话的四个方面重要指示要求贯彻到"1+1+9"工作部署的各方面全过程；其中在扩大对外开放方面，要更好把握新时代新要求，在更高起点、更高层次、更高目标上把改革开放不断推向深入，加快形成更高层次的改革开放新格局。②

这一时期，广东经济发展跟全国一样进入新常态，由高速增长转向中高速增长、高质量发展。全省经济总量从2012年的5.79万亿元，增加到2017年的8.97万亿元，年均增长7.9%；国家级高新技术企业、专利授权量居全国首位，高技术制造业增加值占规模以上工业增加值比重达28.8%。③ 2018年，广东经济总量达9.73万亿元，连续30年稳居全国第一位；外贸进出口总额继续超过1万亿美元，约占全国1/4。④ 关于这些辉煌成就，下文还将作更详细的阐述。

---

① 《广东改革开放史》课题组：《广东改革开放史（1978~2018年）》，北京：社会科学文献出版社，2018年版，571-605页。

② 《中共广东省委十二届六次全会在广州召开》，载《南方日报》，2019年1月4日。

③ 广东省统计局、国家统计局广东调查总队：《数说广东改革开放40年》，2018年12月，11页。

④ 马兴瑞：在广东省第十三届人民代表大会第二次会议上的《政府工作报告》，载《南方日报》，2019年2月12日。

第三节
主体特色工作的展开与推进

鉴于省域经济外交的主体内容及中心工作为经济合作外交，具体体现为促进国际经贸交流合作等展开的具体做法与行动，因此，落点在广东推进省域经济外交的主体手段方式方面，其除了传统沿用的省域高层外访、接待外国政界商界要人来访等推动国际经贸合作与交流这些具体做法之外，还拥有比国内其他一些省域更多的特色实践抓手。比如，广东不仅为中国第一侨务大省，而且还拥有珠三角世界级城市群及广州、深圳这两座全国一线城市，商会、协会等社会组织也很发达，这就使得运用侨务、友城、商协会等特殊手段推进国际经贸合作与交流，不仅成为广东省域经济外交的一大亮点，也成为支撑其主体工作深入展开的实践做法与特色要件。本节专门将其进行特别梳理与探讨，以更立体地展现广东省域经济外交的演进概况。

需要强调的是，基于广东改革发展稳定工作在全国省域大方阵中具有特殊重要地位，自20世纪90年代中期以来，中央一直在组织人事安排中形成并延续广东省委书记兼任中央政治局委员的工作惯例，也基本上每年都会以中共党际国际交往等形式，统筹安排广东省委书记率领中共代表团出访相关国家，并形成广东经贸代表团同期跟随出访并展开相关经贸交流合作等促进机制，这本身就是省域经济外交展开的具体实践。比如，2018年9月7日至14日、2019年6月5日至14日，中共中央政治局委员、广东省委书记李希就先后率领中共代表团，分别赴南太平洋区域的巴布亚新几内亚、新西兰、斐济和南亚、东南亚区域的印度、泰国、马来西亚等国家进行访问。在系列外访期间，广东省委书记都会在中共中央对外联络部及驻外机构等统一安排下展开一系列活动，包括会见所在国家的政界商界首脑或要人、出席广东于所在国家举办的经贸洽谈会、参观广东在当地开展经贸合作的跨国企业、出席当地华侨华人社团所举办活动等。[1]但鉴于广东省委书记在此类外访期间，多以中共代表团团长的政治身份率团出访和开展活动，在体现经济外交的同时也带有较强的政治外交色彩，具有较强的政治属性，本书就不单独将其作为一个部分予以展现。

一、"以侨为桥"推进国际经贸合作

习近平总书记指出，我国有5000多万海外侨胞，这是我国发

---

[1] 分别见新华社通稿：《李希会见巴布亚新几内亚总理奥尼尔》，新华社莫尔兹比港2018年9月8日电；《李希会见新西兰总理阿德恩》，新华社惠灵顿2018年9月12日电；《李希会见斐济总统孔罗特》，新华社苏瓦2018年9月14日电；《李希率中共代表团访问印度》，新华社新德里2019年6月8日电；《李希会见泰国总理巴育》，新华社曼谷2019年6月11日电；《李希会见马来西亚总理马哈蒂尔》，新华社吉隆坡2019年6月14日电。

展的一个独特优势；改革开放有海外侨胞的一份功劳。①广东作为中国侨务资源和侨务工作大省，"以侨为桥"推进国际经贸合作成为其拓展省域经济外交的一大特色优势。

两千多年来广东海上丝绸之路的长盛不衰，造就了岭南地区悠久的经商传统和频繁的对外交流，也造就广东人热衷海外谋生创业的区域人文特征。广东人移居海外始于晚唐或宋代，大批移居海外则是中英鸦片战争之后。②近代以来，一批又一批的广东人漂洋过海，"下南洋""闯北美""走非洲""奔拉美"，足迹遍及全世界。经过长期接续打拼，海外华侨华人数量快速增长，实力逐步增强，成为所在国家和地区重要的社会力量。③改革开放之初，广东的优势除了拥有中央赋予的特殊政策和灵活措施外，还有两个重要的优势：一是毗邻港澳，二是华侨众多。毗邻港澳，助力广东产生对外合作的地理优势，交通运输和人员来往方便，商务成本比较低，有利于双方合作；华侨众多，合作双方彼此熟悉，容易磨合，华侨给广东带来了资金、技术和订单，迅速激发了广东乡镇的集体和私营、个体经济蓬勃发展。这两大优势有力促使广东对外开放格局的打开，这是全国其他省域所无法比拟的。④丰富的海外侨力和港澳资源是改革开放之初广

---

① 见新华社通稿：《习近平在广东考察时强调：高举新时代改革开放旗帜 把改革开放不断推向深入》，新华社广州2018年10月25日电。
② 《当代中国》丛书编辑部：《当代中国的广东（下）》，北京：当代中国出版社，1991年版，275页。
③ 郭凡、蔡国萱：《21世纪海上丝绸之路与广州》，中山大学出版社2015年版，58页、157页。
④ 《广东发展之路：以改革开放30年为视角》，广州：广东人民出版社，2009年版，44—45页。

东省域经济外交的突出优势。实际上，当年中央决定在深圳、珠海设立经济特区，主要考量是其毗邻港澳；决定在汕头设立经济特区，主要考量就是要充分发挥侨资侨力优势，带动经济快速发展。①

在发挥侨力助推区域发展方面，广东确实拥有国内其他省域无可比拟的优势。一是数量多，祖籍广东的华侨、华人达3000多万人，约占全国总数的2/3；二是分布广，遍布世界160多个国家和地区，几乎"有潮水的地方就有广东籍老乡"；三是港澳同胞多，祖籍广东的香港居民占其总数的3/5以上；四是国内的涉侨民众多，广东约有2000万的归侨、侨眷，还有数千万的港澳台同胞内地亲属；五是粤籍华侨华人实力强，在广大海外侨胞当中，"政治上有影响、经济上有实力、社会上有地位、专业上有造诣"的精英人士众多。上述这些优势，使得广东拥有遍布全球的"关系网""亲友圈"，为其省域经济外交展开提供了丰富的人脉、商脉、资金和人才资源。一方面，广东到境外开展业务或投资办实业，可以利用毗邻港澳这一优势，先以香港、澳门为试点，以此作为桥头堡和跳板，然后将触角伸向世界五大洲；另一方面，广东还可以利用华侨众多这一优势，借用他们的经济、技术力量，大力抓好招商引资并拓展海外业务。②

为发挥好自身拥有的华侨华人重要资源和独特优势，广东在1979年3月就高规格召开省侨办工作会议和第二次省侨联大会，

---

① 邓小平：《邓小平文选》第3卷，北京：人民出版社，1993年版，366页。
② 中共广东省委党史研究室：《广东经济发展探索录》，广州：广东人民出版社，2009年版，190页、374页、375页。

强调要正确认识华侨的地位和作用,充分调动华侨、港澳同胞和归侨、侨眷建设家乡的积极性。广东按照中央有关文件的精神,纠正"文化大革命"和历次政治运动因"海外关系"而造成的冤假错案5481宗,平反1万多人,落实了47752家"侨改户"的政策。广东省委、省政府为了解决土改遗留的、城镇私营企业改造遗留的、"文化大革命"期间被挤占的华侨房屋这一难题,先后发布了8个政策性的文件,采取措施加快落实侨房政策的进度。至1998年,全省累计退还侨房使用权1702万平方米,基本完成落实城镇侨房产权1213多万平方米,从而争取了侨心,激发了他们关心祖国和家乡建设的热情。[①]

改革开放以来,广东认真贯彻落实国家侨务政策,采取"请进来"与"走出去"的方法,大力发挥海外华侨华人和港澳台同胞的资本、信息、营销渠道、人才等各种优势,扎实推进各领域侨务交往合作。在各方面因素作用之下,海外华侨华人和港澳台同胞成为广东国际经济合作最早、最积极、最热情的关注者、支持者、参与者,从经济、社会、文化、观念等多方面推动着广东的改革开放和现代化进程。他们不仅带来了新的观念、思想和文化,而且带来了大量的建设资金,同时也在参与广东现代化建设过程中获得了自身事业的发展,形成海内外同胞及港澳台同胞互利合作、多赢发展的良好局面。特别是华侨华人投资在广东

---

① 中共广东省委党史研究室:《中国共产党广东历史大事记(1949.10-2004.9)》,广州:广东人民出版社,2005年版,285页。

利用外资中占据主导地位，①同时也有力地促进了广东与世界各国、各地区之间的友好往来与经贸、科技交流合作。②据有关资料数据估算，海外侨胞、港澳同胞捐助广东教育、卫生、体育、工业、农业、交通等方面社会公益项目超过5万宗，折合人民币超过540亿元，侨捐项目遍布全省城乡；与此同时，海外华侨华人、港澳台同胞在广东投资建立的合资、合作和"三来一补"等类型企业超过6万家。

近年来，广东结合省情侨情实际，发挥优势，以开展对外宣传和人文交流为主要手段，以华裔新生代及参政华人为主要对象，积极开展侨务领域国际合作，"走出去"引资引才引技，服务创新驱动发展。举办海外侨胞助推"一带一路"建设合作交流会，配合有关市办好粤东侨博会、世界客商大会等活动，拓展了侨务招商引资引智。实施海外人才为粤服务计划，打造广州增城、汕头、江门"侨梦苑"侨资侨智集聚平台，引导推动海外高层次人才来粤创新创业，以侨为桥助力企业"走出去"。③

粤东潮汕地区是广东著名侨乡之一，有"国内一个潮汕、海外一个潮汕"的形象说法。改革开放以来，潮汕各市特别是汕头特区通过利用这一独特的人缘、地缘、亲缘优势，"以侨引侨、以侨引外、以外引外"，外向型经济迅速发展，走出一条以侨为桥开放发展的路子。2014年，汕头获中央批准设立国家级改革创

---

① 任贵祥：《海外华侨华人与中国改革开放》，北京：中共党史出版社，2009年版，490页。
② 张争胜：《广东地理》，北京：北京师范大学出版社，2016年版，7页。
③ 广东省统计局、国家统计局广东调查总队：《数说广东改革开放40年》，2018年12月，190、199、233页。

新平台——华侨经济文化合作试验区，成为全国唯一以"华侨"冠名的国家级创新发展平台，成立全国首个以"华侨"为核心概念的区域股权交易市场"华侨板"，广东华侨金融资产交易中心、基金公司等华侨特色金融产业纷纷成立。改革开放40多年，汕头累计引进外商投资企业5000多家，累计实际利用外资93.8亿美元，近九成为侨资；海外华人华侨还向汕头捐资91.5亿元，建设了一大批公共设施。[①]事实证明，汕头以侨为桥汇聚资源带动发展这条开放路子是正确的。侨资侨力不仅是汕头过去发展的重要助推力量，也是汕头未来发展的重要优势。

扎实拓展华裔新生代工作，是当前以侨为桥助力国际经贸合作的新着力点。近年来，广东坚持不懈涵养侨务资源，大力开展"育侨菁行动"及"华裔政要寻根工程"，发展壮大友好华人力量。举办海外华裔新生代广东行活动，连续邀请来自欧美、东南亚等国家的华裔新生代来粤观光交流。加大力度培养侨团青年骨干力量，先后举办一批研习班培训国外社团的青年骨干。积极建设华裔新生代工作平台，2013年起举办了两届世界广东华人华侨青年大会，不断凝聚海外华人青年精英力量。有计划邀请华裔政要到广东寻根访问，增进其对中国和家乡的了解和感情，推动其向主流社会客观介绍中国及广东。

近年来，广东还以粤籍乡亲联谊活动为载体，不断促进世界各地广东乡亲的互相联系和交流合作。通过支持协助海外粤籍社团在中国及世界各地举办世界广东同乡联谊大会、国际

---

① 中共广东省委汕头专题调研组：《汕头经济特区改革开放40周年调研报告》，2018年11月。

潮团联谊会、世界客属恳亲大会、世界中山恳亲大会等联谊活动，邀请当地主流社会和民众出席，促进中国与世界各国的人文和经贸交流。①

总体上，侨资侨力在广东省域经济外交中发挥着特殊重要作用，取得了扎实成效。积极适应海外侨情新变化，更高水平发挥侨乡优势，依然是新时代广东扩大开放、面向全球吸引更多高端要素资源的重要途径。

二、以友城为平台促进区域国际合作

与友好国家建立省市固定友好关系，是中国对外友好关系地方性官方交往的新发展，带有鲜明的地方特色，对促进双方经济发展和其他领域的交流有积极意义。②改革开放以来，广东及其主要城市在中央授权下积极开展对外交往，逐步形成了遍布全球的友城网络。1979年5月，广州市与日本福冈市缔结为友好城市；同年9月，广东省与澳大利亚新南威尔士州缔结为友好省州。此后，广东省先后与日本兵库县、美国马萨诸塞州等建立友好省州（城）关系。③截至2017年年底，全省友城数量已达190对，其中省域47对；"一带一路"沿线国家友城77对，省域

---

① 广东省侨办：《关于全省主要涉侨活动平台情况的报告》，2018年3月。
② 《当代中国》丛书编辑部：《当代中国的广东（下）》，北京：当代中国出版社，1991年版，267页。
③ 广东省地方志编纂委员会编：《广东省志》，广州：广东人民出版社，2004年版，316页。

22对。①友城平台通过富有特色的交流合作,突出重点、完善网络,在开拓地方政府和民间对外交往渠道,更好地服务于省域经济外交深入展开中发挥了重要作用。

广东在拓展友城过程中,既落实好中央授权,也根据自身实际需要,主动拓展合作对象及领域。在各方努力下,广东友城数量迅速增长(见图3-1),并呈现主体多元化、平台多边化、成果多样化的趋势。从战略布点上看,遍及各大洲经济最强的国家和地区,除中亚、中东欧、非洲稍弱外,整体布局较平衡,符合广东经济社会发展对外交往需要。

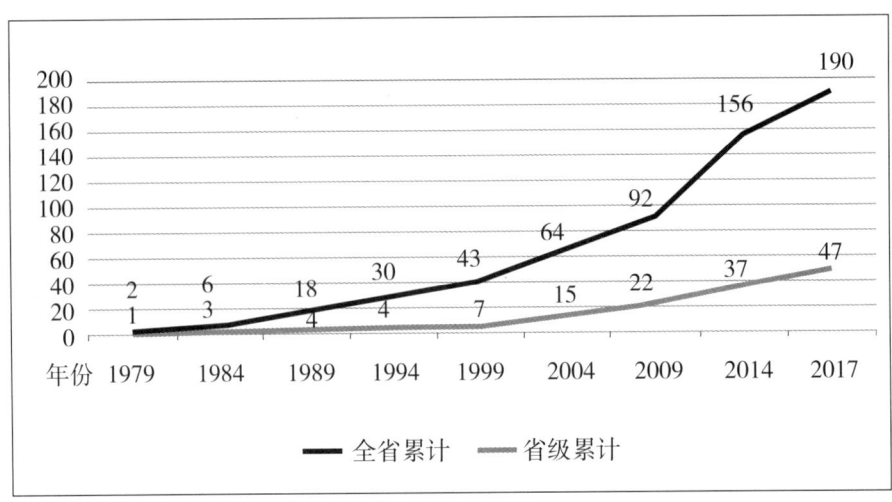

图3-1 改革开放以来广东友城数量发展图

资料来源:广东省外办《2018广东省友城工作调研报告》,2018年5月。

在拓展友好城市的同时,广东还通过条块两个维度缔结友好港、友好学校、友好医院、友好博物馆等,与友城对口部门建

---
① 广东省外办:《2018广东省友城工作调研报告》,2018年5月。

立友好合作关系。① 目前，广州、深圳分别有友好港口41对和22对。省内20多所高校与友城高校建立友好合作关系，10多所中学与友城中学建立友好关系。74所学校与15个国家地区的华校缔结友好关系101对。

友城交往涉及方方面面，在友城数量不断增加的情况下，多边交流效果倍增，也为友城之间解决共性问题、交流经验、扩大合作面等提供了广阔平台。一是友城联络人会议。广东自2015年以来连续3年举办友城联络人访粤活动，共有来自27个国家33个友城或友好交流地区、友好组织的47位代表参加，加深了对广东的信任和了解，为推动双方务实合作打下很好的基础。二是成立广州—奥克兰—洛杉矶经济联盟。这一联盟于2014年成立，已经成功举办了两届年会，参会人数达1300多人，其中85%是企业代表，共签署20项合作协议。当前广州市又以青少年足球交流为抓手推进广州—伯明翰—法兰克福—里昂合作机制建设，打造强强联合的朋友圈。三是国际友好城市大学联盟。深圳市于2014年发起创建国际友好城市大学联盟，共有12国27所友城的高校参与，其中17所加盟高校是外国高校。大学联盟为友城的大学搭建起了教育、科技、文化交流以及合作和分享的平台，以轮值主席的方式成功举办多届交流会，包括友城青少年夏令营活动。除了互派正式代表团访问及在经贸、科技、文教等领域的务实合作外，友城之间的互动更加多样化，更接地气。比如，深圳与爱丁堡互设创意产业孵化器，佛山与日本伊丹市分别在对方城市建立友好交

---

① 《当代中国》丛书编辑部：《当代中国的广东（下）》，北京：当代中国出版社，1991年版，267页。

流中心等，整合双方优势资源促进共赢合作。①

广东拓展友城合作，很多为项目先行，因利结缘。如广东省与吉尔吉斯斯坦奥什州因为广东省建筑装饰材料行业协会在当地落户的建材家居工业园项目推动而结好；佛山市与德国因戈尔斯塔特市，佛山市南海区与德国沃尔夫斯堡市分别因与奥迪、大众合作建厂结缘，并发展成为友城。在此过程中，商协会、企业等社会力量发挥了很大作用，所促成的友城关系契合度较高，可持续性较强，友城平台反过来又继续推动项目合作向前发展，达到互利共赢的目的。

三、以商协为辅助力国际经贸交流

政府机构是经济外交工作最主要的执行主体，但并非是唯一主体。②在西方发达国家，商协会等社会组织和专业机构就发挥着不可替代的影响力，不仅在其国内经济协调中发挥的作用越来越大，而且在国际经济交流中也极为活跃。比如，发达国家海外投资的一个重要保障，就是推动本国的服务企业能够跟随制造业企业一起"走出去"，为其提供服务。一些贸易强国在多年的国际市场开拓中积累了许多促进本国企业走出国门的经验和路径，并建立了相对完善的专门性服务组织，有计划、有目的地推销本国的企业与产品。比较知名的有澳大利亚小麦委员会、加拿大小

---

① 广东省外办：《2018广东省友城工作调研报告》，2018年5月。
② 何茂春等：《经济外交事务》，北京：清华大学出版社，2016年版，58页。

麦局、法国的Sopexa①、美国的FAS②等，这些组织大都有政府背景，属于官方与半官方的服务组织，专门为企业走出国门提供帮助。发达国家甚至还建立了专门针对发展中国家的投资基金，例如，丹麦发展中国家工业基金会即为企业在发展中国家设立合资企业提供融资服务，该机构隶属丹麦外交部，其职能是为丹麦企业在发展中国家投资提供部分资金和咨询，基金会通过参股、信贷，甚至加入董事会管理等方式，参与到企业投资发展中国家的计划之中。③

中华人民共和国成立特别是改革开放以来，中央政府为了调动各方面积极性，以专项授权等形式，有序调动商会、协会、国际组织等非政府力量④参与到对外交往中来。早在20世纪50年代，周恩来同志就说过，中国的外交是官方、半官方和民间的三者结合。从这个层面讲，半官方和民间的非政府外交与政府官方外交相辅相成，构成了我国外交的一大特色。⑤随着近年来中国经济加快融入全球体系并不断与国际规则体系接轨，以及中国逐

---

① Sopexa是指法国食品协会，是一家食品市场与食品宣传专业机构。该协会在全世界设有41家分支机构，在50多个国家组织活动，覆盖90%的出口市场，主要为该国食品行业充当顾问和护航。根据网络资料整理。

② FAS即船边交货，是国际贸易术语之一。《2010年国际贸易术语解释通则》对其规定如下：指卖方在指定的装运港将货物交到船边，即完成交货；买方必须承担自那时起货物遗失或损坏的一切风险。根据网络资料整理。

③ 郑风田：《走出去面临的双重挑战》，载《商业时代》，2003年第2期。

④ 非政府力量是指除政府组织以外的社会组织和市场中的营利组织以及公民个人。由于公民个人一般是通过参加某个组织或由某个组织联系起来参与公共事务中，这里论述的是社会组织和市场中的公司企业在经济外交中发挥的作用。

⑤ 王新华：《中国民间外交：现状、思考与建议》，载《学理论》，2016年第10期。

步建立完善以市场化为导向的社会主义经济体制，非政府力量的作用不断增大。广东一直按照国家的部署安排，积极发挥商协会等非政府组织作为市场主体的特殊作用。

发挥商协会的作用，很重要的就是发挥半官方协会撬动作用，因为这些协会作为亦官亦民机构，其背后承担着不少政府的职能，承担着联系服务企业、商会特别是跨国企业的职责，发挥着重要的桥梁纽带作用。除了本书在前文所讲的欧美一些国家的相关半官方协会外，世界上的类似机构还有日本贸易振兴机构等，香港贸易发展局、澳门贸易促进局，以及内地的贸促会、公共外交协会、友好协会等，从某种程度上讲也属于这样的机构。[①]近年来，广东大力发挥这些机构的撬动作用，亦官亦民、联系广泛、不可替代，为省域经济外交的深入开展增添新动力、新活力。

一是激发贸促会民间经贸大使功能。广东省贸促会作为广东最大的国际贸易与投资促进机构，近年来以欧美发达国家、"一带一路"沿线国家为重点，以驻境外经贸代表处工作为抓手，以推动企业高水平"引进来""走出去"为目标，积极开展民间经贸交流合作。积极整合省内有关地市、企业和境内外商协会的资源，分别在20个国家（地区）设立了23个经贸代表处或联络办公室，先后在欧洲、北美、南美、非洲、大洋洲和东南亚、中东等地区推动成立了17个境外广东商会。运用好与境外300多个工商组织建立了密切联系的优势，进一步建立合作机制，拓展对外交

---

① 广东省外办：《2018广东省友城工作调研报告》，2018年5月。

流渠道。运用好境外广东商会的网络优势，进一步优化拓展其国际布局，扩展会员网络，更有力促进粤籍企业与当地工商企业界间的交流合作，推动和支持广东企业"走出去"。大力加强广东国际商会建设，进一步扩展其会员网络及贸易联盟，积极搭建国际商机对接平台，高效组织境内外民间经贸活动，为企业开展国际化经营和扩大进出口提供国际联络、商事法律认证、项目对接等服务。在充分借鉴发达国家经验基础上，谋划由省贸促会牵头相关服务机构和商协会成立类似"广东国际经贸服务中心"这样的机构，赋予其建立和开展为"走出去"提供深层次、全方位服务的职能，加快整合一批有能力承办国际业务的公共服务机构，在法律、会计、审计、评估、金融、咨询等领域为企业开展跨国经营提供相关配套服务。[①]

二是运用好友协合作生力军效能。广东省人民对外友好协会为中国人民对外友好协会的团体会员和省一级人民团体，自成立以来紧紧围绕国家总体外交大局和广东中心工作，积极开展对外交往，在深化广东人民同世界各国人民之间友谊、促进互利合作等方面发挥了重要作用，不仅有力服务和促进国家总体外交，同时也为推动地方经济社会发展营造了良好的外部环境。目前，全省各级人民对外友好协会已与世界各国超过300个友好组织建立了友好联系，与125个友好组织签署了友好交流合作备忘录。其中与52个国家的81个友好组织签署了友好交流合作备忘录，与179个友好组织、机构和个人保持了友好联系，友好组织和机构

---

① 广东省贸促会：《关于广东"走出去"支撑服务体系情况》，2017年11月。

涵盖了友好协会、工商协会、高校、华侨社团、基金会等多种类型，涉及议会、经贸、社科、文化艺术、教育、体育、媒体等各个领域，构建了多元、立体的对外交流交往渠道。在面向世界、广交天下朋友的基础上，广东省人民对外友好协会主动策划开展了形式多样的交流活动，近10年来接待各类来访团共计750批5767人次，共组派40个友好工作组出访51个国家；共主办各类经贸交流活动30余场，举办高端论坛和大型活动10场，积极为广东企业"走出去"牵线搭桥，打造广东对外交往的新名片。①

三是拓展公共外交协会对外交往空间。广东作为中国对外开放前沿，拥有深厚的人缘、地缘、文缘、商缘，是开展公共外交的重要区域。近年来，广东公共外交协会积极搭建系列多边交流平台，通过一个个富有感染力、影响力的品牌活动，不断拓展对外交往新空间。②2012年，广东举办首届广东国际交流合作周，以及"粤韵情、世界风——公共外交之夜"交响音乐会，通过音乐搭起沟通桥梁，有力推动了与各国际友城、友好组织的人文交流。③享有"中国第一展"美誉的广交会，也成为广东探索公共外交的重要舞台，2013年、2015年，广东公共外交协会、中国对外贸易中心、省贸促会、省文化厅等单位连续举办了两届"广交世界、共赢发展"交流会，来自数十个国家和地区的广交会境外客商、在粤外商高管出席，交流会以"老广交"和在粤外商高

---

① 广东省外办：《关于广东民间对外交往的基本情况》，2017年3月。
② 《广东公共外交协会成立以来工作总结》，2014年5月1日。资料来源：广东政协网，2019年4月15日最后访问。
③ 谢思佳：《首届广东国际交流合作周开幕》，载《南方日报》，2012年11月28日。

管为主角，通过其亲身体会向世界讲述他们在广交会及广东找寻商机、共赢发展的真实故事，生动展示广东良好的营商环境和巨大合作商机，演绎传递了"中国梦"与"世界梦"互融共通的理念。[①]2016年起，广东公共外交协会借助每年10月举办的21世纪海上丝绸之路博览会这一平台，策划举办每个年度的广东公共外交周系列活动，邀请有关国家和友好组织的代表出席。其中，"2018广东公共外交周"活动于10月下旬举办，18个国家和地区的23个外国友好组织的95名外宾应邀出席。期间，外宾出席"讲好中国故事、传播广东声音"电视访谈节目，赴东莞参加第五届广东海丝博览会开幕式，走访深圳特区等。[②]总之，广东公共外交协会积极发挥联系各界、搭建平台、协调关系、汇集资源的优势，积极开展多层次、多渠道的公共外交活动，为促进广东与世界各国的友好交流与经贸合作作出了新贡献。

当前，跨国公司投资贸易的全球化，是推动经济全球化的重要推力。广东省域经济外交深入推进、广东经济逐步融入全球分工体系的过程，也是外国跨国资本不断"引进来"、本土龙头企业及其产品不断"走出去"的过程。广东培育打造本土跨国企业方面，形成了以南方航空、中广核、招商局集团、平安、华为、中兴、格力、美的等一批龙头企业为代表的跨国企业集群，形成一定规模及影响力。其中，中广核在核电、核燃料、新能源等板块"走出去"取得积极进展，其清洁能源项目已遍布亚洲、

---

① 《"广交世界、共赢发展"交流会上外商代表分享在中国、广东的成功投资经验》，载《南方日报》，2013年10月16日。

② 《"2018广东公共外交周"开幕》，载《南方日报》，2018年10月24日。

欧洲、非洲、大洋洲、北美洲、南美洲等6大洲、16个国家，境外资产和收入占比分别达到16％和20％。[①]近年来，广东把引进世界龙头企业和培育本土跨国公司双管齐下，放在更加重中之重的位置着力推进。一方面，积极完善省长与跨国公司交流直通车机制和重大项目落地跨部门协调机制，健全省市招商联动、产业招商联盟、项目专业评估等配套服务体系，鼓励世界500强和行业龙头企业来广东设立地区总部和总部型机构，用好用足外资十条政策鼓励总部企业落户。另一方面，着力培育一批全球知名的广东自主品牌，建立广东省本土跨国公司重点培育目录，鼓励企业开展跨国并购获取先进技术、管理经验和高端制造能力，促进"走出去"企业技术回流及返程投资。[②]

与此同时，广东还大力发挥国外商协会在推进中外经贸交流合作当中的桥梁纽带作用。比如，大力吸引国外商协会在广东设立办事处，发挥其促进经济交流合作的重要作用；同时，积极运用好国际组织的积极作用，特别是发挥国际港口联盟、世界航线发展大会、全球市长协会，以及全球海事组织、葡语国家组织等国际组织的积极效应。总体上看，商协会等非政府力量在推动广东省域经济外交深入展开中日趋活跃，无论形式还是内容均实现了增量式发展，所发挥的作用也越来越大。

[①] 周锐：《中广核"一带一路"项目顺利推进 境外资产占比达16%》，中新社北京2019年4月25日电。

[②] 段艳红、何悦、胡品平：《基于广深港科技创新走廊的区域创新协同发展新探索》，载《广东科技》，2018年第8期。

第四节
推进成效分析

基于省域经济外交的价值取向和目标任务,省域经济外交推进的成效,总体体现在确保央省利益共赢及最大最优之下以服务区域发展为根本标尺。以广东为例,这一方面首要体现在广东扎实完成中央部署及交办的具体任务上,另一方面重点体现在服务推动区域经贸对外交流合作的跨越发展上。鉴于完成中央任务之外,省域经济外交以推动地方发展、为全国提供支撑为重要职责和目标,本节以广东为例重点论述其在推进中所取得的扎实成效。这主要体现在两个层面,一是体现在其自身组成要件在各领域工作取得的跨越发展上,二是体现在其对省域宏观经济社会发展所产生的综合推动效应上。在这两个层面,广东省域经济外交都取得了辉煌成就,有力、有序、有效引领全省对外经贸交流合作向纵深推进,也极大推动释放了全省社会生产力。

一、省域经济外交各领域工作成就辉煌

基于经济合作外交是省域经济外交的主体内容,广东省域经

济外交各领域取得的成效,也主要体现在经济合作外交特别是国际经贸交流合作所取得的突出成效上。在实践方面,自改革开放以来,广东省域经济外交各条战线在中央顶层设计下,坚持党的领导,坚持解放思想、敢为人先,率先打开国门搞建设,统筹利用国内外两个市场、两种资源,积极发挥政府和市场"两只手"的作用,以开放促改革、促发展,增强在全球范围内有效配置资源要素的能力,各领域工作取得了辉煌成就。以2017年为例,全省累计吸收外资和对外贸易额均占全国的1/4,外贸体量自2013年起连续在1万亿美元以上的高位运行,①开放型经济多项指标均位居全国前列(见表3-1)。如果把广东当作一个独立的经济体来参考排位,2017年其经济总量在世界约居第16位,对外贸易额约居第9位,外贸体量约占全球份额的3.4%。②

表3-1 广东开放型经济多项指标均位居全国前列(2017年)

指　标	金　额(亿元)	占全国(%)	全国排序
货物贸易	68155.9	24.5	第一
服务贸易	8316	17.7	第三
外商实际投资	1383.5	15.8	第二
对外实际投资	590.8	7.3	第一
跨境电商进出口规模	442	48.9	第一
对外承包工程营业额	1221.8	10.7	第一

数据来源:根据广东省商务厅当年有关数据整理而成。

① 广东省发改委:《广东改革开放40周年专题研究报告》,2018年10月。
② 广东省商务厅:《关于广东形成全面开放新格局调研报告》,2018年6月。

一是对外经贸扩量提质不断巩固发展。改革开放以来,广东借力省域经济外交逐步建立起较为发达的开放型经济体系,出口额、进出口总额分别从1986年、1988年起位居全国首位。1994年,广东进出口总额占全国比重达到历史峰值,达40.9%,之后虽然随着全国改革开放向更宽广区域纵深推进而导致其比重有所下降,但仍保持在1/4左右。2013年,全省进出口总额在全国率先站上万亿美元台阶,2017年达到6.82万亿元人民币,同比增速达6.92%(见表3-2),①是排名全国第二位江苏的1.7倍,占全国比重为24.5%,②其中工业品出口交货值占全国比重为27.8%,比排名全国第二的江苏高出9.5%。2018年,广东外贸进出口总额7.16万亿元人民币,增长5.1%,占全国外贸总额的23.5%,继续保持领先。③

表3-2　2013—2017年广东出口总额及增长情况

年份	出口额(亿美元)	增长率(%)
2013年	6364.04	10.90
2014年	6462.22	1.54
2015年	10347.41	0.80
2016年	10261.10	−1.32
2017年	10971.54	6.92

数据来源:广东省商务厅《关于广东形成全面开放新格局调研报告》,2018年6月。

---

① 广东省统计局:《2018广东发展报告》,2018年3月,8页。
② 广东省统计局、国家统计局广东调查总队:《数说广东改革开放40年》,2018年12月,15页、107页、108页。
③ 马汉青、吕丹、汤兵:《广东外贸规模2018年首破7万亿元,连续33年保持全国各省市第一》,载《羊城晚报》,2019年1月24日。

广东外贸在扩量的同时质量也稳步提升，尤其是结构发生了根本性转变。最突出的表现，就是由原来以"加工贸易+外资企业"为主导加速向"一般贸易+民营企业"转变。改革开放初期，广东主要通过发展附加值较低的加工贸易起步参与到全球经济合作体系当中，其加工贸易进出口额占总货物贸易的比重在1998年一度高达75.5%，此后随着产业竞争力的提高，一般贸易占比开始稳步提升（见图3-2）。2017年，全省一般贸易进出口总额占货物贸易总额比重已上升到46.1%，超过加工贸易比重；同时，加工贸易也在加快转型升级，当年这种类别的企业"委托设计+自主品牌"出口占比超过70%，服务贸易占对外贸易的比重提高到12.2%。① 2013年至2017年，广东民营进出口总额年均增长10.1%，比同期全省进出口总额年均增速高出9.6%。2017年，全省民营进出口总额达4641.78亿美元，占全省外贸进出口总额的46.1%，比重比2012年提高了16.9%，首次成为广东第一大出口主体。② 全省高附加值产品出口也保持了良好增速，重要设备、关键零部件和优质消费品的进口均取得较快增长，进出口产品结构也不断优化。2018年，广东机电产品出口额达2.95万亿元人民币，增长3.8%，占出口总额的69.1%，劳动密集型产品出口额7504.9亿元人民币，下降7.5%，占17.6%。高附加值产品的出口也保持良好增势，如高新技术产品出口额增长5.8%，手机出口额

---

① 李开益：《从全球价值链看广东加工贸易转型升级》，载《广东发展蓝皮书2018》，广州：广东人民出版社，2018年版，321—322页。

② 广东省社科院：《广东发展实践成就充分印证"四个自信"》，2018年6月。

增长18.3%，中央处理部件出口额增长21.6%。①

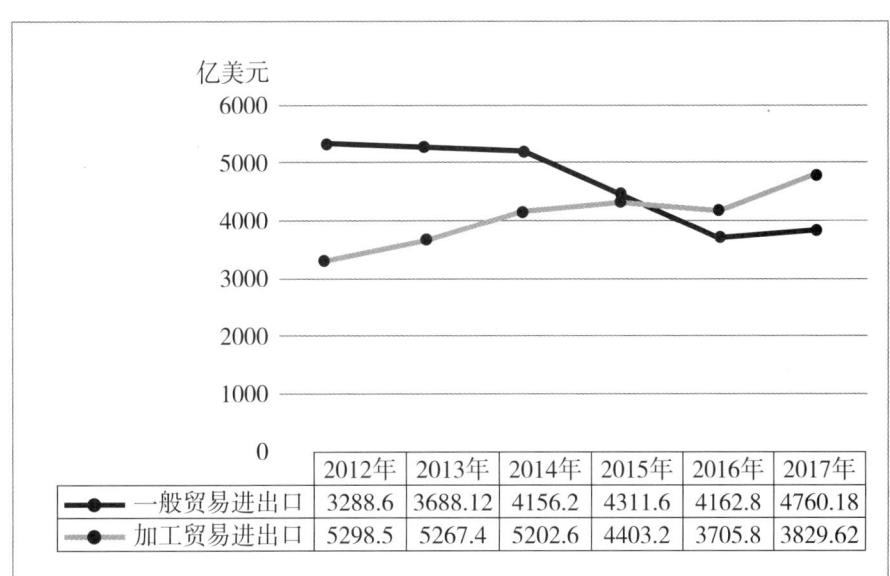

图3-2　2012—2017年广东一般贸易与加工贸易进出口总额及增长趋势

资料来源：根据相关年份的《广东年鉴》和《广东统计公报》整理。

与此同时，全省贸易新业态不断拓展，尤其是跨境电商潜力无限。特别是广东凭借香港、深圳、广州所拥有的全球前十大空货运机场、良好的港口条件以及庞大的网购消费群体，在跨境电商发展中表现出爆发式增长的强劲态势，再次凸显了其作为全国外贸第一大省的强劲实力。2017年，广东纳入海关统计的跨境电商进出口增长92.7%，占了全国的49.2%，位列全国第一。②

二是"引进来"方面的水平不断提高。广东省域经济外交

---

① 马汉青、吕丹、汤兵：《广东外贸规模2018年首破7万亿元，连续33年保持全国各省市第一》，载《羊城晚报》，2019年1月24日。

② 广东省统计局、国家统计局广东调查总队：《数说广东改革开放40年》，2018年12月，15-16页。

从改革开放初期以吸引华侨和港澳台地区的资金技术为主,到后来大力引进欧美等发达国家的资金、先进技术、关键设备和管理经验,推动全省产业的国际化程度日益提高。为了不断提升招商引资规模和水平,广东落实创新招商引资工作行动纲要和招商引资行动计划,加快建设市场化、法治化、国际化营商环境,在法定权限内制定招商引资的优惠政策,着力建设吸引外资的"强磁场",成为外商投资我国的重要首选区域。2012—2014年间,广东每年新批各种利用外资项目都在6000个左右,2015年突破7000个,2016年又突破8000个。全省合同利用外资额亦由2012年的354.46亿美元逐年上升,其中2016年同比增长54.48%,达到867.34亿美元(见表3-3)。[①]截至2017年年底,广东累计引进外商直接投资项目达21万个、实际利用外资达4442亿美元,超过全国的五分之一。

表3-3　2012—2016年广东新批各种利用外资项目及其合同外资额

年份	项目数(个)	合同外资额(亿美元)	合同外资额增长率(%)
2012年	6263	354.46	1.70
2013年	5740	366.63	3.40
2014年	6175	433.94	18.40
2015年	7033	561.46	29.40
2016年	8078	867.34	54.48

资料来源:《广东改革开放史(1978~2018年)》,北京:社会科学文献出版社,2018年版,597页。

---

① 《广东改革开放史》课题组:《广东改革开放史(1978~2018年)》,北京:社会科学文献出版社,2018年版,600-601页。

三是"走出去"战略稳步实施。广东在省域经济外交推进中积极发挥作为我国"走出去"主力军功能，稳扎稳打、稳步推进。在20世纪90年代的起步阶段，广东出口企业开始试水到境外设立销售网点和贸易公司，揭开了"走出去"序幕。进入21世纪特别是2001年年底中国加入世贸组织以来的拓展阶段，广东企业"走出去"开始从主要满足外贸功能向境外工程承包、农林渔业开发合作、矿产资源开发合作和制造业投资等多领域发展。2007年广东省政府出台《关于加快实施"走出去"战略的若干意见》之后，"走出去"提速。在2012年以来的快速发展阶段，广东省政府出台《关于支持企业开展跨国经营，加快培育本土跨国公司的指导意见》，抓住国家实施"一带一路"倡议和自贸试验区建设等机遇，加快"走出去"步伐，对外投资合作明显提速，规模快速扩大，领域不断拓宽，层次逐步提高，区域不断拓展。2016年年底以来广东进入有序健康发展的新阶段，严格贯彻落实国家加强对外投资真实性、合规性审查政策，非理性对外投资得到有效遏制，对外投资加速流向实体经济。[①]总体上，广东以国际产能合作为重点，"走出去"战略取得积极成效，截至2017年年底累计在150多个国家和地区设立企业近万家、实际投资1897亿美元，境外投资存量位居全国第一。[②]

四是开放合作平台建设成效显著。从兴办经济特区、沿海开放城市、经济技术开发区，到遍布各地的产业园区，以及广东自

[①] 广东省商务厅：《广东企业"走出去"基本情况》，2018年4月。
[②] 广东省统计局、国家统计局广东调查总队：《数说广东改革开放40年》，2018年12月，16页、110页。

贸试验区、中新知识城等一系列国际合作项目，广东在推进省域经济外交中逐步形成了一批高水平对外开放平台。比如，拥有广交会、高交会、海博会等知名展会和从都国际论坛等若干论坛，以及一批海外产业和物流园区、境内中外合作园区。从2015年开始，广东海博会主题论坛定期在广州市举办，现已成功举办了2015"海丝博览会"港口城市发展合作高端论坛、2016"海丝博览会"产能合作与创新发展高端论坛、2017"海丝博览会"产融合作发展高端论坛、2018"海丝博览会"创新开放合作新平台主题论坛，印尼、新加坡、泰国、老挝、尼泊尔、斐济等多国政要和亚投行等国际组织负责人及境外商协会组织负责人出席。近几年来在广州举办的大型国际活动还包括：亚信首届高官会（2015年）、城市发展与规划大会（2015年）、第二届对非投资论坛（2016年）、二十国集团峰会（G20）第二次协调人会议（2016年）、亚欧互联互通媒体对话会（2016年）、广州国际友好城市圆桌会议（2016年）、世界中文媒体发展论坛暨世界中文报业协会第49届年会（2016年）、世界经济论坛商业圆桌会议（2016年）、《财富》全球论坛（2017年）、金砖国家运动会（2017年）等，产生较大国际影响力。[①]作为广东对外开放的主要平台，深圳、珠海、汕头这三个经济特区和广州、湛江这两个沿海开放城市，近40年来经济发展都实现了历史性巨变。从1978年到2017年，广州GDP增长了124倍，深圳增长了2150倍，珠海增长了

---

① 广东省商务厅：《关于广东省在高水平上扩大开放若干措施的报告》，2018年12月。

526倍，汕头增长了99倍，湛江增长了50倍。①

五是全方位多层次对外合作格局基本形成。广东在推进省域经济外交中把对外经贸交流合作抓紧抓实，从最初重点面向港澳招商引资、发展"三来一补"到推进全方位对外开放合作，始终扮演着中国对外开放窗口和桥梁的重要角色。②粤港澳合作不断深化，历经跨境加工贸易、CEPA③协议签署、粤港澳大湾区建设等阶段，粤港、粤澳双向融合发展稳步推进，2017年对港澳进出口额占全省进出口额的17.3%，实际吸收港澳投资占全省实际吸收境外资金的82.8%，对港澳投资占全省在境外投资的57.5%。④现在，广东几乎与世界上所有大的经济体都保持着非常紧密的经贸联系，经济体系早已深度融入全球。截至2017年年底，广东与230多个国家和地区建立了经贸往来，不断在服务国家战略大局中拓展对外开放空间、赢得新的发展机遇；建立与新加坡、韩国、泰国、越南等国省部级合作协调机制，与澳大利亚新南威尔士州、日本兵库县等友城间交流合作机制；与315个外国友好组织建立常态化联系；有6国11家新闻机构在粤设立常驻机构；⑤与

---

① 广东省统计局、国家统计局广东调查总队：《数说广东改革开放40年》，2018年12月，11页。

② 马兴瑞：《继续深化改革扩大开放 努力建设"两个重要窗口"》，载《党建研究》，2018年第9期。

③ 即《内地与香港关于建立更紧密经贸关系的安排》，由商务部和香港特别行政区财政司于2003年6月29日签署并实施；后期又相继签署补充协议及其他相关协议。

④ 广东省商务厅：《关于广东形成全面开放新格局调研报告》，2018年6月。

⑤ 广东省外办：《广东对外工作基本情况》，2019年3月。

63个国家建立国际友城关系190对,覆盖"一带一路"沿线主要国家。①截至2019年4月,有64个国家在穗设立总领事馆,其中亚洲国家22个、欧洲17个、美洲13个、非洲10个和大洋洲2个。②

六是与世界各国互联互通能力不断增强。改革开放以来,广东在推进省域经济外交中大力推进国际交通网络建设,目前支撑全省高水平对外开放的现代化基础设施体系基本形成,航空、海运航线通达国内外主要城市。挂靠广东港口的国际集装箱班轮航线378条,通达全球100多个国家和地区的200多个港口。③广州白云机场、深圳宝安机场航线网络分别覆盖全球212个和155个航点,成为全球重要航空枢纽,其中广州白云国际机场国际航线96条、国外通航城市83个,45个国家和地区从白云机场入境享受72小时免签政策,④与东北亚、东南亚、南亚主要城市形成"4小时航空圈",与全球主要城市实现12小时通达。⑤从广东东莞、广州、深圳出发的中欧班列、中亚班列、中越班列等相继开通,业务量快速增长。截至2017年年底,全省中欧班列共运行454列,出口货值14.68亿美元。⑥

---

① 广东省外办:《2018广东省友城工作调研报告》,2018年5月。

② 《广州今年首添总领事馆,数量排名全国第二》,载《澎湃新闻》2019年4月2日,https://baijiahao.baidu.com。

③ 林健芳、林楚忠:《综合交通体系先行 支撑粤港澳大湾区发展》,载《中国交通报》,2019年1月15日。

④ 广东省统计局、国家统计局广东调查总队:《数说广东改革开放40年》,2018年12月,20页、21页、96页。

⑤ 吴哲等:《全面对外开放:以更宽广的视野谋划新格局》,载《重整行装再出发——奋力实现"四个走在全国前列"深调研》,广州:南方日报出版社,2018年版,45页。

⑥ 广东省发改委:《广东改革开放40周年专题研究报告》,2018年10月。

七是创新能力开放合作取得突出成效。进入21世纪特别是2012年党的十八大以来，广东省域经济外交在服务推进创新驱动发展中注重科技国际合作，助力全省创新驱动持续强化、创新发展走在全国前列，新技术、新产业、新模式蓬勃发展，经济核心竞争力不断增强，深圳创新指数居全国城市之首。在国际合作办学方面，创办了深圳北理莫斯科大学、广东以色列理工学院等一批国际化高等院校。在国际联合创新方面，引进了中乌巴顿焊接研究院、法国空中客车（中国）创新中心等高端创新平台。面向国际招才引资，加强创新发展载体建设，实现省级高新区全省21个市全覆盖、国家高新区珠三角9个市全覆盖。建有国家超级计算广州中心和深圳中心、中国（深圳）基因库、中国（东莞）散裂中子源等一批国家重大科学装置工程，2018年国家级高新技术企业达4.528万家，高新技术企业总数、总收入、净利润等指标均名列全国第一。[1]科研投入产出持续提升，2017年广东R&D（科学研究与试验发展）投入占全省GDP比重达2.61%，居全国前列，PCT国际专利申请量占全国总量56.49%，技术自给率72.5%，科技贡献率68%，均居全国首位。[2]特别是深圳坚持走创新驱动发展之路，2017年R&D投入占全市GDP比重达4.13%，接近全球最高的韩国、以色列水平；PCT国际专利2.04万件，占全国43.1%，实现全国"14连冠"；从无到有产生了华为、腾讯等

---

[1] 广东省发改委：《广东全面创新改革试验推进落实情况》，2019年4月。
[2] 广东省科技厅、教育厅、工信厅：《广东"坚持创新第一动力"调研报告》，2018年12月。

一批世界500强企业，创造了深圳奇迹。①

八是制度规则型开放高地建设扎实推进。改革开放以来，广东在省域经济外交推进中勇立时代潮头，以敢为人先的气魄，通过办经济特区起步，不断推进以开放促改革之路，冲破传统计划经济体制束缚，从"以点突破""单项突破"到"整体推进""综合配套"，建立起与市场经济相适应的外经贸管理制度等，实现由高度集中的计划经济体制到充满活力的社会主义市场经济体制的转变。2012年以来遵循中央改革顶层设计，主动对标国际高标准投资贸易规则体系，推动全面深化改革多点突破、纵深推进，更加注重转变政府职能，深入推进"放管服"改革，深化供给侧结构性改革，率先在全国开展商事制度改革，全面实施企业"五证合一、一照一码"和个体工商户"两证整合"登记制度，着力打造国际化、法制化营商环境。党的十九大以来，按照党中央部署扎实推进和深化省市县党政机构改革、数字政府综合改革、学前教育改革、审批服务便民化改革、营商环境综合改革等举措，提升开放型经济层次，积极主动参与国际规则制定，努力培育国际经济合作和竞争新优势。特别是广东自贸试验区建设切实加强与国际经贸规则对接，高标准展开试点探索，自2015年4月挂牌运作以来共形成456项制度创新成果，其中向全国复制推广33项，全省范围复制推广102项，发布92项制度创新案例，②

---

① 陈宪：《创新是粤港澳大湾区的核心价值》，载《金融经济》，2018年第12期。

② 丁乐：《广东自贸试验区四年形成456项制度创新成果》，新华社广州2019年4月25日电。

跨境电商监管新模式、政府智能化监管服务模式、"企业专属网页"政务服务新模式等3项制度创新案例入选全国最佳实践案例。①

二、对省域整体发展催生放大效应

服务省域经济社会发展是省域经济外交的重要使命，也是体现其推进成效的主体内容及关键所在。在以开放促改革促发展的历史大潮中，广东省域经济外交各领域工作在不断向纵深拓展过程中迸发的放大效应，对全省宏观经济社会发展所形成的支撑引领作用日益明显。根据测算，外资企业贡献了全省40%以上的GDP、50%左右的工业产值和40%的税收收入。2013—2016年，广东外贸进出口对全省经济增长贡献率保持在34%左右，加工贸易企业吸纳就业达1400万人。②

在开放强国之路及经济外交各项工作的支撑引领下，改革开放以来，广东经济总量不断攀升，实力大大增强，从中国一个比较落后的农业省份，一跃成为全国经济最发达的省份之一，牢固确立中国第一经济大省的地位。其GDP从1978年185.85亿元，增长到2017年8.99万亿元，占全国经济总量的比重由5.1%提升至10.87%，其中2013年至2017年在全国比重保持在10.5%以上的高位运行（见表3-4）；按可比价格计算，全省2017年经济总量是1978年的102倍，年均增长12.6%，比同期全国平均增速高3.1%

---

① 骆骁骅：《广东自贸区范围或扩大》，载《南方日报》，2018年10月1日。
② 《广东积极构建开放型经济新体制》，载《国际商报》，2017年12月25日。

（见图3-3），超过同期世界平均增速9.7%。[①]40年来，广东经济以年均12.6%的增长速度快速发展，为同期世界平均增速的4.5倍、全国平均增速的1.3倍，可谓"世界跨一步、全国跨三步、广东跨四步"。

表3-4　2013—2017年广东GDP占全国比重

年份	广东GDP(亿元)	全国GDP（亿元）	占全国比重（%）
2013年	62474.79	595244.4	10.50
2014年	67809.85	643974	10.53
2015年	72812.55	689052.1	10.57
2016年	80854.91	743585.5	10.87
2017年	89879.23	827122.0	10.87

数据来源：根据国家统计局公布的有关年份数据整理而成。

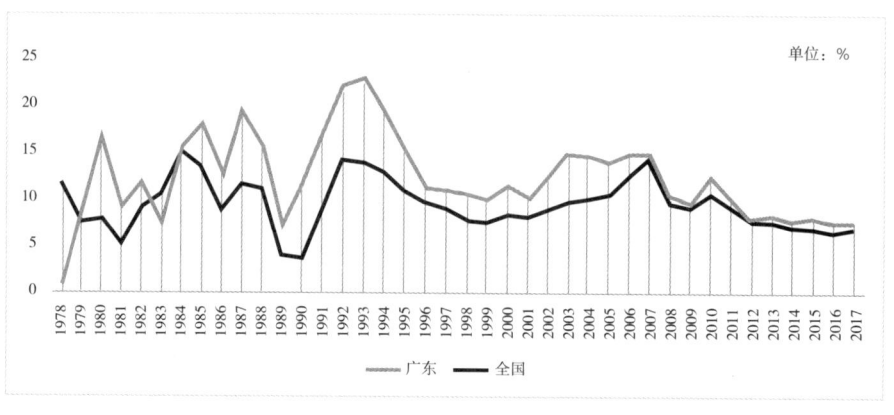

图3-3　1978—2017年广东省与全国GDP增长速度对比图

省域经济外交的扎实展开，也正助力广东产业结构呈现不断优

---

① 曾志伟：《引领时代的伟大跨越 实现广东同步现代化》，载《南方论刊》，2019年3月8日。

化的演进态势，其三大产业比例已从1978年的30∶46∶24，调整优化为2017年的4.0∶42∶54，这就意味着广东已完成了从农业大省到工业大省再到服务业大省的历史性跨越（见图3-4）。在此期间，全省以电子信息、汽车制造、高端装备、石油化工、钢铁船舶等为主要支撑的世界级先进制造产业体系不断完善，① 先进制造业和高技术制造业增加值占规模以上工业增加值占全省比重持续上升，2017年分别达55.0%和30.3%，现代服务业占服务业比重达62.6%。②

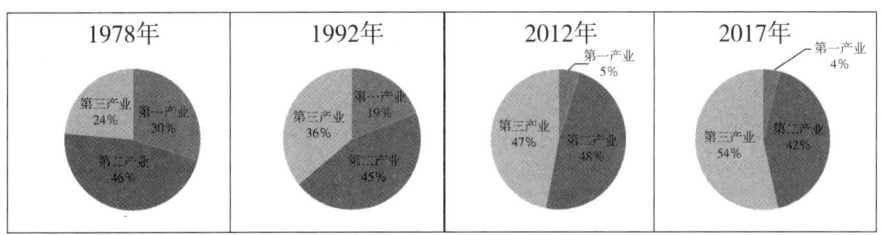

图3-4 广东主要历史年份三大产业结构对比图

资料来源：根据1979年、1993年、2012年、2017年广东统计年鉴数据整理。

广东经济的转型升级与高质量发展的演进格局态势，不仅在全国发挥了重要的引领示范作用，而且还引起国际媒体的广泛瞩目。西班牙《国家报》称，"中国广东省是一片工业海洋，是世界第二大强国经济奇迹的一面镜子。40年前还是一个小渔港的深圳如今已经是一座拥有1000多万居民的大都市，号称'中国

---

① 马兴瑞：《继续深化改革扩大开放 努力建设"两个重要窗口"》，载《党建研究》，2018年第9期。
② 2017年以前的数据来自各年份《广东统计年鉴》，2018年数据来自《2018年广东国民经济和社会发展统计公报》。

硅谷'。"但与硅谷的一个重要区别在于，深圳不仅设计销往全世界各地的电子设备，也是这些设备的重要制造基地，这样的双重功能使深圳成为中国一项关于中国制造长期规划的排头兵。该规划旨在确保中国的发展在多数人进入中产阶级后仍能继续保持动力。①

经过持续融入国际发展大循环并在世界经济的大海中大浪淘沙、奋力打拼，广东从无到有、由小到大、由大到强，涌现出了一大批超级企业群体，有的已在世界经济竞争格局体系中占有重要席位。2018年，广东省主营业务收入超百亿元的大型企业已有270家左右，其中超千亿元企业有26家，进入"世界500强"企业有12家，进入"中国500强"企业有52家，②涌现出了华为、腾讯、格力、平安、招商、广汽、比亚迪等一批堪称世界级的龙头企业。全省产业的根植性也大幅增强，民营工业增加值占规模以上工业比重已达51.2%，超过"半壁江山"，比2012年提高了15.1%。③

总体而言，省域经济外交催生迸发的强大动能，推动近40年来广东经济发展呈现出明显的"赶超型"演进轨迹和壮丽图景，不仅持续赶超或逼近亚洲"四小龙"（见图3-5），而且还接连赶超了世界上一些经济体量较大的国家和地区，比如西班牙、澳大利亚、俄罗斯等，成为引领中国经济奋勇崛起的主引擎。其中从2014年开始，广东经济总量高于新加坡、中国香港和中国台湾

---

① 《西班牙媒体称深圳折射中国经济变革："世界工厂"继续保持动力》，载《参考消息》，2018年11月5日。
② 马兴瑞：在广东省第十三届人民代表大会第二次会议上的《政府工作报告》，载《南方日报》，2019年2月12日。
③ 广东省中小企业局等：《广东民营经济、中小企业情况报告》，2018年12月。

的总和，与韩国的总量也越来越接近。①

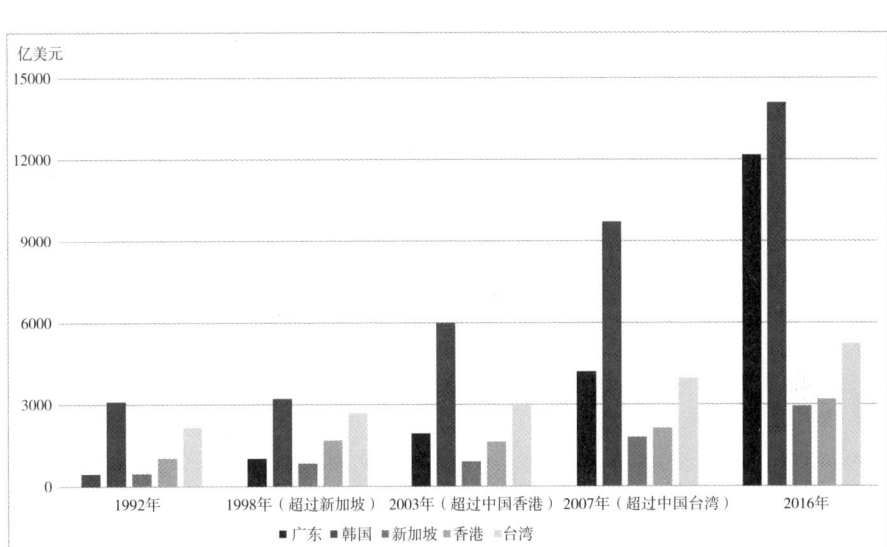

图3-5 主要年份广东与亚洲"四小龙"经济总量对比图

以广东为例的省域经济外交40年来取得的瞩目成绩，是中国改革开放和社会主义现代化建设所取得历史性巨大成就的鲜活案例，是中国从站起来到富起来再到强起来感人历史画卷的生动缩影。广东省域经济外交40年走过的历程，就是结合国际形势变化，坚决把党中央确定的路线方针政策和赋予的神圣使命，持续用力在广东探索实践、落地生根、开花结果的过程。广东在此过程中大跨步从一个经济相对落后的农业省发展成为全国经济第一大省的生动实践，充分彰显了中国特色社会主义的巨大优越性、强大生命力和无比光明的前景。

---

① 姚冬琴：《31省份GDP总量、增速大比拼：山东与广东、江苏差距继续拉大》，载《中国经济周刊》，2019年2月28日；广东省统计局、国家统计局广东调查总队：《数说广东改革开放40年》，2018年12月，11页。

第五节
经验模式分析

"行之力则知愈进,知之深则行愈达。"①总结好改革开放经验和启示,不仅是对40年艰辛探索和实践的最好庆祝,而且能为新时代推进中国特色社会主义伟大事业提供强大动力。②对以广东为例的省域经济外交而言,亦为如此。关于这方面的经验和启示,本书在前文的一些章节已有所涉及,本节再予集中梳理。一是基于改革开放以来广东召开的历次党代会报告,对其推进历史脉络进行梳理,概括出"四个持续"的推进经验;二是从宏观视角对其一些规律性经验做法作了梳理,共简要梳理出"五个始终"的推进经验;三是对其"三个主动适应"的运行逻辑进行了深入论析。需要说明的是,广东省域经济外交实践的内涵和外延极为丰富,站位与角度的不一样会产生不同的评价,因此其经验和启示远不止这些,这里也只能算是抛砖引玉而已。特别是广东

---

① 习近平:《在庆祝改革开放40周年大会上的讲话》,新华社北京2018年12月18日电。

② 见新华社通稿:《习近平在广东考察时强调:高举新时代改革开放旗帜 把改革开放不断推向深入》,新华社广州2018年10月25日电。

经验具有哪些共性规律，是否适用于中国其他省域甚至其他发展中国家的地方政府，这还需要展开更深入的后续研究。

一、基于历次党代会报告的文本分析

中国共产党是当今中国唯一的执政党，其5年召开一次的各级党代会既是总结谋划工作的大会，也是当届党委展现其施政纲领、作出政治承诺的平台，具有突出重要的全局意义。本书系统梳理了改革开放以来广东召开的8次党代会报告中关于对外开放的系列论述，以期找到贯穿广东省域经济外交历史演进的脉络图景。这8次党代会，从1983年2月召开的省第五次党代会至2017年5月召开的省第十二次党代会，时间跨度达34年，报告者分别为时任省委书记任仲夷、林若、谢非、李长春、张德江、汪洋和胡春华，系列报告见证了广东省域经济外交不断深化提升的历史全过程，也彰显出其一脉相承、层层递进的规律特点（见表3-5）。

表3-5 改革开放以来广东历次党代会关于对外开放的论述要点

会议 论述要点	工作思路	主要举措
省第五次党代会（1983年2月 任仲夷）	继续实行对外更加开放政策	继续鼓励出口，"以进养出"；积极利用外资、侨资和港澳资金；加快经济特区建设步伐；认真落实侨务政策
省第六次党代会（1988年5月 林若）	实施沿海经济发展战略，大力发展外向型经济	建立"两头在外"生产加工体系；大力发展"三资"企业和"三来一补"加工业，积极利用外资改造老企业；进一步加强与港澳互利合作；尽快建立对外营销网络

续表

会议 \ 论述要点	工作思路	主要举措
省第七次党代会（1993年5月 谢非）	开拓多元化国际市场，提高对外开放水平	建立适应外向型经济要求新机制；建立完善外向型经济体系；提高利用外资水平；扩大提高出口生产规模、质量效益；加强与港澳台经济合作
省第八次党代会（1998年5月 李长春）	实施外向带动战略，增创开放新优势	扩大与港澳台和国际经济技术交流合作；积极合理有效利用外资；推动加工贸易向深加工规模化发展；发挥特区示范作用；调整优化出口结构；鼓励企业到国外投资；扩大先进技术、关键设备进口和消化吸收
省第九次党代会（2002年5月 李长春）	积极参与经济全球化，全面提高开放水平	千方百计扩大出口；"引进来""走出去"双向并举，加快"走出去"步伐；拓宽利用外资渠道，提高利用外资水平；改善通关环境；继续发挥特区示范作用；提高粤港澳经济合作水平
省第十次党代会（2007年5月 张德江）	着力优化外经贸结构，提高外源型经济水平	提高利用外资水平；进一步转变外贸增长方式；推动出口市场进一步多元化；继续做好中国进出口商品交易会办展工作；加快推动企业"走出去"
省第十一次党代会（2012年5月 汪洋）	实施更加积极主动开放战略，构建开放型经济体系	加强软环境建设；注重招商选资、招才引技；实施"走出去"战略，打造本土跨国公司，建立海外生产经营网络；发挥特区先行先试优势；优化出口结构；实施进口促进政策；推进与港澳更紧密合作；打造国际合作平台

续表

会议 \ 论述要点	工作思路	主要举措
省第十二次党代会（2017年5月 胡春华）	加快构建开放型经济新体制，提升国际竞争力	创新对外开放体制机制；加快外贸转型升级；构建以"一带一路"为重点对外开放新格局；瞄准欧美发达国家加大引资、引技、引智力度；健全"引进来""走出去"服务保障体系；高标准建设自贸试验区；携手共建粤港澳大湾区

资料来源：根据1983年2月至2017年5月广东召开的历次省党代会报告梳理。

根据改革开放以来广东历次党代会关于对外开放的工作思路和主要举措，本书把这期间广东省域经济外交的推进脉络进行了简要梳理，总的特点是呈现"四个持续"。

一是持续深化省域经济外交的广度和深度，服务深度融入全球经济分工体系。改革开放以来，中国大踏步发展的一个重要特点，就是对国际市场和资源进行了有效利用。[1]建立在劳动力成本低廉优势和发达国家劳动密集型产业向外转移机会基础上的大规模出口和外向型经济发展，成为了广东乃至中国经济高速增长的重要推动力量。作为中国改革开放前沿，广东历次党代会报告都彰显出强化责任担当、持续推动省域经济外交纵深展开这一条鲜明主线。1983年2月的省第五次党代会提出，继续实行对外更

---

[1] 孙业礼：《中国特色社会主义政治经济学的新发展》，载《光明日报》，2017年6月14日。

加开放政策。①1988年5月的省第六次党代会提出，实施沿海经济发展战略，尽快建立外向型经济体系。②1993年5月的省第七次党代会提出，全方位扩大开放，开拓利用"两种资源、两个市场"。③1998年5月的省第八次党代会提出，实施外向带动战略，增创开放新优势。④2002年5月的省第九次党代会提出，积极参与经济全球化，全面提高开放水平。⑤2007年5月的省第十次党代会提出，着力优化外经贸结构，提高外源型经济水平。⑥2012年5月的省第十一次党代会提出，实施更加积极主动开放战略，以开放促改革促发展。⑦2017年5月的省第十二次党代会提出，加快构建开放型经济新体制，提升国际竞争力。⑧上述可见，广东持续深化省域经济外交各领域工作的历史脉络非常清晰，对外开放始终

---

① 任仲夷：《改革，前进，开创新局面——在中国共产党广东省第五次代表大会上的报告》，1983年2月24日。

② 林若：《搞好综合改革 推进社会主义现代化建设——在中国共产党广东省第六次代表大会上的报告》，1988年5月21日。

③ 谢非：《为广东二十年基本实现现代化而奋斗——在中国共产党广东省第七次代表大会上的报告》，1993年5月21日。

④ 李长春：《增创新优势 迈向新世纪 全面推进广东现代化建设——在中国共产党广东省第八次代表大会上的报告》，1998年5月22日。

⑤ 李长春：《以"三个代表"重要思想为指导加快率先基本实现社会主义现代化——在中国共产党广东省第九次代表大会上的报告》，2002年5月20日。

⑥ 张德江：《坚持科学发展 促进社会和谐 为率先基本实现社会主义现代化而努力奋斗——在中国共产党广东省第十次代表大会上的报告》，2007年5月21日。

⑦ 汪洋：《坚持社会主义市场经济的改革方向 加快转型升级 建设幸福广东——在中国共产党广东省第十一次代表大会上的报告》，2012年5月9日。

⑧ 胡春华：《深入贯彻习近平总书记治国理政新理念新思想新战略 努力在全面建成小康社会加快建设社会主义现代化新征程上走在前列——在中国共产党广东省第十二次代表大会上的报告》，2017年5月22日。

是广东发展的最大优势。持续深化省域经济外交，使得广东经济呈现出不断深度融入全球经济分工体系的发展轨迹。

二是持续推进对外经贸合作提质增效，不断提升省域经济外交工作实效。改革开放以来特别是进入21世纪的前十年，中国出口型产业快速发展的一个重要原因，是得益于西方国家黄金增长期释放出来的大量有效需求。从广东这8次党代会报告看出，广东始终充分利用这一历史机遇，走过了促进省域经济外交各项工作从扩充规模到提升质量的演进历程。从1983年2月的省第五次党代会一直到1993年5月的省第七次党代会，基本上以扩大总量为主，服务构建外向型经济体系。1998年5月的省第八次党代会开始提出扩量与提质并重，其中这次党代会提出"三个结合"，服务提高高新技术和名牌产品出口比重。[1]2002年5月的省第九次党代会提出全面提高开放水平，服务推进科技兴贸，提高利用外资水平。[2]2007年5月的省第十次党代会提出着力优化外经贸结构，利用外资要"以我为主、为我所用"，不断提高利用的质量水平，转变外贸增长方式。[3]2012年5月的省第十一次党代会提出构建内外联动、互利共赢、安全高效开放型经济体系，提高"引

---

[1] 李长春：《增创新优势　迈向新世纪　全面推进广东现代化建设——在中国共产党广东省第八次代表大会上的报告》，1998年5月22日。

[2] 李长春：《以"三个代表"重要思想为指导加快率先基本实现社会主义现代化——在中国共产党广东省第九次代表大会上的报告》，2002年5月20日。

[3] 张德江：《坚持科学发展　促进社会和谐为率先基本实现社会主义现代化而努力奋斗——在中国共产党广东省第十次代表大会上的报告》，2007年5月21日。

进来"层次水平,优化出口结构。①2017年5月的省第十二次党代会提出加快外贸转型升级,重点从规模扩张转到"稳份额、调结构、增效益"上。②由此可见,扎实服务对外经贸工作提升质量、转型升级,始终贯穿广东省域经济外交全过程。

三是持续有力有序运用好国际国内"两种资源、两个市场",推动省域经济外交工作重心从"引进来"到"引进来"与"走出去"并重跃升。从历次党代会报告可知,广东省域经济外交始终立足开拓利用国际国内"两种资源、两个市场",经历了从"引进来"到"引进来"与"走出去"并重两个阶段。总体来看,20世纪80年代基本上是"引进来",90年代后逐步演进为既侧重"引进来"也注重"走出去"利用国际市场和资源。其中,1993年5月的省第七次党代会提出积极创造条件兴办海外企业。③1998年5月的省第八次党代会提出鼓励企业到国外投资或兴办加工贸易。④2002年5月的省第九次党代会提出加快"走出去"的步伐,支持有条件企业到国外投资办厂,形成广东跨国公司。⑤2007年5月的省第十次党代会提出,加快推动广东企业"走

---

① 汪洋:《坚持社会主义市场经济的改革方向 加快转型升级 建设幸福广东——在中国共产党广东省第十一次代表大会上的报告》,2012年5月9日。

② 胡春华:《深入贯彻习近平总书记治国理政新理念新思想新战略 努力在全面建成小康社会加快建设社会主义现代化新征程上走在前列——在中国共产党广东省第十二次代表大会上的报告》,2017年5月22日。

③ 谢非:《为广东二十年基本实现现代化而奋斗——在中国共产党广东省第七次代表大会上的报告》,1993年5月21日。

④ 李长春:《增创新优势 迈向新世纪 全面推进广东现代化建设——在中国共产党广东省第八次代表大会上的报告》,1998年5月22日。

⑤ 李长春:《以"三个代表"重要思想为指导 加快率先基本实现社会主义现代化——在中国共产党广东省第九次代表大会上的报告》,2002年5月20日。

第三章　广东省域经济外交的回顾与现状分析
Chapter Ⅲ　Review and Analysis on the Current Situation of Guangdong's Provincial Economic Diplomacy

出去"。①2012年5月的省第十一次党代会提出,实施"走出去"战略,打造本土跨国公司。②2017年5月的省第十二次党代会提出,依托境外合作园区建设对外合作平台和支点。③在通过"引进来"完成积累的同时有序"走出去",这是广东省域经济外交根据自身实力和国际形势变化作出的必然选择。

四是持续在省域经济外交推进中增强对外经贸合作的自主性,突出"以我为主、为我所用"。广东改革开放起步初期由于自身底子不够、经验不足,主要借助外部力量实现积累发展。一是借助中央政府的外交外事资源,二是主要依靠香港助力起家,三是依靠遍布全球的华侨华人网络资源,由此实现快速积累发展和"弯道超车"。从广东历次党代会报告可知,随着各项事业不断发展提升,广东一直在持续用力增强省域经济外交的主动适应能力,特别是着力突出"以我为主、为我所用",渐进式构建自主性更强的对外经贸服务网络。改革开放之初,广东充分发挥毗邻港澳、华侨众多等特色优势,积极运用国际国内两个市场、两种资源大力推进经济外交,推动形成以开放促改革、促发展的生动格局。20世纪80年代,广东依托经济特区、沿海开放城市,大胆利用外资,大力搞活对外贸易,率先实行"外贸大包干",初

---

① 张德江:《坚持科学发展　促进社会和谐为率先基本实现社会主义现代化而努力奋斗——在中国共产党广东省第十次代表大会上的报告》,2007年5月21日。

② 汪洋:《坚持社会主义市场经济的改革方向　加快转型升级　建设幸福广东——在中国共产党广东省第十一次代表大会上的报告》,2012年5月9日。

③ 胡春华:《深入贯彻习近平总书记治国理政新理念新思想新战略　努力在全面建成小康社会加快建设社会主义现代化新征程上走在前列——在中国共产党广东省第十二次代表大会上的报告》,2017年5月22日。

步确立了外贸大省的领先优势。1988年5月的省第六次党代会提出，尽快建立对外营销网络，采取"粤—港澳—海外"三点一线或直接打进国际市场等多种方式。①在这期间，广东在粤港之间形成"前店后厂"合作模式，独创"粤—港—远洋"国际营销体系，逐步形成以国际市场为导向、出口创汇为目标、扩大对外贸易带动经济发展的外向型经济模式。②1993年5月的省第七次党代会提出，发展更多的直接对外贸易，设立多种形式的外贸服务网络。③1998年5月的省第八次党代会提出，建立海外生产经营网络。④

进入21世纪，广东在省域经济外交推进中积极提升"引进来"水平、加快"走出去"步伐，从"借船出海"到"造船出海"、从贸易到投资，不断扩大开放领域、不断优化开放结构、不断提高开放质量，促进进口与出口、货物贸易与服务贸易、引进外资与对外投资协调发展，不断拓展粤港澳合作的广度和深度，建立与国际接轨的体制机制。2012年5月的省第十一次党代会进一步提出，建立海外生产经营网络。

党的十八大以来，广东积极参与"一带一路"建设，加快自贸试验区制度创新探索，主动对标国际高标准投资贸易规则体

---

① 林若：《搞好综合改革 推进社会主义现代化建设——在中国共产党广东省第六次代表大会上的报告》，1988年5月21日。

② 李惠武：《广东：向世界展示中国改革开放成就的重要窗口》，载《岭南文史》，2018年第6期。

③ 谢非：《为广东二十年基本实现现代化而奋斗——在中国共产党广东省第七次代表大会上的报告》，1993年5月21日。

④ 李长春：《增创新优势 迈向新世纪 全面推进广东现代化建设——在中国共产党广东省第八次代表大会上的报告》，1998年5月22日。

系，持续提高贸易投资便利化水平，加快从外贸大省向外贸强省转变。2017年5月的省第十二次党代会提出，健全"走出去"服务保障体系，设立更多境外经贸办事处，培育发展涉外投资贸易服务机构，利用好驻粤领事馆、国际友城、海外行业协会商会和华侨华人力量，形成直接联系主要投资贸易伙伴的经贸网络；把自贸区打造成为高水平对外开放门户枢纽。①

以上梳理出来的"四个持续"，从某种程度上讲，既是近40年来广东省域经济外交实践的重要经验，也是其纵深演进的生动缩影，反映出历届广东省委在中央的坚强领导下，不断勇于开创新局的矢志追求及取得的卓越成效。正如习近平总书记指出的，"改革开放每一步都不是轻而易举的。"②广东作为中国改革开放的排头兵、实验区和先行地，对此体会尤其深刻。

二、基于宏观视角的历史演进与规律性做法的考察

在前文分析的基础上，本书在这里从省域在国家总体框架下坚决贯彻落实中央一系列决策部署的宏观视角，对广东省域经济外交推进中的历史演进与一些规律性做法进行进一步梳理，归纳出"五个始终"的经验启示。

一是始终坚持党对省域经济外交工作的领导。中国特色社

---

① 胡春华：《深入贯彻习近平总书记治国理政新理念新思想新战略 努力在全面建成小康社会加快建设社会主义现代化新征程上走在前列——在中国共产党广东省第十二次代表大会上的报告》，2017年5月22日。

② 习近平：《在庆祝改革开放40周年大会上的讲话》，新华社北京2018年12月18日电。

会主义最本质的特征是中国共产党领导,中国特色社会主义制度的最大优势是中国共产党领导。[①]回顾40年来广东省域经济外交工作,党始终是把握方向、驾驭大局、引领前进的坚强领导核心。广东省域经济外交所取得的成就,根本上讲是党正确领导的结果。

改革开放之初,党中央赋予广东在对外经济活动中实行"特殊政策、灵活措施",邓小平同志亲自圈定深圳作为中国第一个经济特区,随后珠海、汕头也被列为经济特区,把广州、湛江列为第一批沿海开放城市,鼓励广东先行一步、大胆探索,担当好"窗口""试验田""实验区""排头兵"等历史使命。改革开放艰难起步之初,习仲勋老书记等改革开放先行者从广东省情实际出发,以卓越的政治胆识,积极争取中央政策支持,带领广东在全国率先办特区、搞开放,"先行先试""杀出一条血路来"。1992年,在中国及广东改革开放面临严峻考验的紧要关头,邓小平同志视察广东并发表南方谈话,拨开思想迷雾,指明前进方向,掀起新一轮改革开放热潮。党的十八大后,习近平总书记对广东改革发展各项事业给予悉心指导、寄予深切厚望、注入强大动力。广东认真贯彻落实党中央要求,充分发挥党的政治优势,自觉在党和国家大局下谋划推动各项工作,确保改革开放和经济外交始终沿着正确方向推向前进。20世纪80年代探索办特区,90年代探索建立社会主义市场经济体制,进入21世纪围绕

---

① 习近平:《决胜全面建成小康社会 夺取新时代中国特色社会主义伟大胜利——在中国共产党第十九次全国代表大会上的报告》,北京:人民出版社,2017年版,20页。

科学发展推动经济结构转型升级,党的十八大以来在中央顶层设计下扎实推进全面深化改革、全面扩大开放,广东依靠党的领导推动改革开放取得伟大成就,也依靠党的领导克服系列困难,排除前进中的阻力,纠正工作中的偏差,解决发展中的问题。20世纪80年代处理海丰走私腐败案,确保改革开放不走偏;90年代后期克服亚洲金融危机影响,处理湛江特大走私案、汕头"807""815"特大走私骗税案;进入21世纪战胜"非典"和国际金融危机影响。没有党的领导,就不可能有今日广东之历史性巨变。因此,广东改革开放和经济外交取得的发展进步,从根本上得益于党中央的正确领导,得益于全省各级党组织对中央决策部署的坚定执行。①

二是始终坚持解放思想敢为人先。实践发展永无止境,解放思想永无止境。②广东在推进省域经济外交工作过程中始终坚持解放思想、实事求是、敢为人先,把中央精神与广东实际紧密结合起来,用改革创新的方法解决前进中的问题,不断把思想解放的成果转化为深化开放的创新举措,进而转化为推动发展的实际成效,推动广东发展持续形成领先优势。

20世纪80年代,广东自觉肩负起为全国"杀出一条血路来"的历史重任,按照邓小平同志指示和中央部署,积极破除僵化观念,实行特殊政策和灵活措施,"看准的就大胆地试、勇敢地

---

① 《广东省庆祝改革开放40周年大会在广州举行 李希出席并讲话》,载《南方日报》,2018年12月19日。
② 习近平:《在庆祝改革开放40周年大会上的讲话》,新华社北京2018年12月18日电。

闯",不断冲破旧观念和旧体制束缚,义无反顾地走前人没有走过的路,大胆先行先试,实现解放思想与改革开放相互激荡、观念创新和实践探索相互促进,促进省域经济外交不断开创新局。以深圳为代表的经济特区勇闯计划经济"禁区",形成"时间就是金钱、效率就是生命"的特区理念,创造了"三来一补"、土地拍卖、发行股票、劳动用工改革等诸多全国第一,创造特区速度,以外向带动为牵引为广东发展注入强劲动力。[①]90年代,广东按照中央"三个有利于"衡量标准,继续先行先试、敢闯敢干,创造性进行涵盖外经贸等领域的一系列重大改革,在广东构建起社会主义市场经济的基本框架。进入21世纪,广东围绕科学发展、转型升级,推动新一轮思想解放,争当实践科学发展观的排头兵。党的十八大后,广东坚决按照以习近平同志为核心的党中央的统一部署,统筹推进"五位一体"总体布局,协调推进"四个全面"战略布局,敢于啃硬骨头、涉险滩,争取中央批准设立广东自由贸易试验区,勇于破除体制机制障碍,推进制度创新;[②]粤港澳大湾区上升为国家战略,开启了"用好一国优势、推进两地衔接、整合三地资源、实现共同发展"的新一轮开放合作。在这期间,广东省域经济外交各领域关键工作一直在贯穿始终的创新实践中扎实推进。

三是始终发挥好政府和市场"两只手"的作用。坚持社会主

---

① 《广东发展之路——以改革开放30年为视角》,广州:广东人民出版社,2009年版,212-216页。

② 广东省商务厅:《关于广东形成全面开放新格局调研报告》,2018年6月。

义市场经济改革方向,核心问题是处理好政府和市场的关系,使市场在资源配置中起决定性作用和更好发挥政府作用。①广东在实践中充分发挥其市场经济发达、市场活力足的优势,更好发挥政府营造环境、弥补市场不足的作用,进一步使广东对外经济工作更有活力,这也是广东省域经济外交工作始终勇立时代潮头的一条宝贵经验。

在这过程中,广东省域经济外交工作始终在中央授权和总体框架下主动适应、主动作为。在发挥政府职能方面,通过办特区、引进外资、发展外向型经济,逐步融入国际经济分工体系,形成全方位开放格局。改革开放之初,广东率先推行外贸承包经营责任制和外贸出口代理制,促进出口企业加速由"以产定销"向"以销定产"转变,这些经验获得中央高度肯定并在全国推广。在探索构建社会主义市场经济框架中,广东通过在顺德率先实行产权制度改革,以最快的速度和最彻底的方式推动国有外经贸企业建立现代企业制度。党的十八大以来,广东着力建设市场化、法治化、国际化营商环境,进一步大幅简政放权支持实体经济发展,不断完善知识产权保护制度、放宽市场准入等,投资贸易便利化水平实现质的飞跃。②特别是广东对外工作部门认真当好地方党委政府的参谋助手,为本地区深化改革开放提供务实管用建议;当好服务发展的行家里手,不只局限于迎来送往,积极为本地区对外合作牵线搭桥、创立平台、开展宣介,高质量做好

---

① 中共中央文献研究室:《习近平关于全面深化改革论述摘编》,北京:中央文献出版社,2014年版,62页。
② 广东省商务厅:《广东省开放型经济专题调研报告》,2018年3月。

服务工作。在发挥市场作用方面，广东通过下放权力，充分调动企业、基层和人民群众的积极性、创造性，多方激发市场活力。

通过有效发挥政府和市场"两只手"作用，形成了有为政府和有效市场相得益彰的良好格局，进一步完善了广东的市场经济体系，优化了对国内外两个市场、两种资源的配置能力，增添提升了市场主体的活力效率，促进了省域经济社会的快速发展。①

四是始终牢牢聚焦发展这个第一要务。习近平总书记指出，"发展是党执政兴国的第一要务，是解决中国所有问题的关键"②，"必须推动经济发展从注重量的扩张转到更加重视质的提升，从'有没有'转向'好不好'"③。在不同历史阶段，发展的基本内涵和实践要求也有所不同。服务区域发展是广东省域经济外交的核心任务，因此，广东在推进省域经济外交过程中始终坚持服务"发展是硬道理"，不管遇到什么困难和波折，始终坚持服务以经济建设为中心，集中力量搞建设、一心一意谋发展。根据不同阶段的发展要求，采取不同的发展思路和策略，主动有序开放，服务推动"发展为第一要务"落实落地，逐步从高度集中的计划经济转向充满生机活力的社会主义市场经济，成功实现从封闭半封闭到全方位开放，集中力量办好自己的事情。

改革开放初期，广东经济基础薄弱，1978年全省进出口总额

---

① 胡国华：《势不可挡珠江潮——广东改革开放40年回望》，载《南方》，2018年第12期。

② 习近平：《习近平谈治国理政》第2卷，北京：外文出版社，2017年版，38页。

③ 见新华社通稿：《习近平同出席博鳌亚洲论坛年会的中外企业家代表座谈时强调：推动中国经济从"有没有"转向"好不好"》，新华社海南博鳌2018年4月11日电。

仅为16.02亿美元，①因此通过大规模招商引资，迅速积累产业规模、构建产业基础，实现超常规发展，有效解决"有没有"的问题。进入新时代，广东主动适应社会主要矛盾的转化、经济结构的重大变化，按照新发展理念要求，主动服务供给侧结构性改革，推进开放型经济结构战略性调整，着力解决"好不好"的问题。在服务区域发展过程中，广东始终重视产业建设，坚持制造业立省不动摇，大力发展实体经济，从发展"三来一补"起步，大规模实施"引进来"，服务推动区域在20世纪80年代发展珠江水、广东粮、岭南衣等传统轻工消费品，90年代发展以电机、冰箱、电视等粤家电为代表的新型耐用消费品，进入21世纪大力发展汽车、石化、船舶等重化工业，逐步构建起门类齐全、富有市场竞争力的现代工业体系。党的十八大以来，广东在原有电子信息制造基础上积极服务发展信息经济、网络经济，着力发展先进装备、智能制造以及战略性新兴产业，健全完善以实体经济为核心的产业体系。与此同时，广东积极适应供给侧结构性改革的要求，服务推动外贸发展从规模扩张向"稳份额、调结构、增效益"转型升级，加快培育以技术、标准、品牌、质量、服务为核心的外贸竞争新优势，实现由"外贸大省"向"外贸强省"转变，提升其在全球价值链中的地位和作用，增强经济的内生性和综合竞争优势。比如，长期以来广东经济受外部因素影响很大，外向型经济特征比较明显，外贸依存度一直很高，特别是2001年中国加入世贸组织之后迅速攀升，从2001年的137%增加到2004

---

① 陈万灵：《广东对外经济贸易发展研究报告（2015—2016）》，北京：社会科学文献出版社，2016年版，27页。

年峰值时的184%。经过各方努力,广东外贸依存度在2008年世界金融危机前后经历了大幅度下跌,2013年为108%,2014年下降到97%,2015年继续下降到87.94%。①而在这三年期间,广东GDP分别同比增长8.5%、7.8%、8.0%,表明广东经济发展的内生动力增强。②

五是始终把服务创新驱动发展作为主攻方向。创新是发展的第一动力。③进入21世纪特别是党的十八大以来,广东省域经济外交把服务创新发展摆在全局的核心位置,推动主要依靠要素成本优势转向主要依靠创新驱动,以引进先进技术、高端人才、关键设备和优质管理为重点,集聚高端生产力,同时加快培育本土跨国企业,开展国际产能和装备制造合作,提升广东制造对全球资源的优化和配置能力。④2014年6月,广东率先颁布了《关于全面深化科技体制改革加快创新驱动发展的决定》,在财政科研项目资金管理、高校科研体制机制、科技成果转移转化等方面实施了一系列改革。2015年2月,广东明确"把创新驱动发展战略作为推动经济结构调整和产业转型升级的核心战略",推动形成创

---

① 海关总署广东分署、广东省政府发展研究中心:《广东构建国际化开放型经济新格局研究报告》,2016年12月。

② 广东省统计局、国家统计局广东调查总队:《2018广东统计年鉴》,北京:中国统计出版社,2018年版,52页。

③ 2018年3月7日,习近平总书记在参加十三届全国人大一次会议广东代表团审议时系统提出了三个"第一"的重要论断,即"发展是第一要务、人才是第一资源、创新是第一动力"。见新华社通稿:《习近平参加广东代表团审议时强调:发展是第一要务 人才是第一资源 创新是第一动力》,新华社北京2018年3月7日电。

④ 《南方日报评论员:加快构建更高水平开放型经济新体制》,载《南方日报》,2017年4月25日。

新驱动发展的政策支撑体系。①在围绕服务建设科技创新强省过程中,广东把"招才引技"作为省域经济外交的重中之重,扎实推进高新区、广深港澳科技创新走廊、珠三角国家自主创新示范区建设,联手港澳共同打造粤港澳大湾区国际科技创新中心,把人才资源开发摆在科技创新最优先位置,推动形成以创新为主要引领和支撑的经济体系和发展模式,更好在国际竞争中赢得主动。

三、"主动适应":基于运行逻辑的路径推演

纵观广东省域经济外交的历史脉络,一直遵循主动适应、主动作为这一条运行逻辑,具体为"三个主动适应",即主动适应国际形势变局、主动适应中央授权变化、主动适应自身发展实际需求,总的是在严格按照中央顶层设计及中央授权之下,主动适应、主动作为、奋发有为,通过扎实推进省域经济对外合作交流等有效抢占区域发展主动权。这一运行逻辑,也是广东省域经济外交推进的技术路径,在前文已有论述的基础上,再作以下更为深入的论析。

如前文所述,虽然中国真正意义上的主动适应经济外交是在近40年改革开放当中才真正呈现,但在其之前漫长的历史岁月里,主动适应的痕迹也一直在若隐若现地呈现。在中华人民共和国成立之前是这样,在之后更是如此。即使在中华人民共和国成立初期遭到西方国家经济封锁、中国外交"一边倒"的情况下,

---

① 《广东改革开放史》课题组:《广东改革开放史(1978~2018年)》,北京:社会科学文献出版社,2018年版,16页。

中国也一直在创造条件,主动适应当时的国内外复杂情况,在中央部署安排下于广州创办广交会。晚年的毛泽东,为了集中力量打击"苏修"这个主要敌人,采取"合纵连横""远交近攻"之术,不惜与"魔鬼"结盟,把美国总统尼克松请进了中南海,打开了中国的大门,并促使中国的对外开放成于中美建交和邓小平访美。邓小平同志认可"和平与发展是当代世界两大主题"之道后,逐步打开国门搞建设。当时虽然百废待兴、实力不济,对外开放处于从避害向趋利的转换当中,且依然被局限在一种较低层次,但实属主动对外开放之举。[①]在中国主动推进对外开放强国之路的大格局之下,改革开放以来,广东省域主动适应经济外交工作深入推进,功能也充分彰显。在这波澜壮阔的峥嵘岁月中,广东以"舍我其谁"的巨大政治勇气,主动向中央请令"要权",奉命"自己去搞、杀出一条血路来",成为中国对外开放的前沿阵地和引进西方经济、文化、科技的窗口,更广泛、更深刻地进入与西方接触、交流、吸收和融合的历史进程,引领中国改革开放及省域经济外交的时代潮流。特别是1980年9月获中央书记处会议纪要关于授权"合则用、不合则弃"这一"尚方宝剑"之后,广东义无反顾担当起全国改革开放"试验田"的特殊功能,始终大胆地试、勇敢地闯,为全国探索出一片新天地。

总的特点是,中国实行改革开放政策以来,省域在经济改革和对外开放过程中获得越来越多的自主权,在中国经济治理体

[①] 王利文、李金亮:《先行一步的探索——广东经济学者关于改革开放的思考》,广州:广东人民出版社,2008年版,363页。

第三章　广东省域经济外交的回顾与现状分析
Chapter Ⅲ　Review and Analysis on the Current Situation of Guangdong's Provincial Economic Diplomacy

系和对外开放格局中的作用，也越来越重要了。①广东也不负重托、不辱使命，主动适应国内外环境和中央授权式外交的新变化以及自身内在发展需求，一直在顺势而为、有效作为，持续、有序、全面增强省域经济外交工作的主动性、自主性，不断丰富省域经济外交的内涵与抓手，突出结果导向，抢占区域发展与对外开放的主动权。

为创造性运用好国家赋予的"特殊政策、灵活措施"，广东根据不同时期国内外发展环境、中央政策及省情实际，灵活运用好各种应对策略。在改革开放初期，广东创造性地提出了外引内联策略，聚焦服务于"引进来"方面持续用力，搭建招商引资平台，大规模引进国外资金、先进技术、生产设备和管理经验，建立起外向型主导的经济发展模式，与港澳地区形成"三来一补""前店后厂"模式。②在改革开放初期的头10年，广东担当中国改革开放排头兵的角色定位甚为突出，可以说是独领全国风骚，期间广东省域经济外交工作持续活跃。但总体上，这期间广东对外经贸合作工作较为被动，基本上是单向接受港澳及华侨经济合作要素输入为主，以此借助外力推动开放型经济"蛋糕"持续积累做大。20世纪90年代特别是1992年邓小平南方谈话以来，中国改革开放地理版图呈现从南到北、从东向西、从沿海向内陆等多个维度深入拓展态势，掀起新一轮改革发展热潮。在这期

---

① 孙彩红、余斌：《对中国中央集权现实重要性的再认识》，载《政治学研究》，2010年第4期。

② 《广东发展之路——以改革开放30年为视角》，广州：广东人民出版社，2009年版，216-217页。

间，广东更加注重扩大对外经贸合作领域、提升和优化外贸结构，对外经贸不仅在总量上继续支撑全国，结构和模式也发生巨大变化。相比之下，在这万马奔腾、全面开放的年代，广东在全国曾经一马当先、一枝独秀的特殊地位有所弱化，但其经过头10年对外开放的打拼积累，已初步具备向更高层次持续跃升的牢固基石，省域经济外交工作也呈现拐点，在被动接受外来经济要素资源输入的同时，也逐步转入主动谋划、数量质量兼收并举的双轨推进阶段。

进入21世纪头10年，特别是在中国于2001年年底加入世界贸易组织后全球经贸形势一片大好的宏观背景下，"中国生产、欧美消费"的国际分工体系曾一度火爆，广东开放型经济呈现空前繁荣、迅速做大的局面，广东省域经济外交也基本上是追求"闷声发大财"，延续了世纪之交被动接受与主动谋划双轨推进的路径。但2008年世界金融危机发生以来，广东对外开放的国际大环境发生根本性变化，面临发达国家先进技术和发展中国家低成本劳动力"双重挤压"的形势尤为突出，对广东开放型经济提出了转型升级的强烈信号。[①]广东更加积极主动革新产业技术，创新外经贸发展方式，向资本和技术密集型产业的更高水平生产加工基地转变。

党的十八大以来，中央着眼国内外格局变化，作出推动经济"由大到强"转型升级的重大部署，作出以"一带一路"倡议引

---

① 胡春华：《深入贯彻习近平总书记治国理政新理念新思想新战略 努力在全面建成小康社会加快建设社会主义现代化新征程上走在前列——在中国共产党广东省第十二次次代表大会上的报告》，2017年5月22日。

领新一轮对外开放的重大决策,省级区域被赋予更大职责使命,推动省域经济外交转型升级力度也在持续加大。广东作为中国第一对外经贸大省,主动适应新形势发展的任务更重、主动作为的动力更强。一方面,2013年起广东外贸进出口总额超过1万亿美元,几乎与世界上所有大的经济区域都保持着非常紧密的经贸联系,很容易受到国际市场波动的影响。[①]另一方面,受世界单边主义抬头、全球外贸需求持续萎靡不振、中国内部生产要素成本快速上升等综合因素影响,广东省域经济外交策略调整优化迫在眉睫。特别是全省开放型经济呈现阶段性"天花板"现象,科学发展、高质量发展成为"华山一条路"。这些形势变化,使得广东整个经济外交格局面临历史性重构,迫切要求广东在国际金融危机中寻找机遇,有效整合对外工作资源,全面增强经济外交的主动适应能力,与时俱进调整策略重点,有力、有效重新抢占经济发展、国际合作与竞争的主动权。

"三个主动适应"既是省域经济外交推进的技术路径,更是工作方法;其根本是适应,要害是主动。广东这一探索实践的一个重要启示,就是要与时俱进,因时势变化而主动适应,不断创新省域经济外交的领域方式。比如,学习港澳、借助港澳、服务港澳是广东省域经济外交的突出特征,从20世纪80年代引入港商投资发展"三来一补""三资"企业,形成"前店后厂"模式,到经由港澳全方位引入欧美投资、先进技术、管理经验和国际化人才,强化粤港澳生产要素互补和产业链分工,再到广东"借船

---

① 广东省发改委:《广东改革开放40周年专题研究报告》,2018年10月。

出海""走出去",携手港澳参与"一带一路"建设,再到举全省之力推进粤港澳大湾区及深圳先行示范区建设,其整个推进历程凸显的就是与时俱进、主动适应、主动作为的鲜明主线。

  以经济外交为牵引的对外开放是一场广泛而深刻的革命,既要引入发展亟须的资金、技术、管理、人才等要素资源,更需要思想观念、行为习惯、市场规则、治理模式等深层次革新。世界每时每刻都在发生变化,中国也每时每刻在发生变化,[1]广东省域经济外交与时俱进的实践要求没有止境,没有结束时、只有进行时,必须时刻跟上时代,不断认识规律,切实增强自主应对能力,扎实推进各项创新;必须时刻对标对表国内外最好最优最先进,与时俱进深刻把握省域经济外交工作存在的一系列短板和不足,以更大力度推进主动开放、双向开放、全面开放,通过开放倒逼改革,激发新的发展动力,实现新时代改革开放再出发,创造出令世界更加刮目相看新的更大奇迹。

---

[1] 习近平:《决胜全面建成小康社会 夺取新时代中国特色社会主义伟大胜利——在中国共产党第十九次全国代表大会上的报告》,北京:人民出版社2017年版,26页。

本章小结

按照中央授权、放权的大逻辑，广东省域经济外交在价值取向、顺应体制、推进实施、技术路径等方面进行了不懈创新努力。总的是在改革开放头10年独领全国风骚，在邓小平南方谈话后全国各地雁阵分布、群雄竞起之下其一马当先的主导性地位有所弱化，但经过主动适应、主动作为，不断实现脱胎换骨并续保雄风，至今仍为中国开放型经济的重镇和高地，其龙头地位在全国仍然无可替代。进入新时代，广东开放型经济在国家层面的定位呈现某些变化，从过去致力服务带动全国探路破局、率先发展，演变为更多侧重于服务好港澳长期繁荣稳定、共建"一带一路"、高质量对外开放及辐射带动泛珠三角区域等方面，这就要求广东始终遵循主动适应这一演进逻辑，在中央顶层设计及国家总体外交框架下更加积极主动作为，持续推动省域经济外交实现质量变革、效率变革和动力变革，奋力当好中国参与国际顶级竞争与合作的主力军。广东探索实践形成了自己的经验模式，总体上可以概括为"四个持续""五个始终"和"三个主动适应"，这也为全国兄弟省域的类似实践提供有益的参照启示。

第四章
新时代广东省域经济外交面临的机遇与挑战

"只有回看走过的路、比较别人的路、远眺前行的路,弄清楚我们从哪儿来、往哪儿去,很多问题才能看得深、把得准。"①习近平总书记的谆谆教诲,启迪我们在回看、比较、远眺后更好地前行。本章作为全书承上启下的重要部分,主要是突出目标导向及问题导向,以广东为例系统分析新时代其省域经济外交面临的形势机遇、存在的不足及深层的原因,从而看深、把准更好前行的路径方向。本章共分四节:第一节分析"一带一路"背景与广东省域经济外交的高度关联及凸显的新机遇,这些新机遇既来自"一带一路"实施本身,也来自中央授权定位及国家区域战略落地推行等综合效应;第二节是本书的一大亮点,主要是突出问题导向,花了很大笔墨对广东省域经济外交存在的短板与不足进行了认真梳理,概括提出"五个力不足"的论断,并运用翔实素材进行系统阐述;第三节深入展开了原因剖析;最后是本章小结。

---

① 见新华社通稿:《习近平在学习贯彻党的十九大精神研讨班开班式上发表重要讲话强调:以时不我待只争朝夕的精神投入工作 开创新时代中国特色社会主义事业新局面》,新华社北京2018年1月5日电。

第一节
形势机遇分析

　　机遇总是属于有准备的人,也总是垂青于勇于竞争的人。[①]就广东而言,在原来的比较优势特别是政策的比较优势逐步消失之后,进入新时代,其省域经济外交新的历史性机遇又在重新凝聚,这主要体现在"一带一路"共建、中央赋予新定位新使命、粤港澳大湾区建设、赋予深圳建设中国特色社会主义先行示范区等国家宏大谋划正在迸发新的强大动能,推动广东又昂然走在全国前沿,又处于一个非常关键的引领性位置。这些历史性新机遇,既是广东进一步巩固提升原有先发优势和比较优势的坚实基础,也是广东立足新时代的全局和战略高度进一步打造核心竞争新优势的实践抓手,完全可以从中更好洞察把握前进方向、展现更大担当作为,进一步全面增强省域经济外交工作的主动性、创造性和引领性,从而为实现"两个一百年"奋斗目标和中华民族伟大复兴的中国梦作出广东新的更大贡献。

[①] 习近平:《之江新语》,杭州:浙江人民出版社,2007年版,47页。

一、"一带一路"共建凝聚新机遇

"一带一路"倡议作为中国顺应世界百年未有之大变局和自身"由大到强"历史性跨越需要,面向全球倡导推出的纵贯古今、统筹陆海的世纪蓝图,[①]开启了中国主动引领全球战略的新时代。国内外理论界对其赋予很高的历史定位,认为这是1978年以来中国继"十一届三中全会""加入世界贸易组织"等标志性对外开放事件之后,第三次向全世界开放,也是第一次主动性、掌控性向全世界开放,是中国新时期对外开放的新举措和着力打造的经济外交新平台,意义重大、影响深远。无论是从历史层面还是从实践层面考察,"一带一路"倡议都是马克思主义基本原理与中国当代实践的又一次成功结合,是马克思主义开放经济思想的重要实践平台。[②]对广东而言,这不仅给省域经济外交的全面深入推进创造了更加积极良好的宏观国际环境,而且也进一步提升了其涉外参与度,深度重塑了区域地缘经济功能,更加活跃了对外合作的"深拓版图",为省域经济外交注入了新动力、新活力。特别是广东毗邻港澳、与东南亚主要国家隔南海相望,是连接海上丝绸之路沿线各国的海上门户,处于"一带"和"一路"的交会地带,具有突出的通道和地缘优势,其整个对外开放

[①] 高虎城:《"一带一路"是促进全球发展合作的中国方案》,载《杭州(周刊)》,2015年第10期。

[②] 何爱平、李雪娇、彭硕毅等:《新时代中国特色社会主义政治经济学的创新发展研究》,北京:人民出版社,2018年版,184页。

大格局被赋予新的时代内涵，可望迎来难得的发展新机遇。①

（一）提供更加宏大良好的国际参与舞台

中国外交的战略目标，在相当长的一段时期内都是为国家发展维护和营造一个良好的国际环境。②随着我国经济体量的不断增大，我国在国际经济合作中的地位与话语权正在发生深刻变化，逐渐具备谋求战略主动权的条件。③"一带一路"倡议是在中国已经具备从广度和深度影响或主导世界格局体系的综合条件下，从统揽政治、外交、经济社会发展全局推出的一项宏大的世界共建工程，不仅凝结着中国倡导构建人类命运共同体的大国担当，也同时为中国奋发有为与国际社会共筑世界梦营造更加良好的国际环境。④对中国省级次国家区域而言，为其深度参与共建、扎实推进省域经济外交提供了更加宏大的国际舞台。

习近平总书记2016年8月主持召开推进"一带一路"建设工作座谈会，强调总结经验、坚定信心、扎实推进，让"一带一路"建设造福沿线各国人民。⑤他2017年5月在第一届"一带一

---

① 李胜兰：《创新驱动与广东对外经济发展新格局》，载《南方经济》，2017年第5期。

② 秦亚青：《大国关系与中国外交》，北京：世界知识出版社，2011年版，25页。

③ 中共广东省委党校：《贯彻新发展理念的广东实践》，广州：广东人民出版社，2018年版，229页。

④ 赵可金：《"一带一路"：从愿景到行动》，北京：北京大学出版社，2015年版，5-10页。

⑤ 张晓松、安蓓：《习近平出席推进"一带一路"建设工作座谈会并发表重要讲话》，新华社北京2016年8月17日电。

路"国际高峰论坛开幕式上指出,"一带一路"倡议顺应时代潮流,适应发展规律,符合各国人民利益,具有广阔前景。① 他2017年12月在中国共产党与世界政党高层对话会开幕式上说,提出"一带一路"倡议就是为有关各国实现共同发展的巨大合作平台,强调将继续站在世界开放的潮头,为人类的共同发展繁荣发挥更加建设性的作用。② 他2018年4月在博鳌亚洲论坛年会上指出,共建"一带一路"倡议源于中国,但机会和成果属于世界。③ 他2018年8月在推进"一带一路"建设工作5周年座谈会上强调,坚持对话协商共建共享合作共赢交流互鉴,推动共建"一带一路"走深走实造福人民。④ 他2019年4月在第二届"一带一路"国际合作高峰论坛上强调,共建"一带一路"已绘就了一幅"大写意",为世界各国发展提供了新机遇,也为中国开放发展开辟了新天地,今后要聚焦重点、深耕细作,共同绘制精谨细腻的"工笔画",推动其沿着高质量发展方向不断前进。⑤

"一带一路"倡议的横空出世,意味着中国作为一个负责任大国,开启了中国主动引领全球战略的新时代,是对中国主动

---

① 外交部政策规划司:《中国外交(2018年版)》,北京:世界知识出版社,2018年版,38页。
② 见新华社通稿:《习近平出席中国共产党与世界政党高层对话会开幕式并发表主旨讲话》,新华社北京2017年12月1日电。
③ 习近平:《开放共创繁荣 创新引领未来——在博鳌亚洲论坛2018年年会开幕式上的主旨演讲》,2018年4月10日,北京:人民出版社,2018年版,13页。
④ 赵超、安蓓:《习近平出席推进"一带一路"建设工作5周年座谈会并发表重要讲话》,新华社北京2018年8月27日电。
⑤ 李忠发、于佳欣等:《习近平出席第二届"一带一路"国际合作高峰论坛开幕式并发表主旨演讲》,新华社北京2019年4月26日电。

引领国际格局体系的有力促进，具有里程碑式的重要历史意义。自近现代以来，由于屡遭外敌入侵、积贫积弱等综合影响，中国总体上是"弱国无外交"。中华人民共和国成立甚至改革开放以来的很长一段时期，总体上也是被动融入由西方国家主导的国际格局体系，①在"韬光养晦"中低调地埋头苦干实干、致力实现国家崛起。②目前的国际秩序特别是国际经贸规则体系，是在第二次世界大战之后由美国为首的西方发达国家主导构建的，③现在整个国际的政治经济格局发生了相当大的变化，如果要中国承担更大的义务，就应该给中国更大的发言权。这在国际上有很多讨论，基本上是共识。在中国步入"由大到强"历史性跨越的新时期，"一带一路"倡议首开先河，第一次由中国主动设计、提出和引领重大国际体系变革，并形成一套相对完整的落实推进机制，实施以来赢得了世界越来越多国家的认同和参与，日益发挥着不可替代的效力，必将给新形势下中国开创外交新格局注入新活力。"一带一路"伟大构想的提出，是中国外交策略总方针突破"韬光养晦"的一个转折点，④是我国综合国力发展到一定阶段的产物，是我国主动经营和塑造国际经济新格局的尝试，是一

---

① 国家发改委课题组：《中国对外开放40年》，北京：人民出版社，2018年版，20页。

② 20世纪80年代末、90年代初，在面临西方经济制裁的艰难情况下，邓小平同志为中国外交制定了"韬光养晦、决不当头"的重大策略。见腾藤《邓小平理论与世纪之交的中国国际战略》，北京：人民出版社，2001年版，123页。

③ 商务部：《关于中美经贸关系的研究报告》，2017年5月，12页。

④ 厉以宁、林毅夫、郑永年等：《读懂"一带一路"》，北京：中信出版社，2015年版，5页、105页。

第四章 新时代广东省域经济外交面临的机遇与挑战
Chapter Ⅳ Opportunities and Challenges Confronting Guangdong's Provincial Economic Diplomacy in the New Era

项以命运共同体为最终目标的长期系统工程。①

"一带一路"倡议建设跨越不同地域、不同发展阶段、不同文明,是各国共同打造的特别受欢迎的全球公共产品,契合世界和平与发展的时代主题,符合沿线国家发展合作的现实需求,符合全球利益需求,受到世界上越来越多国家的欢迎,参与国家的热情越来越高涨。"一带一路"倡议及其核心理念被纳入联合国、二十国集团、亚太经合组织、上海合作组织等重要国际机制成果文件,显现出强大的生命力,②已成为当今世界规模最大的国际合作平台。③

一是主动为世界提供全新的发展理念。"一带一路"倡议的核心内涵,就是促进基础设施建设和互联互通,加强经济政策协调和发展对接,促进协同联动发展,实现共同繁荣;这一倡议实现的最高目标,就是在其国际合作框架内,各方携手应对世界经济面临的挑战,开创发展新机遇,谋求发展新动力,拓展发展新空间,实现优势互补、互利共赢,不断朝着人类命运共同体方向迈进。④在世界发展格局演进过程中,由美国引发的国际金融危机导致全球经济持续多年放缓,部分世界经济体的贸易理念产生偏差,国际贸易规则体系面临严峻挑战,迫切需要进行矫正和修

---

① 孙英兰、李孟国、屈婷:《开放发展研究》,北京:高等教育出版社,2018年版,127页。

② 丁冰:《"一带一路"是推进中国特色大国外交的重要经济基础》,载《思想理论教育导刊》,2018年第12期。

③ 全国干部培训教材编审组:《全面推进中国特色大国外交》,北京:人民出版社、党建读物出版社,2019年版,12页。

④ 中共中央宣传部:《习近平新时代中国特色社会主义思想学习纲要》,北京:学习出版社、人民出版社,2019年版,213-214页。

复。"一带一路"作为全球发展合作的新平台,既推动中国走向世界、重构对外开放格局,又将中国发展机遇同沿线和世界各国分享,让各方搭乘中国发展的"快车"和"便车"。①最根本的是,其作为中国倡导推进新一轮经济全球化的有力载体,传递的是中国关于新型全球化的新思想,就是以发展为导向,将国际社会引入到关注发展、共谋发展的轨道,让世界树立"发展是硬道理也是解决全球问题的根本出路"的理念,将全球大国引入到关注发展的轨道上来,为全球普通民众带来福祉。②世界银行等国际机构最新研究表明,共建"一带一路"将使"发展中的东亚及太平洋国家"的国内生产总值平均增加2.6%至3.9%;③将使全球贸易成本降低1.1%～2.2%,推动中国—中亚—西亚经济走廊上的贸易成本降低10.2%,还将促进2019年全球经济增速至少提高0.1%。④

二是主动以构建人类命运共同体为初衷,顺应世界广大人民共同心声。"一带一路"所倡导的合作机制有力推动沿线国家经济互补和贸易投资便利化,已逐渐成为构建人类命运共同体的平台。实践证明,中国与"一带一路"沿线国家政策沟通协调适宜,措施得当,"一带一路"已经成为进一步巩固各自区域

---

① 陈定定:《共建"一带一路",彰显中国和平发展道路坚定不移》,载《中国纪检监察报》,2018年8月29日。
② 蔡春林:《"一带一路"的实践意义》,载《大社会》,2017年第6期。
③ 国家发改委:《共建"一带一路"倡议:进展、贡献与展望》,载《人民日报》,2019年4月23日。
④ 李忠发、孙奕等:《东风万里绘宏图——以习近平同志为核心的党中央推动共建"一带一路"纪实》,新华社北京2019年4月25日电。

合作机制和团结沿线国家的重要战略平台。当前,"一带一路"沿线国家都有加快基础设施建设、破解产能过剩问题、促进政经互动合作等内在需求。根据亚洲开发银行的估计,亚洲地区就有6亿无电人口,他们对基础设施的投资需求每年高达7000多亿美元,①"一带一路"建设使得沿线国家可以从中国快速获得到好处。与此同时,"一带一路"沿线国家所处发展阶段不尽相同,市场需求很大,须借助同中国开展合作推进其经济结构调整与发展,"一带一路"倡议为此提供了广阔空间。

三是主动开创全球经济"嵌入式"发展模式,为世界发展注入新活力。"一带一路"倡议在坚持不改变现有国际经济治理架构和利益格局的前提下,嵌入到现有的多边治理机制,开创全球经济"嵌入式"发展模式。其已跨区域与俄罗斯欧亚经济联盟、印尼全球海洋支点发展规划、哈萨克斯坦光明之路发展战略、蒙古国草原之路倡议、欧盟欧洲投资计划等发展战略实现对接或正在达成重要共识,与相关国家共同规划的中蒙俄、新亚欧大陆桥、中国—中亚—西亚、中国—中南半岛、中巴和孟中印缅六大经济走廊全面推进。同时,中国联合相关国家制定了《大湄公河次区域交通战略(2030)》《中亚区域经济合作铁路发展战略(2030)》《中国—东盟交通合作战略规划》《中巴经济走廊交通基础设施专项规划》等战略规划。②2018年,又有60多个国家和国际组织与我国新签署"一带一路"合作文件,总数

---

① 胡鞍钢:《中国进入世界舞台中心》,杭州:浙江人民出版社,2017年版,122页。

② 张红:《"一带一路"5岁了!》,载《人民日报海外版》,2018年8月2日。

达到150多个①；到2019年4月12日，这一数字再次刷新，已与126个国家和29个国际组织签署了174份合作文件②，共建"一带一路"国家已由亚欧延伸至非洲、拉美、南太等区域。

四是合作推进机制有力有序有效。建立了亚投行、丝路基金、国际合作高峰论坛等国际合作支撑机制，做到既整体布局又突出重点，发挥出综合积极效应。金融体系支撑不断完善，中国通过加强金融合作，促进货币流通和资金融通，为"一带一路"建设创造了稳定的融资环境。截至2018年年底，亚洲基础设施投资银行成员总数已达到93个，几乎涵盖各大洲，③累计批准贷款75亿美元，撬动其他投资近400亿美元，成为现有国际金融体系的有益补充。中国政府出资400亿美元成立丝路基金，后又增资1000亿元人民币，截至2018年年底协议投资金额约110亿美元，实际出资金额约77亿美元，④为相关国家基础设施建设、资源开发、产业合作和金融合作等提供了融资支持。中国—东盟博览会、中国—南亚博览会、中国—亚欧博览会、广交会、厦门投洽会等综合性展会影响日益扩大。多层次、多领域的人文交流合作为"一带一路"沿线各国民众友好交往和商贸、文化、教育、旅游等活动带来了便利和机遇，不断推动文明互学互鉴和文化融合

---

① 《开启中国特色大国外交新征程——国务委员兼外交部长王毅回顾2018年外交工作并展望明年工作》，来源：央视网，2018年12月11日最后访问。

② 《已同中国签订共建"一带一路"合作文件的国家一览》，载《中国一带一路网》2019年4月12日更新发布，https://www.yidaiyilu.gov.cn/xwzx/roll/77298.htm，2019年4月12日最后访问。

③ 郁琼源：《亚投行成员总数增加到93个》，新华社北京2018年12月19日电。

④ 国家发改委：《共建"一带一路"倡议：进展、贡献与展望》，载《人民日报》，2019年4月23日。

创新。①

当前，"一带一路"共建正秉持合作共赢理念，朝着高质量发展的新阶段迈进，全球朋友圈不断扩大。②中国诚邀世界各国搭乘中国发展的"快车""便车"，塑造力、影响力不断增强。预计在未来几年，中国将从"一带一路"沿线国家进口2万亿美元的商品，中方对沿线国家和地区的投资将达到1500亿美元。③

（二）赋予更深度参与的国家使命

扎实做好中国的经济外交工作，既要充分发挥好中央主导权，也要充分激发地方政府积极性、主动性，充分发挥国内各地区的比较优势，实行更加积极主动的开放战略，④形成各负其责、上下联动的推进格局。也就是说，"一带一路"倡议作为一项宏大事业，让地方充分参与进来，既发挥生力军作用，也由此分享发展机遇，已成为当下中国的重大举措，这就给包括广东在内的中国省域经济外交深入推进带来了重大历史机遇。

习近平总书记高度重视地方深度参与"一带一路"建设。他强调："'一带一路'建设既要确立国家总体目标，也要发挥

---

① 国家发改委：《五年来"一带一路"成效显著》，http://politics.gmw.cn/2018-08/10/content_30441576.htm，2019年2月18日最后访问。

② 《开启中国特色大国外交新征程——国务委员兼外交部长王毅回顾2018年外交工作并展望明年工作》，来源：央视网，2018年12月11日最后访问。

③ 中国国际问题研究院：《国际形势和中国外交蓝皮书（2018）》，北京：世界知识出版社，2018年版，453页。

④ 何茂春等：《经济外交事务》，北京：清华大学出版社，2016年版，344页。

地方积极性。地方的规划和目标要符合国家总体目标,服从大局和全局。要把主要精力放在提高对外开放水平、增强参与国际竞争能力、倒逼转变经济发展方式和调整经济结构上来。"①他同时强调,"'一带一路'建设重点在国外,但根基在国内。开展合作要统筹国际国内两个市场、两种资源,特别是要重视发挥国内经济的支撑辐射和引领带动作用。要统筹'走出去'和'引进来',鼓励国内企业到沿线国家投资经营,也欢迎沿线国家企业到我国投资兴业。"②他在党的十九大报告及中央外事工作会议上均强调,要更好调动和发挥地方的积极性,赋予省级及以下政府更多自主权③。

这就意味着,省域等地方政府在中央顶层设计下深度参与到"一带一路"建设中来,既是中国在新的历史条件下打造开放型经济强国的重要内容,也是中国持续深化对外开放进程的重要体现。总体来看,这是省域所需,是国策所系,是顺应国内外发展大势的必然举措。

在具体操作层面,中央在推进"一带一路"共建的顶层设计中,就对省域经济外交深度参与作出了总体授权安排。2015年3月经国务院授权发布的推动共建"一带一路"的愿景与行动,

---

① 习近平:《在十八届中央政治局第三十一次集体学习时的讲话》,新华社北京2016年4月30日电。

② 吴秋余:《习近平出席推进"一带一路"建设工作座谈会并发表重要讲话》,载《人民日报》,2016年8月18日。

③ 习近平:《决胜全面建成小康社会 夺取新时代中国特色社会主义伟大胜利——在中国共产党第十九次全国代表大会上的报告》,北京:人民出版社,2017年版,39页。

以及2015年9月发布的《中共中央、国务院关于构建开放型经济新体制的若干意见》等重要文件中,都对省域参与共建"一带一路"作出部署和安排,总的就是要求其成为落实倡议的"生力军、宣传队、主渠道"。在共建"一带一路"的愿景与行动中,就单独列出了"中国各地方开放态势"这一章,明确提出了"充分发挥国内各地区比较优势,实行更加积极主动的开放战略"的总体部署要求,强调各省域根据"一带一路"总体蓝图,立足自身特点和优势,主动与"一带一路"契合、衔接,制订具体可行的实施方案。① 从这一层面讲,省域主动参与这一倡议的法理性更加彰显,也使得中央授权式省域经济外交更趋活跃。

在这一大格局下,广东作为中国第一对外经贸大省,毫无疑问在中国共建"一带一路"的大盘子中被赋予一系列新的使命,扮演着重要角色。在共建"一带一路"的愿景与行动中,就要求广东努力建设成为"'一带一路'的战略枢纽、经贸合作中心和重要引擎",明确要求广州、深圳、湛江、汕头等沿海城市,要成为"一带一路"特别是21世纪海上丝绸之路建设的排头兵和生力军。② 习近平总书记在2018年3月7日参加十三届全国人大一次会议广东代表团审议并发表重要讲话时,要求广东深度参与"一带一路"建设。③ 在同年10月22日至25日视察广东期间,再次要

---

① 孙英兰等:《开放发展研究》,北京:高等教育出版社,2018年版,63页。

② 国家发改委、外交部、商务部:《推动共建丝绸之路经济带和21世纪海上丝绸之路的愿景与行动》,2015年3月28日发布。

③ 见新华社通稿:《习近平参加广东代表团审议时强调:发展是第一要务 人才是第一资源 创新是第一动力》,新华社北京2018年3月7日电。

求广东携手港澳共同打造"一带一路"建设重要支撑区。战略枢纽、经贸合作中心、重要引擎和重要支撑区，这是习近平总书记和党中央赋予广东参与"一带一路"建设的4大功能定位，是广东参与"一带一路"建设的根本遵循和行动指南，必然为新时期广东深化省域经济外交注入新的内涵和活力。

深度参与国家"一带一路"建设不仅是广东作为中国省域理应担负起的政治责任，也是广东进一步扩展省域经济外交的重大机遇。广东是中国省域经济发展领先地区和海洋经济大省，两千多年前就是古代海上丝绸之路的起点，之后一直从未中断过海上贸易；当前，广东又是"一带"与"一路"的会合区域，有足够的能力和条件也有沉甸甸的责任深度参与"一带一路"建设，特别是可望在建设21世纪海上丝绸之路上发挥好主体性作用。

（三）深度重塑广东地缘经济功能定位

20世纪，全球政治、经济和军事等领域竞争风起云涌、日趋激烈，出现了各种地缘政治理论，比较有代表性的是马汉的海权论、麦金德的陆权论和塞维尔斯基的空权论。这些理论根据各种地理要素和政治格局的地域形势，分析、预测世界或地区范围的战略形势和有关国家的政治行为，对当时的全球政治经济和军事等格局演进产生重要引领作用。[1] 其中，马汉的海权论认为，谁能控制海洋，谁就能成为世界强国，而控制海洋的关键在于对世

---

[1] 刘劲松：《国际石油地缘政治研究综述》，载《生产力研究》，2013年第5期。

第四章 新时代广东省域经济外交面临的机遇与挑战
Chapter Ⅳ Opportunities and Challenges Confronting Guangdong's Provincial Economic Diplomacy in the New Era

界重要通道和海峡的控制,其对美国100多年来争夺海洋霸权、世界霸权产生重大影响。[①]在共建"一带一路"这一新的历史背景下,广东因其突出地理区位、自身雄厚经济实力以及中国日益走近世界舞台中央等有力支撑,其地缘经济优势更加凸显,省域经济外交格局被赋予新的时代内涵,可望在亚太区域乃至全球政治经济格局中扮演更加重要的角色。

一是凸显广东成长为中国乃至世界经济增长"中心区域"的新机遇,具备对外带动辐射的世界级财富功能。中国经济全面辐射带动"一带一路"沿线国家,广东的省域龙头地位不可替代。广东经济总量大、开放程度高,经济高度融入全球体系,特别是在全国"北上广深"四个一线城市中,广东就凭借广州、深圳两座城市占据一半席位。加上与其紧挨的世界级城市香港、国际化城市澳门一道,正在中央顶层设计之下以珠三角城市群为主体携手打造粤港澳大湾区并支持深圳建设中国特色社会主义先行示范区,未来广东的综合影响力将会更加凸显。

二是凸显广东在"一带一路"中具有会合性独特区位优势的新机遇,在世界地缘经济格局中具有举足轻重的地位。广东地处中国大陆最南端,面向太平洋,背靠祖国广袤的内陆腹地,与东盟主要国家隔南海相望,与国外相互间的经贸合作源远流长、基础扎实,也具有广阔的前景。纵观广东独特的区域位置,可以说是世界上为数不多的同时兼备海缘政治与陆缘政治的重要结合地带,具有凝聚引领区域辐射带动功能的厚实基础。特别是在太

---

① 楚树龙:《国际关系基本理论》,北京:清华大学出版社,2003年版,104—113页。

平洋西岸的经济地理布局上,形成了一条明显的财富聚集线:北起俄罗斯的堪察加半岛,穿越朝鲜半岛、日本列岛,进入中国东南沿海,再经珠三角往雷州半岛,过海南岛,直抵越南、马来西亚、新加坡、印度尼西亚、澳大利亚、新西兰等地。在这条亚太的"财富之轴"上,广东地处中间,处于一个非常重要的枢纽位置。①在这条"财富之轴"上,广东不仅是"一带一路"的重要会合点,更是"一路"的桥头堡,综合区位优势非常突出。"一带一路"倡议也勾勒出中国经济"向南、向西"着力拓展的战略蓝图,广东正好处于中国经济"南下、西进"战略的关键节点上,可望在中国新一轮对外开放中担当更大责任。

三是凸显港澳得到欧美阵营重新倚重的新机遇,粤港澳极化发展效应可望进一步强化。港澳地区对广东对外开放来说具有独特功能,广东过去借力香港实现早期腾飞,现在广东仍对香港存在一定依赖。从某种程度上讲,香港与广东是"谁也离不开谁"的重要利益共同体。香港作为一座世界级城市,能否持续提升其在全球范围的综合影响力决定其前途命运。②港澳地区特别是香港回归后,欧美阵营出于多方面的战略考量,曾一度将其布点亚太地区的一些跨国机构回撤或转移于日本的东京、东南亚的新加坡与吉隆坡等地,而随着之后20年中国经济的持续快速崛起并逐步挺进世界舞台中央,在"一国两制"之下持续保持繁荣稳定的香港已重新获得西方青睐,成为西方跨国机构进入中国的重要桥头堡。香港连续25年被美国智库传统基金会与《华尔街日报》评

---

① 梁钢华:《珠三角的"亚太世纪"》,载《瞭望》,2010年第46期。
② 封小云:《香港经济特点及优势分析》,载《港澳研究》,2017年第3期。

选为全球最自由经济体①，在全球金融中心指数排名第3②。世界银行发布的《2019全球营商环境报告》显示，香港在便利营商排名榜位列全球第4。③可以预见的是，随着粤港澳大湾区和"一带一路"倡议等深入推进，香港经济必将焕发新的蓬勃生机与活力，也必将给毗邻的广东带来新的传导外溢效应。

（四）更加夯实经贸合作"深拓版图"

当前中国对外开放战略已从"引进来"转向"走出去"，具体体现为新时代下的"一带一路"倡议。④"一带一路"作为中国倡导的国际合作平台，意味着更加开放的市场和投资环境、更加便利的贸易通道、更少的投资壁垒和更低的投资成本，这必将为中国省域经济国际合作提供前所未有的重大机遇。⑤就广东而言，其经济对外开放从与港澳地区合作起步，之后逐步加强与欧美日等发达国家合作，全面接入全球市场体系。"一带一路"倡议实施以来，广东秉持"开放合作、共赢未来"理念，认真落

---

① 戴庆成：《香港再度蝉联全球最自由经济体　新加坡继续位居第二》，载新加坡《联合早报》，2019年1月26日。

② 方海平：《最新全球金融中心指数出炉：中国香港、上海、北京　踞"三五九"席位》，载《21世纪经济报道》，2019年3月15日。

③ 《世界银行2019全球营商环境报告：中国较去年提升30多位》，载《参考消息》，2018年11月2日。

④ 何爱平、李雪娇、彭硕毅等：《新时代中国特色社会主义政治经济学的创新发展研究》，北京：人民出版社，2018年版，95页。

⑤ 郭凡、蔡国萱：《21世纪海上丝绸之路与广州》，广州：中山大学出版社，2015年版，120页。

实中央"五个通"①等一系列决策部署,在国内率先制订并落实本省参与建设的实施方案,积极深化与"一带一路"沿线国家和地区在产业、能源、科技、旅游等领域的务实合作,充分发挥区位优势,全面加强推进海陆空跨境通道建设,深化港口、机场等国际合作,加快境外合作园区建设,②国际产能规模不断扩大,新优势不断增强,结构布局不断优化,这一区域正加快成为广东开放合作的新增长点,也必将成为广东省域经济外交的"深拓版图"。

搭建全球经贸网络,织密"丝路电商"体系,开展文化、旅游等多领域合作,正助力广东在政策、贸易、民心等方面与"一带一路"沿线国家的融合发展日益深入。③2013年至2017年,广东与"一带一路"沿线国家进出口额从1791.1亿美元增长至2219.5亿美元(见表4-1)。④其中2017年,广东与"一带一路"沿线国家进出口额同比增长14.9%,占全省进出口总额22.1%。对海上丝绸之路沿线重点国家进出口额同比增长14.6%,对东盟进出口额同比增长13.4%,均高于同期全省8%的进出口

---

① "五个通"指的是政策沟通、设施联通、贸易畅通、资金融通、民心相通。

② 中共广东省委党校:《贯彻新发展理念的广东实践》,广州:广东人民出版社,2018年版,237-246页。

③ 苏力、昌道励:《融入"一带一路" 广东拥抱开放新机遇》,载《南方日报》,2019年4月15日。

④ 陈晓、易静等:《广东与"一带一路"沿线国家进出口5年累计超7万亿元》,载《南方日报》,2018年8月29日。

增幅。①2018年,广东与"一带一路"沿线国家进出口额增长7.4%,高出同期全省平均水平2.3个百分点,其中对越南增长32.3%、对俄罗斯增长22.1%。②

表4-1 广东与"一带一路"沿线国家进出口情况

项目	2013年	2014年	2015年	2016年	2017年
进出口总额(亿美元)	1791.1	2035.6	1969.6	1981	2219.5
出口(亿美元)	997.3	1181.9	1252.2	1279	1423.9
进口(亿美元)	793.8	853.8	717.4	710.9	795.7
出口比重(%)	55.68	58.06	63.58	64.56	64.15
进口比重(%)	44.32	41.94	36.42	35.89	35.85

数据来源:根据广东省商务厅有关年份数据整理而成。

广东对"一带一路"沿线国家的出口也一直呈现较快增长态势。这也反映出,开拓"一带一路"市场与开拓欧美日区域市场,已成为当前广东对外经贸同向发力的两个"双轨"区域,各有侧重、形成合力。尽管欧美地区因其庞大消费力仍然为广东外贸出口的重心,但"一带一路"区域因其人口与经济增长快速而充满需求后劲。特别是在进口方面,与广东隔南海相望的东盟地区已成为双方合作的重要伙伴,占2017年广东进口总额的25.37%(见表4-2)。

---

① 广东省政府新闻办:《中国广东企业"一带一路"走出去行动报告2018》,2018年10月。
② 马汉青、吕丹、汤兵:《广东外贸规模2018年首破7万亿元,连续33年保持全国各省市第一》,载《羊城晚报》,2019年1月24日。

表4-2 广东2017年对主要国家和地区货物进出口总额及其增长速度

国家和地区	出口额（亿元）	比上年增长（%）	进口额（亿元）	比上年增长（%）
中国香港	11342.4	-5.4	284.0	1.5
中国台湾	513.2	9.0	3899.9	12.1
美国	7320.8	11.6	1303.9	4.1
欧洲联盟（28国）	5924.6	10.8	1772.5	16.8
东盟	4294.0	11.2	4379.8	15.6
日本	1682.2	7.6	2578.4	5.6
韩国	1504.5	10.7	3016.5	10.9
俄罗斯	468.4	35.8	29.3	5.6

数据来源：根据广东省统计年鉴2017年有关数据整理而成。

另外，"一带一路"沿线国家已成为广东实施"走出去"战略的重要平台。在加大投资力度的同时，广东还与"一带一路"沿线国家和地区启动了推进国际产能合作和装备制造合作、加快建设境外合作园区等一系列产业合作战略。[①]当前广东规划在建的10余个境外经贸合作区中，大部分位于"一带一路"沿线国家，累计设立企业逾千家。其中，广东承建的中国—白俄罗斯工业园，是我国在海外建设面积最大的产业园区；由招商局集团在非洲吉布提打造的经贸合作区被称为"东非蛇口"。[②]2013—

---

① 《广东改革开放史》课题组：《广东改革开放史（1978～2018年）》，北京：社会科学文献出版社，2018年版，579页。

② 苏力、昌道励：《融入"一带一路" 广东拥抱开放新机遇》，载《南方日报》，2019年4月15日。

2017年，全省对"一带一路"沿线国家实际投资达23.5亿美元，年均增长4.3%。①

值得关注的是，中国在"一带一路"沿线国家的"朋友圈"仍在不断扩大当中。②随着更多国家加入到"一带一路"国际合作，"一带一路"阵营还将会持续扩充。可以预见的是，在未来广东实施新时代"引进来"和"走出去"以及相关配套支持工程中，"一带一路"沿线国家将扮演着特殊而重要的角色。具体而言，"一带一路"沿线国家将成为广东产品、产能、装备、技术等"走出去"保持增量的新兴区域，尤其将成为能源和资源进口的重点区域；对发达国家而言，则会成为新时代广东高水平"引进来""走出去"提质增效的重点角力区域。这两大经济地理版块综合发力，将助力广东形成开放型经济"由大到强"双轨交融的良好互动效应。

二、中央赋予新定位新使命

习近平总书记和党中央对广东工作特别是高水平对外开放工作高度重视、寄予厚望，作出广东要在构建开放型经济新体制、形成全面开放新格局上走在全国前列等一系列重要指示要求，赋予广东为中国新时代全方位高水平开放探索新路的重要使命。

---

① 广东省统计局、国家统计局广东调查总队：《数说广东改革开放40年》，2018年12月，16页、110页。

② 截至2019年4月12日，中国已经与126个国家签署了共建"一带一路"合作文件。来源于：中国一带一路网，https://www.yidaiyilu.gov.cn/xwzx/roll/77298.htm，2019年4月12日最后访问。

2012年12月，习近平总书记在党的十八大后首次地方考察就到了广东，寄望广东实现"三个定位、两个率先"①，强调广东要在改革开放中发挥窗口作用。2014年3月6日，习近平总书记参加十二届全国人大二次会议广东代表团审议，勉励广东继续当好改革开放排头兵。2017年4月4日，习近平总书记作出重要批示，要求广东做到"四个坚持、三个支撑、两个走在前列"。②在2018年3月7日，习近平总书记参加十三届全国人大一次会议广东代表团审议并发表重要讲话，对广东提出"四个走在全国前列"、当好"两个重要窗口"的要求，③强调"广东要以更宽广的视野、更高的目标要求、更有力的举措推动全面开放"。同年10月22日至25日，习近平总书记视察广东并发表重要讲话，对广东提出四

---

① "三个定位、两个率先"是习近平总书记2012年12月视察广东时提出的殷切期望：广东要努力成为发展中国特色社会主义的排头兵、深化改革开放的先行地、探索科学发展的试验区，为率先全面建成小康社会、率先基本实现社会主义现代化而奋斗。

② 2017年4月4日，习近平总书记在广东省十二次党代会召开前夕对广东工作作出重要批示，提出"四个坚持、三个支撑、两个走在前列"要求。即"坚持党的领导、坚持中国特色社会主义、坚持新发展理念、坚持改革开放，为全国推进供给侧结构性改革、实施创新驱动发展战略、构建开放型经济新体制提供支撑，努力在全面建成小康社会、加快建设社会主义现代化新征程上走在前列"。

③ 2018年3月7日，在党的十九大胜利召开后的第一次全国"两会"上，习近平总书记参加广东代表团审议并发表重要讲话，嘱咐广东做到"四个走在全国前列"、当好"两个重要窗口"。即"在构建推动经济高质量发展的体制机制、建设现代化经济体系、形成全面开放新格局、营造共建共治共享社会治理格局上走在全国前列"，明确"广东既是向世界展示我国改革开放成就的重要窗口，也是国际社会观察我国改革开放的重要窗口"。

第四章　新时代广东省域经济外交面临的机遇与挑战
Chapter Ⅳ　Opportunities and Challenges Confronting Guangdong's Provincial Economic Diplomacy in the New Era

个方面重要指示要求①，强调广东探索早、基础好，有条件走在全国前列，提出广东要打造"一带一路"建设重要支撑区，高质量发展的先行区、示范区，这些都是"两个重要窗口"要求的重要内容。这就意味着在新时代、新征程上，广东不仅要在经济总量上，更要在高质量发展上体现窗口要求；不仅要在全面深化改革上，还要在国际化、法治化对外开放环境上体现窗口要求；不仅要在粤港澳大湾区建设上，还要在深度参与"一带一路"建设及支持深圳先行示范区建设上体现窗口要求。

中国特色社会主义进入新时代，习近平总书记和党中央赋予广东发展新使命，指明了解决当代中国发展问题的根本着力点和广东前进的方向，也对广东抓工作、谋发展提出了新的更高要求。广东落实习近平总书记重要讲话和重要指示批示精神，就是要肩负起所赋予的"两个重要窗口"新使命、新任务，在现有基础上进一步凝心聚力，全力打造更加积极主动的省域经济外交工作体系，从过去的加工装配、规模扩张、低端国际分工，转向推动陆海内外联动、东西双向互济，率先形成全面开放新格局，为全国新一轮改革开放作出新贡献。

广东省域经济外交是中国经济外交的重要组成部分，既需同频共拍，又要引领潮流。纵观改革开放40周年，主要经历了从大规模"引进来"、到"引进来"与"走出去"齐头并进、再到以

---

① 2018年10月22日至25日，习近平总书记在改革开放40周年之际亲临广东视察并发表重要讲话，对广东作出"四个方面重要指示要求"，即要求广东"一要深化改革开放、二要推动高质量发展、三要提高发展平衡性和协调性、四要加强党的领导和党的建设"，具体内容涵盖了18个工作要点。

商品要素开放向制度规则开放跃升这三大阶段。党的十八大以来尤其是共建"一带一路"背景下，中国对外开放进入了以向制度规则开放为转型方向的高水平开放阶段。广东作为中国改革开放的排头兵、实验区和先行地，责无旁贷地担负起先行先试、先行探路的历史责任。特别是2017年以来，习近平总书记就先后对广东全省性工作作出3次重要指示批示要求，都一以贯之赋予广东对外开放新定位、新使命，要求广东更加积极主动为全国大局发挥引领支撑作用。这3个定位使命，实际上也是对广东省域经济外交提出的新要求，其本质就是要求广东在探索高水平对外开放方面先行先试。因此，很有必要对这3个定位使命的内在逻辑与授权边界，予以更精准清晰地厘清和把握。

这3个定位使命分别为：2017年4月提出的"四个坚持、三个支撑、两个走在前列"中的"为全国构建开放型经济新体制提供支撑"；2018年3月7日嘱咐广东做到"四个走在全国前列"中的"在形成全面开放新格局上走在全国前列"；同年10月22日至25日视察广东提出"四个方面重要指示要求"的第一条"深化改革开放"中，就要求广东"在更高水平上扩大开放"。从"为全国构建开放型经济新体制提供支撑"，到"在形成全面开放新格局上走在全国前列"，再到"在更高水平上扩大开放"，这3个定位使命有着十分紧密的内在关联，一脉相承、层层递进、要求更高，充分体现了习近平总书记对广东的殷殷嘱托和信任厚爱。这3个定位使命是新时代广东省域经济外交深入展开的重要内容，不仅有着深刻的历史背景，也还都有一条贯穿其中的主线，这就是要求广东率先探索，尤其要在制度规则高水平对外开放方面先行先试。

具体而言，构建开放型经济新体制，是在全面深化改革的大背景下提出。2013年11月，党的十八届三中全会审议通过了《中共中央关于全面深化改革若干重大问题的决定》，其关于对外开放的重要内容就是构建开放型经济新体制。[①]推动形成全面开放新格局，是2017年10月召开的党的十九大关于对外开放提出的新任务新举措。[②]习近平总书记2018年10月视察广东期间提出"在更高层次上扩大开放"的要求，是在中国改革开放40周年、中美经贸摩擦向纵深发展的大背景下，要求广东在扩大开放中更加注重自力更生、自主创新，解决关键核心技术及设备"卡脖子"问题，牢牢掌控发展主动权。这既是对广东高质量发展的耳提面命，也是面向全国提出的重大任务。可见，习近平总书记一直把中国对外开放最前沿和最艰巨的任务放在广东，充分授权、堪当大任，要求广东为全国探路。

深刻认识这3个定位使命的内在关联，就必须牢牢把握其既一脉相承又承载新内涵的时代特点。习近平总书记关于广东扩大开放的重要讲话和重要指示批示，随着国际形势和产业变革发生的深刻变化，不断深化对广东的要求，总的是一脉相承、层层递进，既强调优势、突出重点，也着眼全局、形成体系。特别是习近平总书记赋予广东的这3个定位使命当中，从开放型经济新体

---

① 见《中共中央关于全面深化改革若干重大问题的决定》，新华社北京2013年11月15日电。

② 习近平：《决胜全面建成小康社会 夺取新时代中国特色社会主义伟大胜利——在中国共产党第十九次全国代表大会上的报告》，北京：人民出版社，2017年版，34—35页。

制，到全面开放新格局，再到在高水平上扩大开放，既一脉相承聚焦重点，也层层递进提出更高要求。开放型经济新体制，是党的十八届三中全会作出的新提法，更多从制度层面着眼，建立健全适应开放型经济发展、参与国际分工与竞争的组织机构和法律法规，涵盖组织体制、程序体制、管理体制以及与之配套的法律法规等方面，主要抓手是自贸试验区。① 全面开放新格局是党的十九大作出的新部署，既包括开放范围扩大、领域拓宽、层次加深，也包括开放方式创新、布局优化、质量提升。在高水平上扩大开放，强调开放领域更全、开放力度更大、开放平台更高、开放环境更优等。②

在这3个定位使命的提法当中，开放型经济新体制是制度导向，内容最实、指向性最明确，就是要通过构建开放型经济新体制来发展开放型经济，具体就是要从体制创新入手打造制度高地，更好推动开放型经济发展。形成全面开放新格局是结果导向，包括开放型经济体制机制和开放结果的新格局，讲的是最后要达到的一个结果。全面开放新格局实质上是开放发展的多维度拓展与深化：开放范围的扩大，实现高质量的"引进来"和健康有序的"走出去"；开放领域的拓宽，实现制造业开放的深化和服务业开放范围的扩大；开放方式的创新，实现从政策性开放向体制性开放的升级；开放布局的优化，实现对外开放布局的拓展和内部区域布局的优化；开放层次的加深，实现从全球经济规则的简单接受者进一步向建设者和贡献者转变。在更高水平上扩

---

① 马林静：《构建开放型经济新体制》，载《国际商报》，2017年12月27日。
② 汪洋：《推动形成全面开放新格局》，载《人民日报》，2017年11月10日。

大对外开放是质量导向,强调开放水平更高、格局更大,并以此决定如何扩大开放。总的是内外联动、强核外延。一是突出双向性。在贸易方面,既突出出口,也强调进口;在投资方面,既突出高水平引进外资,也强调高质量"走出去"。二是突出强核。强调通过粤港澳大湾区建设,联手香港、澳门推动开放资源融合、开放优势互补、开放举措联动;强调高标准建设广东自由贸易试验区,打造高水平对外开放门户枢纽;强调高水平打造对外交流平台,继续办好广交会、高交会、海博会等,进一步提升其影响力、辐射面。三是突出主动性。强调以开放促改革,坚持自力更生、自主创新,解决核心技术和关键设备"卡脖子"问题,掌握发展主动权。相对而言,形成全面开放新格局和推动更高水平对外开放,边界比较宽泛,是不太好明确的具体所指。

就广东而言,要深刻把握工作体系维度,牢牢把握全面扩大开放重点领域,根本就是努力为全国构建开放型经济新体制提供支撑,推进更高层次的对外开放,特别是在体制机制创新方面为全国提供示范。这对广东来讲有着重大特殊意义,是从制度层面的更高层次授权放权。广东作为中国改革开放的排头兵,过去所获的中央授权更多侧重在对外贸易以及外资引进等方面;而近几年中央新赋予广东深入探索的新使命,不仅包括传统外向型经济领域的创新,还包括体制机制等制度层面的创新,主要任务是通过体制机制创新促进本省更高水平对外开放,同时也为全国推进新一轮高水平对外开放提供支撑。在2015年《中共中央、国务院关于构建开放型经济新体制的若干意见》出台后,广东迅速响应,于2016年6月以省委、省政府名义出台了相关实施意见,贯彻落实工作一直在有序展开。

可以预见的是，广东以高度政治自觉坚决贯彻落实好习近平总书记和党中央赋予其这3个定位使命的过程，也必将是广东深刻把握新时代、新机遇，不断向纵深推进更高水平省域经济外交的过程。

三、粤港澳大湾区建设凸显极化效应

建设粤港澳大湾区，是习近平总书记着眼于新时代全国发展大局，亲自谋划、亲自部署、亲自推动的重大国家战略，[①]已然成为当今中国第四大区域发展战略，这就为新时代广东改革开放再出发及省域经济外交纵深推进提供了前所未有的重大历史性机遇。

粤港澳大湾区建设始终凝结着习近平总书记的高瞻远瞩和运筹帷幄。2017年3月，粤港澳大湾区建设被写入国家《政府工作报告》，上升为国家对外开放战略。[②]同年7月1日，习近平总书记在香港见证了国家发改委、广东省、香港和澳门特别行政区4方签署《深化粤港澳合作推进大湾区建设框架协议》。同年10月，习近平总书记在党的十九大报告中，特别强调要以粤港澳大

[①] 《人民日报评论员：抓住大机遇　建好大湾区》，载《人民日报》，2019年2月19日。

[②] 2017年3月5日，李克强总理在十二届全国人大五次会议的《政府工作报告》中提出，"要推动内地与港澳深化合作，研究制定粤港澳大湾区城市群发展规划，发挥港澳独特优势，提升在国家经济发展和对外开放中的地位与功能"。

湾区建设为重点,全面推进内地同香港、澳门互利合作。① 同年12月18日,习近平总书记在中央经济工作会议上指出,粤港澳大湾区建设要科学规划,加快建立协调机制。② 2018年3月7日,习近平总书记在参加十三届全国人大一次会议广东代表团审议并发表重要讲话时强调,广东要携手港澳做好粤港澳大湾区建设这篇大文章,打造国际一流湾区和世界级城市群。③ 同年5月10日、5月31日,习近平总书记先后主持召开中央政治局常委会会议和中央政治局会议,对《粤港澳大湾区规划纲要》进行审议,作出总体部署。④ 同年10月22日至25日,习近平总书记视察广东,用古语"若网在纲、有条而不紊"寓意广东新时代改革开放的纲就在粤港澳大湾区建设,指出要把大湾区建设作为广东改革开放的大机遇、大文章抓紧做实;强调要建设成为世界级的湾区、发展最好的湾区。同年12月,习近平总书记在中央经济工作会议上强调,粤港澳大湾区将成为引领高质量发展的重要动力源,重在规则相互衔接。在以习近平同志为核心的党中央谋划部署和推动引领下,粤港澳大湾区建设不断迈出坚实的步伐,必将对新时代广东改革开放的广度、深度、高度产生极大提升。

---

① 习近平:《决胜全面建成小康社会 夺取新时代中国特色社会主义伟大胜利——在中国共产党第十九次全国代表大会上的报告》,北京:人民出版社,2017年版,55页。

② 霍小光、战艳:《习近平出席〈深化粤港澳合作 推进大湾区建设框架协议〉签署仪式》,新华社香港2017年7月1日电。

③ 见新华社通稿:《习近平参加广东代表团审议时强调:发展是第一要务 人才是第一资源 创新是第一动力》,新华社北京2018年3月7日电。

④ 刘欢、安蓓等:《着眼发展大局 共享时代荣光——以习近平同志为核心的党中央关心粤港澳大湾区建设纪实》,新华社北京2019年2月21日电。

2019年2月18日,由中共中央、国务院印发的《粤港澳大湾区发展规划纲要》(以下简称《规划纲要》)正式公开发布,阐明了大湾区建设的目的意义、指导思想、基本原则,系统体现充满活力的世界级城市群、具有全球影响力的国际科技创新中心、"一带一路"建设的重要支撑区、内地与港澳深度合作示范区、宜居宜业宜游的优质生活圈的战略地位;明确到2022年、2035年两个阶段的发展目标,建设国家新兴产业、先进制造业和现代服务业基地,建设全球科技创新高地和新兴产业重要策源地,建设具有重要影响力的国际交通物流枢纽和国际文化交往中心,建设生态安全、环境优美、社会安定、文化繁荣的美丽湾区。①中央公布《规划纲要》,标志着粤港澳大湾区建设进入全面推开、全面深化新阶段。②

粤港澳大湾区建设涉及一个国家、两种制度、三个关税区、三种货币,在国际上没有先例可循,其上升为国家战略,体现了中央对其承载引领新一轮改革开放的高度期许,为粤港澳大湾区融合各种叠加优势、实现开放创新发展提供了前所未有的历史性机遇。对于中国而言,粤港澳大湾区建设意味着党的十一届三中全会以来实施的改革开放政策将进入一个新阶段。改革开放以来,面对错综复杂的世界政治经济形势,中国对外政策的核心在于"韬光养晦";随着改革开放政策进入新的阶段,中国作为一

---

① 见《中共中央、国务院印发〈粤港澳大湾区发展规划纲要〉》(全文)》,新华社北京2019年2月18日电。
② 《广东省推进粤港澳大湾区建设工作会议在广州召开》,载《南方日报》,2019年2月28日。

个大国，有责任也有能力为后进国家展示出一条基于自身发展历程客观可行的和平崛起道路①。粤港澳大湾区建设正是因势而谋、因势而动、顺势而为的战略决策，肩负着为实现中华民族伟大复兴发挥更大作用的历史责任。

粤港澳大湾区对新时代广东发展的最大贡献，就是历史性地把广东当前及未来发展提升为中国第四大区域发展战略，受到国家最高程度的重视。在此之前，中央谋划推出的国家区域战略只有3个，即"一带一路"建设、京津冀协同发展、长江经济带发展，②而粤港澳大湾区规划纲要正式落地实施，即标志着粤港澳大湾区成为中国第四大区域发展战略已成为既定事实。这也意味着，粤港澳大湾区作为中国建设世界级城市群、参与全球顶级竞争的重要空间载体，是中央继当年赋予广东兴办经济特区之后的又一重大平台、重大机遇、重大使命，是新时代广东改革开放再出发的"纲"。

在新时代中国举力推进大国和平崛起的伟大进程中，粤港澳大湾区战略承载着新的历史使命，是新时代推动形成全面开放新格局的新尝试和"一国两制"事业发展的新实践。一方面是深化内地与港澳的深度合作，进一步提升粤港澳大湾区在国家发展和对外开放中的支撑引领作用，支持香港、澳门融入国家发展大局，保持香港、澳门长期繁荣稳定，让港澳同胞同祖国人民共担

---

① 周国平：《粤港澳大湾区规划和全球定位》，广州：广东人民出版社，2018年版，9页。
② 习近平：《决胜全面建成小康社会 夺取新时代中国特色社会主义伟大胜利——在中国共产党第十九次全国代表大会上的报告》，北京：人民出版社，2017年版，33-34页。

民族复兴的历史责任，共享祖国繁荣富强的伟大荣光。另一方面是贯彻落实新发展理念，加快培育发展新动能，全面深化改革、全面扩大开放，打造高质量发展典范，为全国积累经验、提供示范。[①]珠三角是当今中国最发达的三大经济集聚区之一，香港、澳门为当今中国国际化程度最高的两座城市，以三地为空间载体打造的粤港澳大湾区强强联手、优势做强、短板补齐，必将以更加开放的经济结构、更为庞大的经济体量、更加强大的集聚外溢功能、更加发达的国际交往网络、更加高效的资源配置能力、更加包容的文化涵养、更加宜人的环境供给，成为引领全球技术变革、带动世界经济发展的重要增长极和核心动力源，必将创造出更多令世界瞩目的牵引性成就。

当前，粤港澳大湾区建设已成为全球瞩目的重大区域动向。特别是2019年8月18日，中共中央、国务院正式印发《关于支持深圳建设中国特色社会主义先行示范区的意见》，围绕高质量发展高地、法治城市示范、城市文明典范、民生幸福标杆、可持续发展先锋这"五大战略定位"，对深圳提出非常高的目标任务，要求其到本世纪中叶建设成为竞争力、创新力、影响力卓著的全球标杆城市，[②]将可望为广东在新的历史发展阶段形成粤港澳大湾区与深圳先行示范区建设的"双区驱动效应"，形成强大示范

---

① 见国家发改委地区经济司副巡视员黄微波在广东省市厅级主要领导干部学习贯彻《粤港澳大湾区发展规划纲要》专题研讨班作的专题辅导报告，2019年3月20日。

② 见《中共中央、国务院关于支持深圳建设中国特色社会主义先行示范区的意见（全文）》，新华社北京2019年8月18日电。

带动作用。①美国彭博新闻社网站刊文称,从经济角度讲,粤港澳大湾区实施有很多有利条件,香港可提供资本市场方面的专业知识,广东特别是深圳这个产业技术中心到处都是渴求获得资金的初创企业,把所有这些因素综合在一起,就能找到实现经济快速增长的良方。②可以预判的一个论断是,广东改革开放肇始于与港澳的持续深入合作,也必将大成于粤港澳大湾区建设的高度融合发展及深圳先行示范区建设的成型引领,更一定会给新时代广东省域经济外交纵深推进注入新的强大活力和动力。

---

① 见《李希到深圳调研:全力以赴推进先行示范区建设》,载《南方日报》,2019年9月7日。
② 《美媒文章:粤港澳大湾区建设须破解诸多难题》,载《参考消息》,2018年9月18日。

第二节
推进中的问题分析

问题是时代的声音,每个时代总有属于它自己的问题,只有树立强烈的问题意识,才能实事求是地对待问题,才能找到引领时代进步的路标。[①]在现实当中,问题无处不在、无时不有,关键在善不善于发现问题,能不能正确分析和及时有效解决问题。就以广东为例的省域经济外交而言,本书在上文已集中梳理了其所取得的辉煌成就,但基于"一带一路"实施对广东带来重大机遇、中央对广东予以高度期许等时代背景,对比中央新的部署要求、国内外形势的变化和自身现实发展的实际需求,其也还存在不少结构性的问题。这一节从更好落实"三个主动适应"特别是中央部署要求的全局高度,对其推进中的现有短板不足进行深入系统的总结梳理。当然,我们以自我革命精神正视当前存在的问题,并不是否定已有的成绩,而是对标对表国内外最优最好最先进,以及广东在全国所应担负的重大职责使命,以更高标准更严

---

① 中共中央宣传部:《习近平新时代中国特色社会主义思想三十讲》,北京:学习出版社,2018年版,330页。

要求真刀真枪查摆差距、检视问题，目的是为了更好突出问题导向，看深、把准主要矛盾和矛盾的主要方面，明确接下来的主攻方向，更主动从容地在新历史起点上重整行装再出发。经综合梳理归纳，其在自主力、掌控力、支撑力、辐射力、接续力等五方面还存在不足。作为其特色推进要件，侨务和友好省州（城）等领域的国际交流合作也还存在不少值得加强和改进的地方。

一、自主力不足

心理学中"自主"，指的是"遇事有主见、能对自己的行为负责"。本书在这里借用该概念，主要是强调广东省域经济外交在中央总体外交框架及中央授权之下自主能力还略显不足的问题。诚然，广东作为中国的一个省域，于外交事权在中央的格局下，其省域经济外交必须在国家总体外交框架下有序开展，这是一条必须牢牢把握的政治原则，不可能做到完全自主。广东在过去相当长的一段时期内，也一直在灵活运用国家对外资源促进对外经贸发展。但遵循并不等于无所作为，特别是广东作为中国第一经济大省以及随着中央授权增多、自身外贸体量持续增大等实际变化，对其在国家总体框架下增强对外经贸自主能力提出了一些新要求，也提供了一定的自主性运作空间。近些年来，广东这方面的工作也取得积极进展，但总的还存在较强的外在"依赖症"，在国家总框架下主动适应、主动作为仍然显得略有不足。

第一，对外统筹协调效果还尚存不足。随着近年来"一带一路"建设的深入推进，截至2019年4月12日，中国已经与126个国家和29个国际组织签署了174份合作文件①，在一些专业领域还建立了一些多边合作机制，全球朋友圈在不断扩大。但就地方而言，当前仍存在一些突出难题，就是由于地方政府在及时推动这些属于国家层面的文件和机制的深化细化上存在不足，以致这些成果在具体落实的某些方面仍然缺乏可操作性，未能及时对地方"一带一路"建设形成强有力的指导和政策性支持。比如广东作为对外交流大省，虽然也建立起了覆盖面较广的对外协调联系机制，但有时由于缺乏国家层面的及时有效指导，加上其作为地方区域在对外沟通协调中存在与合作方地位不对等的实际因素，存在信息交流不畅顺、工作步调不一致、涉及境外合作园区的土地、税收等优惠政策难以争取获得等问题，尤其在跟进重点项目落地、解决企业困难等问题上无法提供及时的制度保障和政策支撑，影响工作推进的实效。又比如，广东重点参与的中国—白俄罗斯工业园未能有效利用东道国的外资鼓励政策，对入驻企业要求高、限制多，影响了产业链的整体进驻。此外，也缺乏有效的机制帮助企业解决海外投资中遇到的一些实际问题。

广东作为对外开放大省，对外交流密切，尤其是随着国家对外开放的进一步扩大以及粤港澳大湾区建设的深入推进，国际交流合作必将日益增多，对外贸易、对外投资的步伐也将不断加快，但目前部分对外交往的体制机制仍显滞后。广东一些企业多次反映：企业高层对外签证手续繁杂，办理时间较长，对企业境

---

① 《已同中国签订共建"一带一路"合作文件的国家一览》，载《中国一带一路网》2019年4月12日更新发布，https://www.yidaiyilu.gov.cn/xwzx/roll/77298.htm，2019年4月12日最后访问。

外投资谈判以及后期运营造成一些不利影响。比如广新控股集团在非洲马达加斯加的投资项目，因为赴对象国路途遥远、没有直达航班及签证复杂，企业高管出境又受时限限制，有时缺乏足够时间处理所碰到的涉外投资及相关法律问题。①

同时，广东对现有驻境外机构的统筹协调工作机制也有待进一步完善。目前广东驻境外代表机构有132个，设立主体多、形式多样，尚未形成统一的全省性驻外品牌，未能发挥整体合力。在不少地方和很多领域还存在一些恶性竞争问题。比如在争取举办国际性的活动、论坛、展会等方面，广州、深圳都希望在本市举办，都在积极争取。又比如，在中外合办产业园区方面，佛山和揭阳都在搞中德合作，但在合作方向、合作重点上差异分工不够。类似这些问题降低了经济效益和效率，也影响了地方形象。

第二，对香港"依赖症"还没根本扭转过来。过去很长一段时期以来，广东对外经贸合作主要依靠香港起步展开，通过与港澳合作引进了大量资金、技术、经验等接入国际市场。但这也容易使广东形成"懒汉现象"，在很长一段时期存在"香港即国际"的惯性思维，直接与世界其他国家和地区尤其是欧美日等发达国家和地区的对接联系不够积极主动，特别是在直接对接引进国际高端要素资源，以及主动运用国际通行规则等方面的自主性显得不够。当前广东对外经贸发展主要依赖香港的局面仍未有效扭转，截至2017年年底，对香港外贸、吸收境外资金、对外投资额分别占全省17.1%、80.1%和57.5%。相比之下，广东与欧美等

---

① 广东省发改委：《广东对外投资进展情况》，2019年3月。

发达国家在投资领域合作显得不足,同期吸收境外资金、对外投资额分别仅占全省的11.8%和8.5%。①

上海这些年随着在国际航运、金融以及吸引跨国公司总部等领域的快速崛起,大有成为中国经济对外交往"第一龙头"的架势,对香港在国内外的地位及辐射力、影响力构成了一定冲击,也使得香港对广东的辐射引领功能受到一定影响。从另一个层面讲,面对亚太区域龙头城市之间的竞争进入白热化,广东有必要也有条件重振昔日荣光,打造并发挥好作为中国沟通海内外的门户枢纽的功能作用,但目前这项工作的推进仍任重道远。比如在基础设施联通方面,广东门户枢纽的国际化程度仍较不足,全省各港口之间布局分散,投资主体多元复杂,同质化竞争激烈,岸线资源配置有待优化,全球枢纽性功能仍不突出。广东近些年来一直极力将位于珠三角地理几何中心的南沙自贸试验片区打造为沟通中外的世界级门户枢纽,但工作进展仍不明显。

第三,构建自主性全球经贸网络体系仍然不够。自2013年起,广东外贸体量连续在1万亿美元以上高位运行,②如果作为独立的经济体,这样的规模即使放到全世界范围也是数得上号的。2018年,广东外贸进出口总额首次突破7万亿元大关,达到7.16万亿元人民币,连续33年居全国首位,总量规模相当于全球排名第9位的韩国。③广东这么大的外贸经济体量,很有必要在国家支持

---

① 广东省商务厅:《关于广东形成全面开放新格局调研报告》,2018年6月。
② 广东省发改委:《广东改革开放40周年专题研究报告》,2018年10月。
③ 马汉青、吕丹、汤兵:《广东外贸规模2018年首破7万亿元,连续33年保持全国各省市第一》,载《羊城晚报》,2019年1月24日。

下建立自主性更强的全球经贸网络支撑体系。近年来，广东授权省商务厅、贸促会等涉外经济主管部门发挥各自职能优势，着手推进这一全球经贸体系构建，但与实际需求相比仍不相称，布局还不够完善，特别是自主性国际营销网络体系建设仍有待加强。

一个突出的表现，就是当前广东参与对外经贸合作更多体现在市场的自主行为和企业的自发行为，海外营销渠道建设还相当不足。目前广东大多数外贸企业自主营销能力较弱，营销渠道较为单一，同时还缺乏具备较强资源配置能力的大型本土跨国贸易企业，大部分企业的出口业务仍然主要通过境外经销商这个"二传手"来实现，营销渠道控制权掌握在国际流通商手中，处于被动"接单"的不利局面，对国际市场缺乏掌控力，能够获取的利润很薄，外贸出口仍然以廉价产品居多。以跨境电商B2C出口为例，广东约95%的跨境电商企业仍需借助亚马逊、速卖通等国际营销平台。同时，广东国际贸易网络、信息网络等基础建设滞后、配套服务体系不足，大量的国际运输、保险、结算等贸易服务还主要由境外公司提供。[1]

第四，核心关键技术及设备瓶颈问题突出。党的十九大报告明确指出："创新是引领发展的第一动力，是建设现代化经济体系的战略支撑。"[2] 广东产业规模虽然很大，工业技术装备、产业设计生产水平等也今非昔比，部分产业的总体技术水平还

---

[1] 广东省商务厅：《关于广东形成全面开放新格局调研报告》，2018年6月。

[2] 习近平：《决胜全面建成小康社会 夺取新时代中国特色社会主义伟大胜利——在中国共产党第十九次全国代表大会上的报告》，北京：人民出版社，2017年版，31页。

站在世界前列，个别领域甚至领先世界，但总体上在高端技术和先进管理等方面与发达国家相比仍存在很大差距。①特别是长期受"缺核少芯"情况困扰，很多核心技术、关键零部件、重大装备、高端芯片等长期依赖从国外进口。截至2017年年底，全省拥有自主核心技术的制造业企业不足10%，关键技术和零部件90%以上仍依赖进口，机器人、高档数控机床80%以上市场份额被国外产品占领。②大部分工业机器人企业局限于系统集成，减速器、控制器、伺服电机这三大核心零部件仍受制于国外垄断产品。本土装备近年来虽有所发展，但不少应用企业仍存在稳定性、可靠性不够等顾虑，应用率还偏低。③

电子信息制造业是广东规模最大的产业，2017年实现增加值8108.14亿元，占全省规模以上工业的24.5%，但"缺核少芯"问题较为严重，集成电路严重依赖于进口，其中芯片进口比重达90%以上。2017年，全省集成电路进口量达1414.5亿块，占全国的37.5%，进口额高达1007亿美元。广东突破这一瓶颈的后劲也显得不足，目前国内已建、在建和拟建的12英寸晶圆生产线近30条，其中长三角地区超过9条，合肥、武汉、福建等地区拥有一些，而广东仅深圳中芯国际有1条8英寸生产线，中芯国际12英寸

---

① 广东省统计局、国家统计局广东调查总队：《数说广东改革开放40年》，2018年12月，73页。

② 黄彬：《面向粤港澳大湾区制造业需求培养高素质工程科技人才》，载《现代教育论丛》，2019年第2期。

③ 广东省科技厅、教育厅、工信厅：《广东"坚持创新第一动力"调研报告》，2018年12月。

生产线尚未投产。①

装备制造业是广东近年来大力打造的重要增量产业，其核心环节同样受制于人，关键零部件仍严重依赖进口。截至2017年年底，全省高端机器人和高端自动控制系统、高档数控机床、高档数控系统80%以上市场份额被国外企业占领，国产工业机器人配套减速器、伺服电机等进口比例为90%，驱动器进口比例为80%。②在新能源汽车领域，动力电池、驱动电机、电控及整车等核心关键技术与国际先进水平相比，仍存在较大的差距。

工业互联网是智能制造的关键领域，但当前广东支撑其发展的工业控制与传感、通信协议转换、标识解析、工控安全等与国际先进水平仍存在较大差距，大型制造企业的研发设计、资源管理类软件基本上被国外产品占据。国际标准制定与修订的主导权掌控在发达国家手中，中国主导制定的ISO、IEC国际标准仅占1.58%，珠三角地区仅占全国的1/30。③

二、掌控力不足

掌控力指的是掌控局面、控制自己行为和外界环境的能力，这是总体实力强大的重要标志。广东作为中国第一对外经贸大省，在提升掌控力方面理应有更大雄心、更大担当。而在实际运

---

① 广东省工信厅：《改革开放40年来广东工业发展情况》，2018年10月。
② 中共广东省委"深调研"材料：《加快解决广东发展不平衡不充分发展问题调研报告》，2018年5月。
③ 中共广东省委"深调研"材料：《广东省大力发展实体经济调研报告》，2018年12月。

行当中，广东也还存在不少差距，这主要体现在争取和运用国家核心资源、掌控国际高端要素资源等能力还不够，同时也还缺乏对全球贸易投资格局控制力和影响力。

第一，广东在着眼国家全局，主动谋划、主动争取国家重大项目、核心资源的力度仍不够，效果也还欠佳。一个总的演进趋向，就是国家这些年实施的重大战略，很多放在了上海、北京等长三角及京津冀地区。一个典型的案例，就是在中国改革开放40周年之际，中央相继授予海南、上海等多项全国牵引性很强的政策大礼包，但广东旁落，这很大程度上与广东主动谋划不足或争取力度不够，没有及时引起中央足够重视有较大关系。在加快实现新旧动能转换、聚焦以创新为发展第一动力的当下，国家近年来对全国重大科研装置展开新一轮调整布局，着手谋划建设一批综合性国家科学中心和国家实验室体系。而在这一轮"国之重器"的洗牌布局当中，落户广东的还不算多。在国家实验室方面，还没有一家敲定落户广东；在综合性国家科学中心方面，目前国家已在北京、上海、合肥三地建立3家，但在广东还没有。[①]

广东在聚集全国高端创新型人才方面也显得总量不足。截至2017年年底，广东高层次人才仅占全省专技人才总量的13%，全职在粤工作的两院院士仅43人，严重低于北京、上海、江苏，甚至还少于国内一些著名高等学府。广东每万名劳动力中研发人员数量约为85人，研发人员中本科学历以上仅占34.8%，低于全国

---

① 广东省发改委：《担当好粤港澳大湾区建设重要职责的调研报告》，2018年12月。

45.7%的平均水平。①

在国家重点布局的国际化高端展会平台方面，广东尽管传统商贸发达，但在存量和增量方面仍显不足。2017年世界组展商100强排行榜中，上海有12家，广东仅有4家；中国100强组展商中，上海有25家，广东仅有15家。②

不仅如此，广东现有的一些高端展会平台也还存在弱化趋势。创办于1957年的广交会号称"中国第一展"，兼具进出口双重功能，为中国制造开拓国际市场作出了重要贡献。但广交会长期以来"有展无会"，展馆扩容长期停滞，室内可供展览面积33.8万平方米，与上海国家会展中心（40万平方米）和即将建成的深圳国际会展中心（50万平方米）相比，在规模、结构、功能和配套等方面差距明显，难以充分满足外贸企业参展需要。③随着中国首届进口博览会于2018年11月在上海举办，意味着广交会的进口板块被上海以更高形态分流，综合影响力面临新挑战。2019年春季举办的第125届广交会，出口成交额、采购商到会人数均比2018年同期微降，总数分别为1995亿元人民币和近20万人，降幅分别为3.88%和1.1%。④尽管这与当前我国外贸内外环境更趋复杂严峻有关，但也在一定程度上反映广交会正面临一些

---

① 中共广东省委"深调研"材料：《加快解决广东发展不平衡不充分发展问题调研报告》，2018年5月。
② 广东省商务厅：《关于广东形成全面开放新格局调研报告》，2018年6月。
③ 广东省商务厅：《关于广东省在高水平上扩大开放若干措施的报告》，2018年12月。
④ 徐弘毅、丁乐：《第125届广交会对"一带一路"沿线出口成交逆势增长》，新华社广州2019年5月5日电。

新困境。另外，广东近年来大力打造形成的深圳高交会、文博会及珠海航展等国家级平台，当前也面临"逆水行舟、不进即退"的竞争格局。

第二，对国际高端要素资源掌控能力也还较为不足。当前，广东已进入以创新为第一动力的高质量发展关键阶段，对凝聚运用好国内外高端要素资源提出了新的更高要求。欧美发达国家集聚了当今世界最先进的生产力、最主要的科技创新资源和高端人才，加强与他们的交流合作，既是提高广东对外开放水平的重要方面，也是更好提高国际高端要素掌控能力的必然要求。尤其是服务创新驱动发展、推动经济向上突围等方面，都需要加强与欧美发达国家的直接联系，引进更多先进设备、技术和创新人才，同时提高利用外资的工作水平。广东尽管在2013年起就提出要加强与欧美发达国家的直接交流合作，但这项工作推进的成效还不太明显。

在引进高端外资方面也面临新的瓶颈制约，外资来源结构、产业结构还有待优化。每年吸引外资规模徘徊在200亿美元左右，2011年至今没有明显突破。特别是仍然以港澳台地区资金为主体，来自欧美资金的份额还较低。2017年来自欧美等发达国家外资仅占全省11.8%，对战略性新兴产业的引进也还不足，高技术制造业利用外资占比还不足一成。当前广东的这一引资格局，对其长远发展较为不利。

总部经济是体现国际经济中心辐射控制功能的一种重要经济

形态。①相比之下，广东在引进总部企业方面仍存在不足，吸引落户的跨国公司总部数量远低于上海和北京，尤其在国际教育、金融合作等方面水平依然不高。截至2018年年底，上海累计引进跨国公司地区总部665家，其中亚太区总部85家，外资研发中心440家；②而同期广东仅有161家③。

在引进海外研发机构方面的吸引力也存在不足，国际创新合作中心的数量与质量也还不够。目前，跨国公司、世界知名大学、科研院所在粤设立研发机构的数量还较少，仅有通用电气、思科、富士康等少数世界500强企业在粤设立了研发中心，而其又以服务产品展示和市场应用推广的技术中心居多，研发能力和水平有限，与上海等先进地区差距较大。截至2017年年底，全球前20强生物医药企业在中国的39个研发中心无一落户广东。④

在引进国际高端人才方面也存在不足。常住广东的境外专家比例较低，海外高层次留学人才在粤创新创业数量仍不多。截至2017年年底，深圳外籍人才仅占全市常住人口的0.2%，远低于上海（0.73%）、硅谷（67%）、纽约（36%）、新加坡（33%）；广州持有效来华工作证件的外国人员仅1.8万人，低于北京（3.5万人）、上海（10万人）；2016年，广东留学归国人才

---

① 郭凡、蔡国萱：《21世纪海上丝绸之路与广州》，广州：中山大学出版社，2015年版，8页。
② 吴宇、黄扬：《上海累计引进跨国公司地区总部665家》，新华社上海2018年12月6日电。
③ 广东省商务厅：《广东推进高水平对外开放情况》，2019年3月。
④ 广东省科技厅、教育厅、工信厅：《广东"坚持创新第一动力"调研报告》，2018年12月。

9万人，低于北京（16万人）、上海（14万人）。国际教育合作也相对不足，中外合作办学机构仅占全国8.4%。①

造成这样的局面，反映广东全球精准招商能力也还不足。相对江苏以及新加坡等沿用的"大招商"格局，广东省域层面的协调力度仍显得不够，招商引资联动机制还有待健全，招商部门与人才、土地、金融、产业等部门协同配合度还不高，导致项目谈判难、落地更难。招商资源相对仍较分散，还缺乏全省规范统一的招商大数据平台，地市之间、县区之间存在一定程度"恶性竞争"和资源浪费。激励政策也还相对单一，特别是广州、深圳等地出台的扶持政策很多还停留在财政奖励上，未能有效形成涵盖准入、财政、土地、金融、人才、科研和出入境等方面的完备政策体系。②

同时，广东引才思路政策也亟待创新突破。相对上海等地，广东吸引人才的住房优惠政策多以货币补贴为主，人才公寓等其他形式的住房服务还较为缺乏；国际化教育机构的质量仍不够高，与工作、生活配套统筹等方面也还不够；国际医疗结算的服务范围有限，供给依然缺乏；人才及其家属居留政策和办理过程也还不够灵活。引才平台仍相对不足，海外人才省内发展平台也还比较缺乏，国际组织、知名高等院校、高端研发中心数量还相对较少。人才引进海外平台建设也较为缓慢，国际"猎头"等人

---

① 广东省商务厅：《关于广东省在高水平上扩大开放若干措施的报告》，2018年12月。

② 广东省商务厅：《关于广东形成全面开放新格局调研报告》，2018年6月。

力资源服务机构的发展也相对滞后，市场占有额也还不够高，难以发挥引进高端国际化人才的桥梁纽带作用。尚未建立起全省统一的人才引进政策平台，部分优惠政策也还散落在各个部门，尚未建立政策获取的统一渠道。①

第三，缺乏对全球贸易投资格局的控制力、影响力。广东虽为中国投资贸易第一大省，但对全球贸易投资格局变化还缺乏足够有力的前瞻性研究、战略性引领，在国际大局变化上事后应对多，事前研判分析走势、统筹谋划布局还较少。近年来，英国脱欧、美国贸易保护等逆全球化趋势兴起，新的投资贸易规则制定处在激烈的利益调整中，全球价值链重构背景下产业和订单转移等都对广东外经贸产生了较大冲击。尽管广东加快培育以创新驱动为核心的竞争新优势，出台了一系列扩大进口、加快服务贸易发展、培育本土跨国企业等政策措施，但与先进省份相比，战略性层面上统筹谋划仍然不足。如国家丝路基金、亚投行等"一带一路"重大金融创新举措不断落地，广东不仅缺乏面向南亚、东南亚的国际金融合作平台和机制创新，而且参与双边政府融资框架的意识也不强，纳入双边政府融资框架的项目还不够多。

当前国际贸易保护主义、投资保护主义日趋严重，广东遭受技术性贸易壁垒影响严重。出口企业在产品标准、生产技术和管理方法上与发达国家仍存在较大差距，出口产品屡遭进口国家召回、扣留和销毁。据国家质检总局统计，2014年、2015年、2016年广东出口企业遭受国外技术性贸易壁垒的直接损失额分别

---

① 陈建新等：《国内外创新人才最新政策分析及对广东的启示》，载《科技管理研究》，2018年第8期。

为1457.7亿元、687.0亿元和419.8亿元，间接损失每年约600多亿元，成为全国受损最严重的省份。①

广东对技术性贸易壁垒研究应对能力也还不强，专业研究机构力量还不够，出口企业管理者普遍缺乏研究应对意识和能力，企业专业技术人才相对不足，对中国相关标准与进口国现行标准的差异以及不同进口国之间标准的差异仍缺乏足够了解，对进口国相关技术性贸易措施的变化仍不够敏感。

技术性贸易摩擦应对、预警应急、海外维权和争端解决等机制均还有待加快完善。比如华为、中兴等企业在近年来逆全球化倾向有所抬头的情况下，面临美国等西方国家点对点恶意打击时，就经常应对乏力，着实吃了不少苦头。比如中兴通讯，2016年3月被美国政府列入出口限制名单，限制美国供应商向其出口包括芯片在内的美国产品；最后应对的结果，是中兴通讯被迫向美国政府支付约8.9亿美元巨额罚金而收场。事后，美国继续采取很多组合性措施打压华为、大疆等标杆类企业，企图阻止中国高科技龙头企业快速崛起、挺进全球。②可以预见的是，随着中国推行的"去IOE"③"国产芯"等发展战略进一步深化，作为IT通信行业霸主美国的利益将进一步受到冲击，而美国也将玩出更多

---

① 广东省商务厅：《关于广东形成全面开放新格局调研报告》，2018年6月。

② 金旼旼等：《美商务部禁止美企业向中兴通讯出口产品》，新华社华盛顿2018年4月16日电。

③ 这是阿里巴巴造出的概念，其本意是指在阿里巴巴的IT架构中，去掉IBM的小型机、Oracle数据库、EMC存储设备，代之以自己在开源软件基础上开发的系统。

花样，对高度融入全球体系的广东产业经济构成实际冲击。

广东经过近些年大力打造涌现的一些大型跨国企业，如华为、中兴、格力等，均已在世界各地建立起不少研发机构，但他们单兵作战者居多，政府统筹支持的办法和力度也还不够。

相对而言，当前广东类似华为、腾讯等标杆类本土跨国企业群体仍然不多，一些企业虽然进入世界500强行列，但"缺核少芯"、核心环节受制于人等现象还比较突出；同时房地产类企业比例偏高，实体经济类企业偏少，具有全球竞争力的制造业企业仍然不多。在2017年"世界500强"企业中，广东制造业企业仅入选4家（少于北京、山西），在2017年"中国制造业企业500强"中，广东入选33家，居全国第5位，分别比山东、浙江、江苏、北京少40家、39家、23家和3家。2017"中国最具价值品牌500强"中，广东制造业仅5个品牌入选。①广东入围2018年中国民营500强的企业60家，比前三位的浙江、江苏、山东分别少33家、26家、13家。②

三、支撑力不足

汉语中的"支撑"有两层含义，一是指顶住压力使东西不倒塌，二是指勉强维持。本书在这里借用这一词语，主要是指对比中央部署要求、国内外形势变化及自身发展需要，广东省域经济

---

① 广东省工信厅：《改革开放40年来广东工业发展情况》，2018年10月。
② 广东省中小企业局等：《广东民营经济、中小企业情况报告》，2018年12月。

外交仍存在对企业"走出去"和海外园区建设支持不足、产业国际竞争力依然不强等三方面的短板。

第一，对企业"走出去"支持不足。"走出去"是运用好国内外两个市场、两种资源的必然要求。当今大国崛起的过程，从某种程度上讲就是一大批企业不断走向国际市场做大做强的过程。2000年全国人大九届三次会议正式提出"走出去"战略，2013年习近平总书记提出"一带一路"倡议等，都为我国"走出去"提供了重要发展机遇。[①]当前和今后一个时期，我国正在迎来全方位对外开放从"引进来"到"走出去"的重大转折，我国将在更大范围、更宽领域、更深层次上融入全球经济体系。[②]

进入新时代，广东企业已经开启产能、技术、产品、装备等"走出去"投资发展的窗口期、机遇期。但与美国、日本与欧盟等相比，包括广东在内的我国企业涉外投资的发展历史较短，投资涉及的领域相对较少，专门性服务机构较为缺乏，国家直接补贴有限，因此"走出去"企业对全球市场变化的把握及应对能力也还相对较低。

目前，广东"走出去"企业主要是以商务服务业为主，占比25.1%，且集中在基建、能源和大型装备制造等领域，尚未实现从产品"走出去"向产业"走出去"的转变，在高端产业领域参与国际竞争的仍然不多，利用和参与制定国际规则能力还不强，

---

① 国家发改委课题组：《中国对外开放40年》，北京：人民出版社，2018年版，159页。

② 郭凡、蔡国萱：《21世纪海上丝绸之路与广州》，广州：中山大学出版社，2015年版，2页。

优势特色产业"走出去"还不够多（见表4-3）。

表4-3 2017年广东三大产业对外投资情况

产业类别	金额（亿元）	占比（%）
第一产业	1.2	0.02
第二产业	88.9	18.60
其中：制造业	79.1	16.34
第三产业	393.9	81.38

数据来源：根据广东省商务厅2017年有关数据整理而成。

很多"走出去"企业面临很大的经营挑战，特别是对海外发展环境并不熟悉，仍受到专业人才短缺、融资困难和信息滞后等制约，尤其是中小民营企业，有时存在"水土不服"情况和目的国的不可预测风险。企业跨国经营和风险防控能力不强，企业在跨国产能合作中容易遭受战争及暴乱、知识产权侵权、东道国征收、外方违约或欠款、汇兑限制等风险。目前广东企业普遍缺乏完备的国际经营管理队伍，在国际市场分析、商务规则、法律法规、投融资管理、项目管理等方面经验不足，自我保护能力较弱。技术标准不对接，目前在能源、基础设施和大型装备制造等领域还普遍执行欧美标准，中资企业开拓市场难度较大。在中资"走出去"企业较集中的地区，有时还存在企业间恶性竞争、相互拆台而让外方得利等情况。[①]

近年来，广东相关部门为深入实施"走出去"战略以及实现

---

① 广东省商务厅：《关于广东形成全面开放新格局调研报告》，2018年6月。

外经贸稳定增长、转型升级，积极引导和推动有条件、有实力的广东企业"走出去"开展跨国经营，做了大量扎实有效的工作，也取得了较好成绩。但与现实的情况和企业的期盼相比，广东服务机构同步"走出去"提供专业服务的力度仍然不够，政府支撑服务也还存在较大缺位。

就广东对外投资的制造业企业而言，企业"走出去"需要更多金融、法律、会计、人力资源管理、信息咨询等方面的生产性服务，但目前这些行业的企业"走出去"数量还较少，也未能及时被"走出去"的制造业企业所掌握。境外企业在当地难以找到适用的市场信息和专业服务，或严重依赖国际专业机构，成本高昂。广东生产性服务行业的发展水平尽管在全国处于较为领先的地位，但发展历史仍然较短，与国际服务水平相比也还有很大的差距。同时，短期内提高广东服务企业与国际接轨的能力，并促使其跟随制造业企业"走出去"，难度也还相对较大。

特别是金融服务对境外投资的支撑还不足。"走出去"企业融资仍以国内银行贷款为主，发行股票和债券直接融资比例较低，筹资成本还居高不下。融资模式滞后及普惠性支持还不足，国内境外资产抵押融资模式发展滞后。如广东农垦集团在"一带一路"沿线国家布局了20多个天然橡胶生产项目，种植面积达40万亩，总产量从2005年占全世界份额0.3%提高至2018年10.3%，[①]但仍无法作为资产抵押在国内融资。许多优惠政策只针对大型企业，未能惠及产业链合作配套的中小企业，无法实现

---

① 陈颖、陈影：《粤商"出海"拓展发展新空间 深耕东南亚挖掘新商机》，载《南方日报》，2019年3月30日。

"以大带小"链条式"走出去"。保险服务对主体和地域的覆盖不足，政策性保险对海外投资保险产品偏重于企业，个人保障还相对不足，对南亚、中东、非洲等新兴市场存在风险限额、承保受限、不承保或者特别条款等现象。商业保险机构在境外布点较少、服务能力不强，较难满足企业"走出去"需求。

在境外投资促进机制和公共服务体系方面也还不健全，政府部门间备案审批流程及协同性也还有待进一步优化，分国别研究、境外投资公共服务平台建设等方面仍需加快推进。近年来，美国加快推进外资安全审查制度改革，在中国对美国高科技产业投资上进一步设限，广东企业对美国的投资并购面临较大困境，政治和经济外交支持、税收支持、担保和保险、信息咨询服务等全方位境外投资促进体系也亟待健全。

第二，海外合作园区建设仍在摸索前行。海外合作园区是企业抱团开展国际产能合作的重要平台。[1]中国学习新加坡等国家经验，从2006年开始着力推动境外经济贸易园区建设。商务部将其作为当年十三项重点工程之一，使之成为国家鼓励和支持企业"走出去"的重要举措。[2]国际金融危机之后，随着"走出去"进程的加快，中国园区"走出去"也取得长足进展。[3]广东作为海外投资大省，这几年根据国家总体安排并结合自身需要，

---

[1] 国家发改委课题组：《中国对外开放40年》，北京：人民出版社，2018年版，182页。

[2] 冯维江等：《开发区"走出去"：中国埃及苏伊士经贸合作区的实践》，载《国际经济评论》，2012年第3期。

[3] 冯维江、徐秀军：《"一带一路"：迈向治理现代化的大战略》，北京：机械工业出版社，2016年版，195页。

在"一带一路"沿线国家如白俄罗斯、马来西亚、越南、南非、埃塞俄比亚等国，创办了一批海外产业园区，主要包括加工制造型、农业产业型等，吸引了一批广东及当地企业入驻，成为推动产业转型升级、促进国际产能和装备制造合作、带动东道国就业与经济社会发展的重要载体。[1]其中，中国—沙特吉赞产业集聚区纳入国家重点推动的产能合作示范区，在两国高层的见证下签订了中沙合资公司股东合作协议，广州泛亚聚酯公司投资40亿美元的PTA及下游产业项目确认落户，已获得沙特首个外国独资石化项目的投资许可。广东—马六甲皇京港临海工业园确定为双方友好省州框架下的商业项目，双方项目公司均已完成注册工作，目前由企业层面具体推进设立中马合资公司。中白（广东）光电科技产业园列入中白工业园重点项目，惠州沣元公司等多家广东企业签署了入园协议。此外，埃塞俄比亚—广东工业园、深圳—海防经济贸易合作区等一批跨境园区项目，正在按照政府引导、企业主体、市场运作、风险可控的原则稳步有序推进。尼日利亚、肯尼亚、乌干达等沿线国家的境外园区建设也取得实质进展。各个重点园区的发展带动了广东LED、石化、造船、高新技术产业及纺织服装等优势富余产能转移。这些平台的搭建具有重大战略功能，既着眼于国际产能合作，带动中国制造"走出去"，同时也有效增强广东乃至中国在当地的综合影响力。但总

---

[1] 国家发改委课题组：《中国对外开放40年》，北京：人民出版社，2018年版，183页。

体上，这些平台项目推进仍然处于摸索起步阶段。①

目前，广东省域层面仍缺乏统筹规划布局和完备的管理机制，其境外经贸合作园区普遍存在产业配套不足、招商引资效率不高、服务供给缺失等问题，也还未形成科学系统的认定考核体系和政策扶持体系。广东一些企业在海外建设园区更多是依靠其自身资源，建设进展和影响力未尽如人意，对全省企业实现抱团"走出去"带动作用仍较弱。商务部和财政部2017年1月通过考核确认的首批20家境外经贸合作区当中，没有一家是广东主导，这就使得广东在海外园区建设上"起了大早，赶了晚集"。②

造成这样的局面，与以下两方面密切相关：一是部分东道国基础设施发展滞后，对园区周边的配套设施不完善，部分东道国还没有给予园区相应优惠配套政策，需要广东相关政府部门与外方反复协调磋商，推动园区建设进度。二是部分园区项目前期投入大、建设周期长，建设主体企业贷款融资较困难，运营资金压力较大。

第三，产业国际竞争力依然不够强。长期以来，广东以速度型发展为主，在如今转向高质量发展的新阶段，发展质量不高的问题还没有得到根本改观。

全省产业分工仍处于全球价值链的中低端，企业创新能力不强，新产业还不能完全填补新旧动能接续，低端产能过剩和高端

---

① 广东省商务厅：《关于广东形成全面开放新格局调研报告》，2018年6月。

② 广东省商务厅：《关于广东省在高水平上扩大开放若干措施的报告》，2018年12月。

产能不足并存。截至2018年年底，全省有4.528万家国家级高新技术企业，在全国省域处于领先地位，但一半以上还没有自主研发的发明专利，高新技术产品达到国际技术水平的也仅占20%左右。①

企业普遍缺乏品牌商标的国际化运营意识和能力，对国外技术标准和品牌商标法律法规不熟悉，对自主商标品牌海外布局工作仍不到位。在公平竞争市场环境上，创新、招投标、权益保护、反垄断、人才等方面对外资企业的歧视性限制和各类隐形障碍在一定程度上仍然存在。

加工贸易整体层次仍然不高，服务贸易发展依然滞后。加工贸易"两头在外、大进大出"，在技术外溢和价值占有上缺乏主动权。截至2017年年底，全省近3万家加工贸易企业中，70%缺乏核心技术和自主品牌。电子通信设备及电器机械设备制造行业中加工贸易出口占比超过一半，机电产品出口中外商投资企业接近六成。服务贸易占贸易总额的比重提高到13.4%，但金融、保险、电信、信息处理等高附加值行业长期处于逆差，专利权使用费、特许费、咨询等技术和知识密集型贸易逆差较大。②

广东很多国企这些年配合国家"一带一路"倡议实施，在沿线国家进行了大量投资，但不时发生巨额国有资产流失甚至被恶意亏空现象，彰显出政府监管和风险防范能力依然存在不足。

在"走出去"企业当中，民营中小企业占了很大比重，虽然

---

① 广东省发改委：《广东全面创新改革试验推进落实情况》，2019年4月。
② 李魁文：《探索建立先进的服务贸易海关监管机制》，载《科学发展》，2018年第2期。

其机制灵活、市场敏感度高，在跨国经营中具有独特的优势，但由于自身规模和实力的限制，在进行境外投资过程中，抗风险能力不足等问题也很明显。许多企业"走出去"经验不足，对国际投资环境不了解，风险防范意识还不强。部分企业急于求成，前期调查还不够充分，对投资目的地的法律法规、政治风险等也未进行充分论证，导致投资受损甚至遭遇失败。

四、辐射力不足

辐射力是一个物理名词，指物体发射辐射能本领的大小。本书在这里所讲的辐射力主要是借用区域经济学中的辐射效应理论，即经济发展水平和现代化程度相对较高地区与经济发展较落后的地区之间，其所进行资本、人才、技术、市场等要素的流动和转移能力，从而进一步提高经济资源配置的效率。[①]基于广东为中国省域发展龙头，其省域经济外交理应在中央总体框架下对泛珠三角、全国乃至亚太区域发挥更大的辐射带动功能，但实际运作中还存在较大的提升空间。当前，其辐射力不足主要表现为国际辐射带动力尚未充分发挥、国际交往层次水平不够高、区域领域发展不平衡不充分、友城合作资源分散、经贸功能不够等四方面的不足。

第一，国际辐射带动力尚未充分发挥。对推进区域合作系统谋划还不够，珠三角核心区和广州、深圳这两座国家重要中心城

---

① 闫彦明：《区域经济一体化背景下长三角城市的金融辐射效应研究》，载《上海经济研究》，2010年第12期。

市对区域乃至国外的辐射引领成效仍不明显,在亚太区域还没有形成高效分工合作、错位发展的产业发展格局,引领功能仍需进一步增强。

广州作为国家四大一线城市和五大中心城市之一,交通枢纽国际化程度仍不够高,白云机场国际旅客占比仅约24%,明显低于上海浦东机场的45%;广州港集装箱国际班轮航线101条、外贸集装箱占比约37%,明显少于上海(180多条、占比85%以上)。①

对国际大宗商品缺乏定价权。相比上海拥有钢铁、铁矿石、石油天然气、矿产、棉花等面向国际的大宗商品交易中心,其钢铁、有色金属等价格指数被国际市场采纳,广东尚未获批复正式成立国家级交易中心,其他各类专业交易平台规模小、管理规范性差,平台对国内外影响力弱,在大宗商品领域的话语权、定价权与资源配置权较为落后,也还没有形成"广东价格"影响力与"风向标"。②

近年来,广东以自贸试验区建设为引领,在投资、贸易、行政审批、口岸通关等领域陆续开展了一批政策创新,同时还出台了《广东省深化营商环境综合改革行动方案》,着力解决企业开办、运营、推出全流程各环节的"痛点"问题,营商环境建设取得了积极进展,但离国际国内一流水平仍有不小差距。比如,在

---

① 中共广州市委:《推动新时代广州发展出新出彩实现老城市新活力的调研报告》,2018年12月。

② 广东省商务厅:《关于广东形成全面开放新格局调研报告》,2018年6月。

第四章　新时代广东省域经济外交面临的机遇与挑战
Chapter Ⅳ　Opportunities and Challenges Confronting Guangdong's Provincial Economic Diplomacy in the New Era

开办企业方面，从2017年摸查情况看，珠三角开办企业一般需经名称预先核准等5个程序，耗时15天左右，虽然《广东省深化营商环境综合改革行动方案》提出要将开办企业耗时压缩至5个工作日以内，但仍明显落后于我国香港（2个程序1.5天）、新加坡（3个程序2.5天）。①

同时，广东还未能依托港澳地区高度国际化的营商环境优势，打造充分与国际接轨的制度规则体系。比如，三地在医疗等行业标准上存在较大差异，香港对中药重金属的限量标准采用的是食品标准，广东采用的是药品标准，这就使得内地中医药品进入香港销售时往往出现重金属含量超标等情况。此外，广东信贷、税收、创新、投标、人才等方面对港澳企业的歧视性限制和各类隐形障碍仍然不同程度存在。

第二，国际交往层次水平仍不够高。广东的货物进出口贸易额庞大，但开放层次、国际知名度、国际化水平仍不够高。近年来，广东成功举办中国共产党与世界政党高层对话会专题会议、第二届中国—太平洋岛国经济发展合作论坛、第二届对非投资论坛、《财富》全球论坛、世界经济论坛商业圆桌会、从都国际论坛、世界航线大会等一批国际高端会议论坛，但与上海、浙江、福建等省市相比，在广东举办的类似活动仍然偏少，层次和国际影响力也还有待进一步提高。②

---

① 中共广东省委改革办：《党的十八大以来广东省全面深化改革调研报告》，2018年12月。

② 广东省商务厅：《关于广东省在高水平上扩大开放若干措施的报告》，2018年12月。

这一方面体现在"硬件"上，广东永久性大型国际性会议不多，场所不够齐备完善，全省的国宾馆布局建设尚为空白。在"软件"方面，广东重要国际组织谋划不够、落户较少，高端国际会议不多，国际重大平台偏少，国际门户枢纽功能不足。

珠三角城市群作为当今中国最发达的三大城市集聚区之一，经济规模位居全国前列，但国际化水平仍然相对不高。广州、深圳虽为全国四大一线城市中的两席，国际化水平为全省最高，但与北京、上海等同类城市相比仍有很大差距；甚至与杭州、厦门等举办过20国集团、金砖国家领导人峰会的二三线城市相比，也还存在不少短板。一个突出表现，就是广东这两座全国一线城市每年举办的国际会议、论坛等并不多，在国际上叫得响的品牌展会也比较少，离真正意义上的全球城市还有较大差距，缺乏与其经济总量地位相匹配的国际竞争力和综合影响力。

具体到广州而言，多元化国际交往机制仍不够健全，国际活动层级与影响力不高，驻穗国际组织目前仅有2家，不仅数量偏少，影响也较弱；广州有国际友好城市36个，低于上海的83个、北京的54个；大型高端国际会议活动较少，2017年广州举办国际会议22场，远低于新加坡的160场、中国香港的119场、北京的81场；相比北京、上海、杭州、厦门等城市举办的一些大型国际活动，广州承办国际论坛的层次和影响力显得还不够强；城市品牌形象美誉度与国际传播力仍不足，全球百城声誉排名中广州得分为54.9，仅排81位。对外交往资源较为分散，海外工作网络建设统筹力度仍不够大，国际化人才储备还相对不足，海外活动知名度和影响力相对不高，在深化穗港澳交流合作、提高国际化水平和全球影响力方面也还有很大提升空间。①

第三，区域领域发展不平衡、不充分。广东省域经济外交的不平衡、不充分问题，在某些领域和某些地区也还比较突出。长期以来珠三角地区对外交往相对充分，粤东西北地区的对外交流相对薄弱，缺乏对外合作的渠道与抓手。近年来，尽管加大了对外资源、平台、渠道倾斜力度，为粤东西北地区带去了一些对外交流的资源和渠道，也取得一定效果，但仍难以治本。2017年粤东西北地区土地、人口分别占全省70%和50%，但进出口、吸收外资、对外投资分别仅占全省4.5%、4.5%和6.6%，区域开放发展不平衡问题仍较为突出。

省里抓开放的重点长期以来都集中在珠三角地区，对粤东西北地区开放问题研究相对不足，统筹兼顾也还不够。一些地市的开放发展战略未有效实施或未放到应有的层面，如2010年省里部署了支持粤西湛江面向东盟开放的发展战略，但仍没有很好落地见效。粤东、粤西对外开放基础设施也相对滞后，汕头港、湛江港虽然被国家确定为"一带一路"建设的重要港口，但港口装备标准化和物流联盟程度低，码头前方装卸与后方仓储运输不协调；揭阳潮汕、梅州、湛江等区域性机场的国际航线及班次也相对较少。开放型经济平台也较为缺乏，截至2017年底，粤东西北地区仅有1个国家级开发区（湛江开发区）和1个特殊监管区域

---

① 中共广州市委"深调研"材料：《推动新时代广州发展出新出彩实现老城市新活力的调研报告》，2018年12月。

（汕头保税区），无法发挥平台对开放型经济的集聚效应。①

从领域看，与对外经贸、旅游等经济领域合作相比，广东文化、教育等领域的对外交流还不够充分，与作为中国第一经济大省的地位还不匹配，高层次交往也还不够。人文交流等外围支撑不足，交流渠道也还有待拓展，特别是"一带一路"沿线国家历史、宗教、文化习俗、社会制度等差异大，广东企业在对外合作中多以政府公关为主，与当地民众的沟通交流还不足，尚未充分撬动海外华人华侨中的精英高端人群的作用。对岭南文化宣传也还不够，一些沿线国家受西方文化影响大，对中华文明特别是岭南文化缺乏了解、认知存在偏差。特别是在国际上宣传模式简单、力量分散、渠道单一，与沿线国家旅游合作产品供给仍不足，尚未充分树立具有岭南特色的广东国际形象。

第四，友城合作资源分散，经贸功能不够。从全省和各地市的数据来看，目前全省21个地市都有友城，尽管友城总数不少，但发展仍很不平衡，4个地市友城数量超过10个，4个地市友城数量在5到10个之间，13个地市友城数量低于5个。省直部门中至少有20个与友城有交往，省内几大主要商协会，包括财政全额拨款的省工商联、贸促会以及自筹资金的省商业联合会等，还有省内不少企业也都不同程度与友城有交集，但普遍反映都是自发行动、分散交往，缺乏对友城情况的总体了解和交往规划。部门间、省市间、官民间仍缺乏固定的沟通联动机制，也缺乏计划

---

① 广东省商务厅：《关于广东形成全面开放新格局调研报告》，2018年6月。

性，效果也还有待提升。①

人文交流多、经贸合作还相对较少。调研数据显示，友城在文化、教育、旅游等领域的交流相对于经贸、科技等领域的合作要频繁务实得多。主要原因在于：一是人文领域以交流、相互了解和学习为主，广东有较好的经济基础和基础设施作为支撑，文化资源、旅游客源、留学生资源丰富，而相当一部分友城对外职能部门的主要职责就是推广旅游和教育，这点容易契合，合作门槛不高。二是经贸、科技等领域的合作多以项目为依托，尽管很多友城经济实力强，但属于"小政府、大社会"，项目合作主要靠市场主体以市场行为运作，政府直接推动经济领域项目合作的手段和力量有限。

礼节性交往多、实质性合作还相对较少。友城平台是地方政府间搭建的交流平台，官方色彩较浓，礼节性往来不可避免，但如果只停留在礼节性交往，没有实质性交流，就缺乏生命力，这也是各地、各部门面临的共同课题。缺乏实质性合作的主要原因在于：一是缔结友城时相互了解不充分，需求不匹配，结好之后找不到用力点；二是由于双方在特定领域，如金融、高科技等领域的制度性差异较大，难以开展深度合作；三是由于外方政府人员更替频繁，政策不稳定，难以开展长期合作；四是宣传力度不够，不接地气，没有发挥好社会力量推动实质性交往。

活跃度还不够高。省级友城和数量较多的市级友城中活跃度高的普遍都只占1/3左右。其主要原因在于：一是部分地市自身条

---

① 广东省外办：《2018广东省友城工作调研报告》，2018年5月。

件较差，缺乏对外交流资源，没有合适的交往对象，或者与交往对象没有实质性合作，双方失去持续交往的积极性。二是部分地市缺乏人力、经费支撑，没有定期对外交流机制，无法开展友城工作或与友城失去联系。人力、经费的制约也是各部门和商协会面临的共同难题，而数据显示友城工作开展力度、效果与人力配备和经费相关。三是一些友城交通不发达，航线少，难以实现人员经常性互访。

五、后续力不足

后续力指的是后边接续而来的力量，是落实科学发展观和新发展理念的内在要求。本书在这里借用这一个词语，主要是强调广东省域经济外交的可持续发展面临不少挑战，存在开放型经济面临阶段性"天花板"现象、对外经贸"大而不强"、新旧产业动能接续转换相对滞后、侨务助力效应仍有待提高等短板与不足。

第一，开放型经济面临阶段性"天花板"现象。开放型经济是广东省域经济外交的重要载体，而其在引进外资、对外贸易、"走出去"这三大领域仍面临不少难题。比如在对外贸易方面，由于国际金融危机发生以来世界贸易"低增长"总体局势仍难以改变，长期趋紧的国际贸易环境将使得广东外贸增长一时难以走出低位通道，短时期内难以突破其"天花板"。① 实际上，自2013年起，广东外贸进出口总额已连续保持在1万亿美元以上

---

① 广东外语外贸大学课题组：《国际形势变化对广东发展的影响专题研究报告》，2017年3月。

的高位运行,其中出口占了大半,超过同期的社会消费品零售总额,工业产品当中的1/3以上销往海外市场。虽然广东外贸体量很大,但这几年外贸总额总体上呈现出徘徊不前的运行态势;而要打破这一局面,必须在稳份额的基础上通过质量和品牌等方面的优化提升,有效实现量和质两个维度的向上突围。

又比如在引进外资方面,外资经济在广东的占比已超过31%,但这几年引进外资的总量也呈现徘徊不前的状况(见表4-4、图4-1),特别是仍然以港澳台地区资金为主体,来自欧美资金的总量仍不足两成。2016年,广东人均利用外资为214.27美元,比2012年减少了4.23美元;来自欧美发达国家实际利用外资占比从2012年的5.1%下降到2016年的5.0%。同时,广东近些年招引外资的增量较多集中在房地产、批发零售业以及租赁和商务服务业等领域,制造业领域的招商引资呈现多年负增长的态势。在以实体经济为根基的产业竞争格局下,这一招商引资现状对广东经济长远健康发展较为不利。①

表4-4 2013—2017年广东外商直接投资额及增长率

年份	总计(亿美元)	增长率(%)
2013年	249.52	6.00
2014年	268.71	7.70
2015年	268.75	0.01
2016年	233.49	-13.10
2017年	248.433	6.40

数据来源:根据广东省统计年鉴有关年份数据整理而成。

---

① 广东省统计局:《2018广东发展报告》,2018年3月,340页。

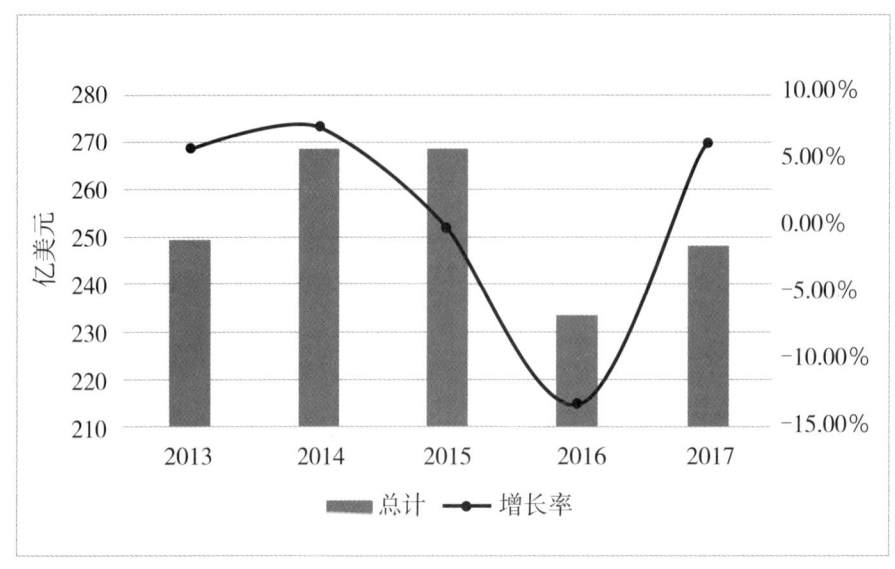

图4-1 2013—2017年广东外商直接投资变化图

近年来,广东吸收外资要素成本优势不断弱化。长期以来,价格相对低廉是广东出口竞争的重要优势。依托人口红利优势,广东过去大量承接海外加工贸易转移,从发展劳动密集型产业起步,逐步融入国际产业分工合作,实现了自身的发展积累。但随着各种成本上升,这一传统优势受到极大挑战。2012年广东已步入老龄化社会,2014年劳动适龄人口总量达到峰值后下降,到2016年减少52.6万人,来粤外省异地务工人员出现回流。全省土地、劳动力等生产要素成本加快上升,产业发展面临资源环境压力明显加大,面临发展中国家以低成本争夺中低端制造业和发达国家吸引高端制造业回流的"双重挤压"问题较为突出。截至2017年年底,人工方面,广州、深圳工人月均工资650美元,远高于越南(181美元)、印度尼西亚(174美元);用电方面,广东的工业电价为65.43分/千瓦时,高于美国(44.8分/千瓦时）、韩国（47.7分/千瓦时）；用气方面，工业用气价格每立方米3.47元，高于美国（1.05元）、德国（2.49元）；用地方面，平均用地成本为416元/平方米（深圳除外），高于美国（391元/平方米），工业用地平均成交价是山东的1.67倍，珠三角地区仓储用地租金是江浙鲁三省的2~3倍；物流方面，物流总成本占广东省GDP比重14.8%，高于美国（7.8%）、德国（8.4%）、日本（8.5%）、英国（10.1%）；税负方面，制造业九大重点行业中有5个增值税税负高于全国平均水平。①

第二，对外经贸"大而不强"。总的是附加值仍不够高，国际知名品牌较为缺乏，世界品牌500强中广东仅有4家企业入选，大部分外贸企业的自有品牌知名度仍较低。2017年全球最具价值品牌500强中，广东仅华为公司这一家制造业企业上榜。广东外贸进出口总量确实很大，但质量仍不够高，在产品价值链中拿到的主要是加工费、辛苦钱，产品利润空间小、抗风险能力差，产品附加值仍较低。据测算，广东机电产品一般贸易进出口中，仅有1/10的产品出口均价高于同类产品进口均价。高端加工贸易项目总体不多，以自主品牌方式出口的仅占加工贸易出口额的30.8%。重要出口产业仍缺乏自主核心技术，如截至2017年年底，中国品牌手机占据了全球61%的市场份额，但由于芯片、显示屏等核心技术以及专利授权、行业标准被高通、英特尔、三星等国外巨头所垄断，全球利润却不到10%。

出口质量效益仍有待提升。在构成出口产品的三大要素中，

---

① 广东省商务厅：《关于广东形成全面开放新格局调研报告》，2018年6月。

技术要素所占比重依然较低,出口仍然以廉价产品居多(见表4-5)。据测算,2016年广东2350种机电产品一般贸易进出口中,仅有10%的产品出口均价高于同类产品进口均价。自主品牌较为缺乏,目前广东出口产品中有自主品牌的仅为10%左右,大部分企业自主品牌出口占自身出口比重仍不足三成。优势产业中的一些大型企业如美的、格力、格兰仕等,还有相当比例的产品仍为贴牌出口。

表4-5 2017年广东出口前十大商品中传统劳动密集型产品占比数

	商品名称	金额(亿元)	同比(%)		商品名称	金额(亿元)	同比(%)
1	电话机	3107.2	6.9	6	灯具照明装置及零件	990.2	10.3
2	服装及衣着附件	2487.3	-0.7	7	玩具	882.5	17.1
3	自动数据处理设备及部件	2469.9	0.3	8	纺织纱线、织物及制品	847.4	10.5
4	家具及零件	1341.8	2.0	9	塑料制品	820.5	14.8
5	鞋类	993.1	4.3	10	箱包及类似容器	745.6	12.8

数据来源:根据广东省商务厅相关数据整理而成。

同时,长期以来,广东的政策导向、工作重心都立足于出口,形成了重出口、轻进口这一强大的思维和工作惯性,导致贸易结构很不平衡。2017年,广东进出口额占比分别为38.1%和

61.9%；在全国2.87万亿元的贸易顺差中，广东贡献了1.62万亿元，占56.4%。

第三，新旧动能接续转换仍相对滞后。广东产业已到了动能转换的关键期，但转型升级效果还没有充分显现出来。一方面，广东存量制造业相当部分引进发展较早，产业层次总体不高，特别是在高房价、高生产生活成本等情况下已很难维持，转型升级任务很重；另一方面，广东着力打造的接续性增量产业近几年虽然取得长足发展，但仍未能挑起支撑区域发展的大梁，支撑高端产业、新兴产业加快发展的基础还不够牢固，同国际先进水平相比差距更为明显。新旧产业处于交替过程中，低端产业仍占较大比重，纺织、服装、家具、建材等劳动密集型相关产业产值、增加值仍占规模以上工业近三成，就业人数占四成以上。截至2017年年底，战略性新兴产业增加值占广东省GDP的比重为7.6%，低于全国（约为10%）。[1]除新一代信息技术产业外，生物医药、高端装备、新材料等产业规模还不够大（均不到2%），新能源汽车产量（4.7万辆）占全省汽车产量的1.5%，多元化、强支撑的新兴产业支柱体系还没有形成。

制造业优势是广东的一大强项，广东也一直被冠以"世界工厂"称号，"广东制造"响遍全球。改革开放以来，广东坚持制造业立省，不断拓展产业门类，延伸产业链条，完善制造体系，从"广东粮、珠江水、岭南衣、粤家电"到"粤IT、粤汽车、粤装备"，从轻工到重工，推动制造业从无到有、从小到大、由

---

[1] 谭炳才：《广东高质量发展终极治理目标与面临体制机制障碍研究》，载《广东经济》，2019年第1期。

弱到强，不断发展壮大。在列入全国统计的41个大类工业行业中，广东有40个，全省形成了"陆、海、空"全面发展的工业产业体系。在全国有统计的37种主要工业产品中，2016年产量居全国前5位的有19种产品，占51.4%，其中居全国第1位的产品有5种，占13.5%（分别为乙烯、汽车、房间空调器、手机、彩色电视机）。[①]但当前比较突出的一个现象是，伴随着要素成本优势弱化，支撑广东工业化的要素禀赋条件正在发生重要而显著的变化，对制造业发展模式提出了新要求。

　　党中央高度重视实体经济发展，党的十九大报告强调实体经济是经济发展的根基，对振兴实体经济作出了全面部署。[②]梳理发现，当前广东制造业发展总体情况良好，规模以上工业增加值保持平稳发展，但投资后劲不足趋势甚为明显。2013—2017年，全省制造业投资额增长率分别为20%、19.7%、24.5%、9.2%和7.5%，总体呈现出下降趋势。在投资总量方面，广东与江苏差距更为明显。2017年，广东制造业投资总额为10311.22亿元，仅为同期江苏的42.23%。制造业投资比重低于其他省份，其工业投资占固定资产投资的比重在一直下滑，2017年占比为32.3%，当年制造业投资占工业投资比重为85.1%，比江苏低8.05%，比安徽、湖北低3%。[③]广东制造业增加值占GDP比重33.4%，其贷款

---

① 广东省工信厅：《改革开放40年来广东工业发展情况》，2018年10月。
② 习近平：《决胜全面建成小康社会 夺取新时代中国特色社会主义伟大胜利——在中国共产党第十九次全国代表大会上的报告》，北京：人民出版社，2017年版，30页。
③ 广东省工信厅：《广东省大力发展实体经济调研报告》，2018年12月。

余额仅占全省10%。①

相比之下,近年来广东房地产投资持续高于制造业,2017年房地产投资占比32.2%,比制造业投资高出4.7%,一定程度挤占了技术创新、实体经济投资。民间投资中,制造业占比35%,低于房地产投资占比近8%。而山东和江苏民间投资中制造业投资比重均超过50%,房地产投资的比重仅为20%左右。工业投资关乎广东实体经济发展后劲,同时也关乎创新驱动发展后劲,这一现象凸显广东省域经济外交在此领域的服务促进存在突出短板。

同时,广东现有产业及企业的产能外迁影响将逐步显现,存量产业面临缩减风险。2008年全球金融危机以来,欧美发达国家纷纷以振兴制造业作为振兴实体经济及走出经济危机困境的重要战略途径,通过实施再工业化战略、工业4.0战略、工业互联网战略等重振制造业,企图在新一轮产业革命中占据竞争制高点;② 东南亚、拉美、非洲等劳动力资源比较丰富的地区,特别是以越南、印度等为代表的发展中国家也在积极参与全球产业分工,以成本相对更低优势承接来自中国、欧美和新兴市场国家的产业转移,劳动密集型、资金密集型产业快速发展,出口份额逐步提升。在未来相当长的一段时期,广东将面临着发达国家"高端回流"和发展中国家"中低端分流"的双向挤压,建立新的国际动态比较优势面临更大挑战。如前文所述,与美国比较,包括广

---

① 广东省政府发展研究中心:《广东发展蓝皮书2018》,广州:广东人民出版社,2018年版,12页。

② 张煜婕:《浅析贯彻新发展理念,建设现代化经济体系的路径》,载《现代经济信息》,2018年6月5日。

东在内的我国省域在电、气、土地、原材料、融资、税收等并不具有比较优势。如美国工业用电价格仅为中国的一半，汽油均价约为中国的2/3，综合物流成本约为中国的一半，企业融资成本较低，贷款利率为1%～3%。① 伴随着欧美高端制造业回流，势必对广东制造业出口尤其是高技术产品出口形成挤出效应。广东省贸促会2017年年底开展的一项调查显示，受访的100家重点企业中，有19家企业计划将产能外迁至东南亚、墨西哥等国家和地区，外迁产能占公司产能比重多为20%～50%之间。② 特别是在中美经贸摩擦向纵深发展之下，产能加速外迁的情况可能加剧，由此带来的一些潜在影响不容忽视。

第四，侨务助力效应仍有待进一步提升。一是吸引侨资侨力弱化。对海外侨情动态变化、侨胞发展需求等缺乏系统性跟踪和研判，围绕广东开放合作需要团结联系的重点人物、高端资源还不够多。侨商回到侨乡投资的愿望和信心还不太强烈，仍主要热衷搞家乡公益事业，实打实的产业投资建设项目仍然较少。二是"以侨为桥"作用发挥还不充分。借力华侨华人功能发挥不足，在对外合作中与海外华侨华人社团和代表人士的联系仍有待加强，海外华侨华人中的精英高端人群的作用还有待进一步发挥。发挥侨务优势服务中心工作的站位还不够高、视野还不够宽，以侨为桥助推广东文化、影响、形象"走出去"等也还有待进一步加强。三是对新生代华侨引领还不够。当前，海外侨情发生重大变化，老华侨从"一代""二代"延伸到"三代""四代"，改

---

① 商务部：《关于中美经贸关系的研究报告》，2017年5月，19页。
② 广东省贸促会：《关于广东省经济"走出去"情况》，2018年3月。

革开放后通过投资、留学等"走出去"的新华侨日益增多，融入当地主流社会程度更深。全省侨务工作统筹协调仍不足，有关涉侨部门还没有形成足够合力，也还缺乏在海外和全国有广泛知名度和影响力的全省性侨务工作平台。

第三节
面临问题与挑战的原因剖析

刀刃向内实打实检视发现问题是前提,能不能正确分析和及时有效解决问题更见功力。而在这方面,最关键的是要善于抓住问题的主要矛盾和矛盾的主要方面,明确有效破解问题的主攻方向,从而带动全局工作,推进事业全面发展。①正如前文所述,广东省域经济外交的鲜明主线是由过去被动逐步转向主动,始终认真践行"三个主动适应";而这主动适应的本质要求也一直在运动变化当中,在不同的时期有不同的内涵及要求,必须与时俱进,顺时势而变。面对新时代、新机遇、新挑战,就是要更加理直气壮、旗帜鲜明地倡导更加主动适应、主动作为。而实际上,当前广东省域经济外交所面临的一系列问题与挑战,就恰恰彰显出对新时代广东发展环境的精准洞察把握和高水平主动适应还尚存不足,同时其主动担当、创新作为的锐气和精气神也还有待进一步加强。

---

① 中共中央宣传部:《习近平新时代中国特色社会主义思想学习纲要》,北京:学习出版社、人民出版社,2019年版,248-249页。

第四章 新时代广东省域经济外交面临的机遇与挑战
Chapter Ⅳ Opportunities and Challenges Confronting Guangdong's Provincial Economic Diplomacy in the New Era

一、新时代广东发展环境的变与不变

毛泽东同志曾经指出:"认清中国社会的性质,就是说,认清中国的国情,乃是认清一切革命问题的根本根据。"① 从历史的大视野看,广东经历了从盛到衰,改革开放以来又重新崛起的过程。广东作为中国的一个省域,这也跟中国的发展时运和广东在全国中的特殊区位等相适应。广东地处中国南海之滨,很早就向海洋发展,自秦汉以来一直是中国最显赫的外贸重镇,而且是唯一一个两千多年来一直未曾中断的对外通商口岸,商业及对外贸易长盛不衰。综观历代中央王朝,几乎毫无例外对广东实行各种特殊开放政策,保持南海海上贸易这一强大通道从没间断,从很大程度上讲,这有赖于其"偏远"又"方便"的特殊地理位置。因为在当时闭关锁国之中国,其政治文化及经济的中心是中央王朝首都,最需确保的是安全和稳定;而广东这一远离政治与经济中心的地理特点,一方面为其带来了对外通商的低成本优势及机遇;另一方面也造就了广东务实、开放、兼容的人文传统,造就了广东作为中国对外开放第一前沿阵地的独特品质与区域形态。②

广东的发展离不开世界,更离不开中央对其授予的定位使命。回首中国改革开放的历程,是一场大规模的社会实验和制度变迁过程;中国作为一个发展中大国,制度变革并不是一个可以

---

① 毛泽东:《毛泽东选集》第2卷,北京:人民出版社,1991年版,633页。
② 司徒尚纪:《21世纪海上丝绸之路广东再出发》,广州:广东旅游出版社,2016年版,8页、18页、19页。

事先设计完备的试验,也没有人对此有足够的知识准备。在中国通过改革开放重新实现大国和平崛起的伟大进程中,广东之所以勇于创造性地向中央提出"先行一步"的建议并得到采纳,这既与广东具有对外通商的悠远历史优势、领导层的主动争取与担当作为密切相关,也与中央认为广东当时在全国经济总量相对较小、地处南方一隅、好坏对全国大局影响不大等特殊性定位密不可分。在中国诸多沿海省份中,广东确实具有其独特的优势。在地理位置上,它远离政治中心北京,处于中国最南部,用它做实验不必担心政治或经济的混乱对全国带来威胁;同时,无论是重工业还是国家财政收入方面,当时广东所占比例均不大,危及国民经济安全的风险较小;加上广东毗邻香港,是中国通往世界的最方便之路,最有条件试验运用国外对中国有用的资金、技术和管理方法。因此,中央为了迅速打开全国开放工作局面,接受了广东主动提出的"先行一步"设想,授权广东等设立经济特区展开积极试验,采取"摸着石头过河"的办法,探索如何以改革开放促进经济跨越发展的方法、模式,为全国开拓出一条新路。[①]广东以习仲勋为代表的一批又一批改革开放先行者,怀着对党和人民高度负责的赤诚之心和事业情怀,不惧风险、不畏非议、不负众望,积极引领全国改革开放顺利开局,并持续向纵深推进。

但时至今日,广东发展的内外环境已发生了根本性变化。从国家政策层面,国家经济调控和现代化治理体系在不断完善当中。在改革开放初期,中央在没有现成经验可以借鉴的情况

---

① 舒元等:《广东发展模式——广东经济发展30年》,广州:广东人民出版社,2008年版,15页、24页。

下，布局在广东设立经济特区、授权其采取"特殊政策、灵活措施",创造了经济增长的奇迹。这个奇迹产生的过程,就是一个自下而上的制度变迁过程,是由中央扶持的,地方政府在实践中"摸着石头过河"不断创新的诱致性变迁,建立了与地方特色相适应的经济发展模式和制度,并得到中央政府的肯定和推广。① 从那个时候起,中央就始终要求广东在改革开放中发挥窗口作用、试验区作用、排头兵作用,大胆地试、勇敢地闯。正是凭借中央授予的这些特殊体制和政策优势,广东大量吸引域外资金、集聚众多各类人才,由此获得快速发展。

进入21世纪特别是2008年全球金融危机以来,世界面临百年未有之大变局,我国引领大国更高质量发展的总体路径方向也相应调整,更加注重从宏观层面加强对国家发展的整体谋划。尤其是党的十八大以来,中央立足全局加强了对国家发展的顶层设计和总体规划,对省域发展也提出了新的更高要求。一个最大的变化,就是与当年"摸着石头过河"相比,中央更加强调顶层设计,由中央牵头对经济体制、政治体制、文化体制、社会体制、生态体制等"四梁八柱"作出统筹设计,地方需按照这个总体框架设计来具体施工;同时,中央也强调发挥地方和基层的积极性,鼓励其大胆探索创新。中央强调顶层设计的原因很简单,就是中国改革开放各方面已形成共存共构的复杂体系,牵一发而动全身;同时更重要的是中国已经成为世界第二大经济体,一些重要省份比如广东经济体量很大并"富可敌国",不再是改革开放

---

① 李辉:《广东省社会经济与资源环境协调发展研究》,吉林大学博士学位论文,2014年12月。

之初"坛坛罐罐打烂无碍大局"的情形了,不能犯颠覆性错误。虽然在具体问题上依然可以"摸着石头过河",但就全局而言,总的指导思想变了。这也并不意味着是对之前指导思想的否定,而是在其基础上与时俱进地作出的必要深化调整。时代不同了,不可能有一劳永逸的路径与答案,此中道理无须赘言。①

从区域竞争层面看,全国改革试验也进入"趋同期"。随着中国改革开放的持续深入,中国经济发展已从过去的局部试验阶段向普遍性改革推进,广东原有的一些比较优势,特别是政策的比较优势逐步消失了。也就是说,"先行先试"已不再是广东的独有"特权"。②这传递出一个信号,就是搞市场经济、对外开放、与国际市场接轨,已成为全中国的要求,不能再把优惠局限于几个特殊的区域,这就意味着包括深圳等特区在内的广东越来越失去原有特殊性政策的比较优势。③进入21世纪以来,中国加入世贸组织,全面对外开放,广东的窗口作用显著下降。这也意味着在全国经济地理版图上呈现出群雄竞起、百舸争流的竞争生态之下,广东改革发展呈现"试验—扩散—趋同"的演进态势。④同时,中央政府出自平衡全国各地区利益、促进国家更协调发展等各方面的战略考量,对一些区域政策和重要开放平

---

① 杨凤城:《改革开放与中国特色社会主义进入新时代》,载《改革开放40年的中国外交》,北京:中共党史出版社,2018年版,总序。

② 田秋生:《新时代广东经济发展:挑战、机遇与战略》,载《广东社会科学》,2019年第1期。

③ 南竹:《深圳的尴尬 尴尬的深圳——从"候鸟北飞"看深圳的危机意识(上)》,载《中国改革》,2003年第1期。

④ 舒元等:《广东发展模式——广东经济发展30年》,广州:广东人民出版社,2008年版,29页、31页。

第四章 新时代广东省域经济外交面临的机遇与挑战
Chapter Ⅳ Opportunities and Challenges Confronting Guangdong's Provincial Economic Diplomacy in the New Era

台布局采取了一些动态调整，广东曾经一马当先的领先地位面临挑战。比如，上海主导了中国新一轮对外开放，承揽很多国家战略，被旗帜鲜明地定位为中国致力打造的世界经济中心、金融中心、航运中心，上海合作组织、重大资源国际交易体系、国内首个自贸试验区等国家重大开放平台，以及中国国际进口博览会等，均落户上海。在举办大型国际活动、构建对外开放平台、探索自由贸易港制度等方面，全国很多省域也跑到了广东前头。

从广东自身层面看，其过去发展试验的条件也发生了根本性变化。最突出的就是"试错成本"趋高。一是从地理区位上，广东地处中国经济"南下、西进"的桥头堡，粤港澳大湾区及深圳先行示范区建设又将其推上新的历史舞台和更重要的开放前沿，承载着国家和民族新的历史使命，广东已不再是过去的"偏居一隅"了，而是成为走在国家发展前列、发挥引领示范功能的战略龙头。二是在经济总量上，广东长期占据全国1/9的份额，外贸体量雄居全国1/4，总体上已"大可敌国"，是保持大国经济繁荣稳定及高质量发展的"压舱石"和主引擎，绝对不能有太大波动，否则就会影响国家宏观经济运行的整体格局。在某种程度上可以说，"广东稳则全国稳，广东优则全国优；广东不能发展得更好，全国大局都将受到影响。"① 三是在政治责任上，广东在香港、澳门回归后承担着促进这两大特别行政区保持长期繁荣稳定的特殊政治功能，是支持国家落实"一国两制"伟大创举、促进

---

① 见国家发改委地区经济司副巡视员黄微波在广东省市厅级主要领导干部学习贯彻《粤港澳大湾区发展规划纲要》专题研讨班所作的专题辅导报告，2019年3月20日。

祖国实现完全统一事业的前沿阵地，使命光荣、责任重大，不能有任何闪失。

凡此种种，就足以说明广东作为当今中国改革发展稳定的重要一极和责任高地，在全国大局中具有举足轻重的地位①，肩负着光荣而艰巨的使命；这也说明广东推进试验的综合考量已超越"一省一域"的地理范畴，既彰显政治功能、更牵动发展全局，必须在国家顶层设计下落实好稳中求进的工作总基调，以更高的政治站位、更强的国家担当和更宽的国际视野，切实加强对事关全国全省大局、"牵一发而动全身"关键工作的统筹协调和主动谋划，确保各项事业扬帆远航、行稳致远。

二、顶层设计下高水平主动适应尚存不足

"五位一体"总体布局和"四个全面"战略布局，是我们党从全局上确立的新时代坚持和发展中国特色社会主义的战略规划和部署，也是省域经济外交必须牢牢遵循的中央顶层设计，这也对省域经济外交更高水平展开提出了新的更高要求。正如前文所述，广东面临的问题与挑战以及存在的种种不足有着其深厚的客观背景，总的是国家总体发展的宏观谋划和调控手段在变，广东作为中国的一个省级次国家区域，在紧跟世界、国家和时代的发展步伐、在高水平主动适应方面还存在一定差距，特别是在中央顶层设计下主动适应国家授权变化等方面的能力和水平仍显相对不足。

---

① 《改革不停顿　开放不止步——习近平总书记考察广东纪实》，载《南方日报》，2012年12月13日。

第四章　新时代广东省域经济外交面临的机遇与挑战
Chapter Ⅳ　Opportunities and Challenges Confronting Guangdong's Provincial Economic Diplomacy in the New Era

"顶层设计"原为工程学术语，指的是运用系统论的方法，统筹规划项目的各个层次、各个方面和各个要素，从全局出发寻求解决问题的方法。作为新的政治名词，顶层设计的首次出现是在中共中央关于"十二五"规划的建议中，并成为统领中国改革发展稳定各项事业的总体部署。①顶层设计与改革开放初期的"摸着石头过河"有很大的不同，一个突出表现在于更加强调地方工作要与中央总体部署同频共拍，把遵循顶层设计与自身改革创新有机统一起来。一方面，要求地方与中央要求对标对表，确保方向正确、于法有据，确保规矩不破、红线不碰；另一方面也要看到，中央顶层设计下地方也有广阔的探索空间，地方结合实际创新发展，天高地阔、大有可为。②在相当长一段时期内，不少干部习惯于"变通不变相"的工作方法，即在经济上实行特殊政策，因地制宜，更好地执行党和国家的政策，更好为人民办好事；但在执行党的纪律方面绝不能有任何特殊，更不能搞"上有政策、下有对策"。③在实际发展中，当前广东一些干部对中央提出的新部署、新要求的理解仍然不够深透，在某种程度上还存在一些片面、僵化、甚至是错误的认识，如把"遵循顶层设计"等同于"每项工作必须等上级文件出台才可以推进，必须完全按照上级设计推进改革"，把"重大改革必须于法有据"等同于"改革不能突破既定的规则规范"，把"试点先行"等同于"每

---

① 冯维江、徐秀军：《"一带一路"：迈向治理现代化的大战略》，北京：机械工业出版社，2016年版，40页。
② 李希：《在中共广东省委十二届二次全会上的讲话》，2017年11月27日。
③ 《广东发展之路——以改革开放30年为视角》，广州：广东人民出版社，2009年版，114-115页。

一项改革都要经过试点先行"，等等；更需警惕的是，一些干部还有意无意以此当作不作为、慢作为和拖延、推脱责任的挡箭牌，与上级部门沟通交流不够，破解办法不多，特别是在争取国家新授权与实际需求方面仍存在较大差距。比如，广东自贸试验区制度改革推进中，虽然形成了许多制度创新成果，但在通关通检、金融、财税等属于中央事权等重点领域改革上，向中央及上级部门争取和沟通还不够，突破性创新仍然不够多，改革事项落地也相对迟缓。对地方开放创新的典型经验和原创性做法，也没有及时总结和呼应配合，影响了地方探索积极性。[①]

又比如，为适应高端服务业发展要求，广东一直尽最大努力争取扩大开放领域及降低外资准入门槛，但因开放外资准入相关事权在中央，而争取授权的滞后导致广东在推进金融、教育、文化、医疗等领域开放仍相对缓慢。按照全国统一部署，广东现已实行外资负面清单管理模式，但该负面清单仍有待进一步压缩。

再比如，省域深度参与"一带一路"建设的一项重要工作，就是要在开拓市场上下功夫，搭建更多贸易促进平台。广东是海上丝绸之路的发祥地和起点，也被国家赋予为"一带一路"倡议战略枢纽、经贸合作中心、重要引擎和重要支撑区这4大功能定位，但国内与"一带一路"主题相关的国家级展会分别在福建和陕西两省举办，其中海上丝绸之路展会放在福建泉州。广东21世纪海上丝绸之路国际博览会于2014年率先在国内举办并取得良好成效，但还没有上升为国家级展会，展会规模、国际影响力、辐

---

① 中共广东省委改革办：《党的十八大以来广东省全面深化改革调研报告》，2018年12月。

射力和带动力仍没有充分发挥。

还比如,在争取沟通海内外的国际门户枢纽方面的授权仍不够。与上海医疗器械、天津汽车、浙江舟山原油等商品进口枢纽相比,广东仓储物流等进口配套设施滞后,虽然电子零部件、钻石、冻品、乳制品等商品进口规模居全国前列,是辐射泛珠三角、服务全国的进口商品集散地,但国家支持进口贸易促进平台建设不够,进口商品枢纽地位有所弱化。尤其在钻石进口方面,广东虽然集聚了全国70%以上的钻石加工和首饰生产、90%的钻石加工贸易,但因为缺乏国家级钻石交易平台,无法享受一般贸易通关监管和税收优惠政策,2017年广东钻石一般贸易进口额仅为0.7亿元。

另一方面,广东在巩固提升原有优势方面也有差距。比如,当前广东正致力恢复广州昔日伟大荣光,把其打造成为沟通当今中国内外的世界级门户枢纽,但在围绕这一目标争取和落实一些重大开放平台等方面仍不够有力有效,一些原有的优势也面临被追兵超越的演进态势。比如,首办于1957年的中国出口商品交易会(即广交会),从第101届起就授权改名为"中国进出口商品交易会",首次设立进口展区,以此表明中国努力从出口导向的外向型经济模式向出口、进口和内需并重的开放型经济模式转变,①但之后其进口板块被单独拎出来于2018年11月份起在上海举办首届中国进口商品博览会(即进博会),其举办规格更高,

---

① 舒元等:《广东发展模式——广东经济发展30年》,广州:广东人民出版社,2008年版,255页;黄颖川等:《广交会:在风云激荡中砥砺前行》,载《南方日报》,2018年12月18日。

这对广东兼具进出口功能的广交会产生的影响会慢慢显现，特别是会对广东外贸在全国大盘子中的江湖地位构成一定的挑战。

又比如，广东在改善贸易便利化条件方面一直走在全国前列，如近年来"三互"大通关成功试点为全国提供了宝贵经验；但通关便利化涉及多个中直单位，而目前贸易通关便利化改革主要集中在一些管理部门内部，跨部门协同监管工作推进较为缓慢，这对于地方政府而言，协调难度较大。

再比如，在争取自贸试验区更大改革自主权方面仍有待加强。广东自贸试验区挂牌以来，投资、贸易及金融方面的创新经验不少，但因为很多事项的政策事权在中央，且涉及多个部委办职能，使得一些关键领域的改革举措推进难度较大。自贸试验区建设缺乏高位阶立法，当改革措施与现行法律法规发生冲突时，只能按照"一事一议""一事一报"的程序上报中央有关部委办或按照法律规章调整修改。特别是很多系统性、综合性改革事项涉及面广，事权往往都在中央多个部委办，协调推进难度更大。当前，一些跨部门的改革重点项目在具体探索实施过程中，仍然需要按照"分条管理"的原则报送各相关部委办审核同意后才能落地实施，很大程度造成广东一线部门在操作上的不适应、推进上的不够有力。例如，为支持自贸试验区建设，国家各级各部门先后推出了很多创新制度，但由于制度和政策的落实在统筹和配套上不足，发展空间巨大的大宗商品现货交易中心、境外汽车维修及零部件资源再利用等业态存在落地难、推进慢问题。又如，南沙自贸试验片区保税维修业务试点，仅有2家企业获得相关资质，至今还未形成规模效益和示范效应。

第四章 新时代广东省域经济外交面临的机遇与挑战
Chapter Ⅳ Opportunities and Challenges Confronting Guangdong's Provincial Economic Diplomacy in the New Era

实际上，习近平总书记和党中央一直对广东发展高度重视、寄予厚望，广东在中央顶层设计下是大有作为的。与改革开放初期广东为党和国家事业主动向中央请缨"要权"以便发挥优势"先行一步"相比，近年来广东在不折不扣落实中央部署要求方面坚决有力，但在主动谋划争取一些战略性、标志性项目方面显得不够果敢有力，错失了很多"先行先试"的宝贵机会，很多国家重大战略和部署也与广东擦肩而过。比如，上海获中央授权在上海证券交易所设立科创板、增设上海自贸区新片区等三项改革，这对于上海实现高质量发展、加快形成全面开放新格局将起到重要的推动作用。广东在这三项改革工作上具有扎实的基础、适合的条件，但未能及时有效转化为重大改革举措、接续形成改革新优势。又比如，海南省2018年4月获批成为中国内地首个自由贸易港，得到中央在投资、贸易自由化、便利化方面的大力支持，而广东虽然早于2015年就开展自贸试验区改革创新，且一直在对外进出口和吸引外资规模方面名列全国前茅，具有建设自由贸易港的良好条件，但仍未能成功争取国家支持试点建设。[1]

究其原因，一方面反映出国家支持的重心和策略呈现一些变化；另一方面也凸显广东主动谋划和积极向中央据理争取还不够，同时储备的一些重大项目、重大平台等也还不够多。从这一层面而言，以更高站位主动谋划不足和前瞻运用国内外"两个市场、两种资源"的力度还不够，从某种程度上讲是导致广东当前呈现被相对边缘化倾向的重要内因。

---

[1] 广东省发改委：《担当好粤港澳大湾区建设重要职责的调研报告》，2018年12月。

三、开拓进取精气神与形势机遇仍有差距

本书提出这样的论点，主要是相比改革开放初期那段"提着脑袋为国家探索一条新路"的峥嵘岁月，其所彰显出来的巨大政治勇气和非凡果敢魄力而言。"文化大革命"结束后，面对国际国内形势发生的巨大变化，如何带领中国走出困境，如何搞现代化建设，如何走出一条新路子，是摆在中央和地方领导人面前的重大课题。在那个决定中国前途命运的关键时刻，在那个充满未知风险、破冰闯关开局的特殊年代，广东站在全国全局的高度，以"舍我其谁"的大无畏精神向国家主动请缨，"摸着石头过河"为国家探路，每一步都是前无古人的披荆斩棘，背后蕴藏的都是为党和国家事业的真担当、大作为，把广东人特有的敢闯敢试、敢为人先、开拓进取精气神发挥到了极致。①

比如，与中央互动大胆试验创建经济特区，争取中央赋予其具有重要历史地位的中央50号文（1979年），根本在于广东以为国担当、"舍我其谁"的胆略勇气，主动请缨为全国探索经验"杀出一条血路来"。当年中央决定在深圳等地设立经济特区，就是中央与地方高效互动的结果，其第一阶段的动力主要来自地方，第二阶段主要来自中央。中央50号文颁布后，中央和地方两个积极性充分地良性互动起来。②正如广东改革开放先行者习仲

---

① 司徒尚纪：《21世纪海上丝绸之路广东再出发》，广州：广东旅游出版社，2016年版，145页。

② 王定毅：《习仲勋与深圳经济特区的创建——从中央与地方关系维度考察》，载《改革开放与中国特色社会主义——第十五届国史学术年会论文集》，北京：当代中国出版社，2016年版，174-175页。

第四章　新时代广东省域经济外交面临的机遇与挑战
Chapter Ⅳ　Opportunities and Challenges Confronting Guangdong's Provincial Economic Diplomacy in the New Era

勋指出，中央决定对广东实行特殊政策、灵活措施，这一方面是省委向中央"要权"要来的；另一方面，也是更重要的方面，是中央从搞好四个现代化建设出发，对体制改革所作出的一个具体的、又是重要的决策。习仲勋说，要有胆识，勇挑重担，拼老命也要把试点搞好；我们是干革命的，现在搞"四化"就是革命，要发扬革命战争年代那股拼命精神；要有闯劲，要当孙悟空，解放思想，敢于创新，敢于改革，只要不背离四项基本原则，就可以大胆试验，不要等。[1]当年，广东立足全国大局主动谋划作为，与国家中心工作想在一起、干在一起，作为全国试验区的功能特征非常明显，起点和站位都很高。比如为了经济特区立法具有更高的全局权威性，就成功将《广东省经济特区条例》提请由国务院报送至全国人大常委会批准通过施行，从而为这一史无前例的创举奠定了坚实基础。[2]

回顾广东改革开放"先行一步"的酝酿、起步和开局这一段不平凡历史，足见习仲勋同志不仅具有无产阶级革命家的远见卓识和解放思想、实事求是、开拓创新的革命胆略和政治勇气，而且也显示了他当时作为地方领导人在处理中央与地方关系上的高超领导艺术和智慧。同时，这段不平凡历史也带给我们丰厚的思想财富，其中最大的启示，就是审时、担当和坚定。所谓审时，

---

[1] 《习仲勋主政广东》编委会：《习仲勋主政广东》，北京：中共党史出版社，2007年版，256-257页。

[2] 1980年8月26日，全国人大常委会第十五次会议决定，批准国务院提出的《广东省经济特区条例》，时任国家进出口委员会副主任的江泽民作了关于《广东省经济特区条例》的说明。见中共广东省委党史研究室《广东经济发展探索录》，广州：广东人民出版社，2009年版，123页。

就是抓住中央正在酝酿改革开放的历史契机最早主动请缨为全国探路，与中央的战略意图不谋而合，很快得到中央给予莫大的支持；所谓担当，就是敢于实践新办法、新机制，敢于立足全局向中央提出新建议、新要求，还敢于争取自身合理的权益，为全国做出更大贡献；所谓坚定，就是以"无我"的大格局，坚持正确的决策、正确的硬道理，顶住压力和责难，争取最大的成功。这在当年是要冒很大风险的事，没有敢闯敢试、敢为人先的政治勇气是很难做到的；广东的敢闯敢试、敢为人先，同样得到了中央的信任与厚爱。比如，针对当时国家一些部委办下发文件要求"广东、福建不得例外"等实际情况，中央在广东的据理积极争取之下作出更为明确的界定，即强调"中央授权给广东省，对中央各部门的指令和要求采取灵活措施，适合的就执行，不合适的可不执行或变通办理"。①正是在邓小平同志和党中央的信任、鼓励和支持下，广东人民以大无畏的精神，大胆探索、勇于创新。②邓小平在1992年南方谈话时就指出，"广东经验在于思想解放，有一种敢闯敢试敢干的精神。看准了的，就大胆地试，大胆地闯。没有一点闯的精神，没有一点'冒'的精神，没有一股气呀、劲呀，就走不出一条好路，走不出一条新路，就干不出新的事业。"③

当前，世界面临百年未有之大变局，广东改革发展也进入一个新的历史起点，到了"船到中流浪更急、人到半山路更陡"的

---

① 中共广东省委党史研究室：《广东经济发展探索录》，广州：广东人民出版社，2009年版，125-126页。
② 谢非：《广东改革开放探索》，北京：中共中央党校出版社，1998年版，3页。
③ 邓小平：《邓小平文选》第3卷，北京：人民出版社，1993年版，372页。

攻坚期和深水区①，很多工作不仅走在全国前列，不少创新领域工作也已进入"无人区"，具有极强的开创性和挑战性，其推进难度并不亚于当年。在复杂严峻的国内外形势及自身挑战面前，广东跨过目前转型升级的"坎"可望前景光明，跨不过去就很有可能落入"中等收入陷阱"。基于此，开拓创新、砥砺奋进成为广东"华山一条路"，更加需要传承弘扬改革开放初期那种审时、担当和坚定，以"杀出一条血路来"的气魄胆略和"敢为天下先"的勇气担当、革命精神，披荆斩棘、勇往直前，将改革开放进行到底，奋勇走在全国大方阵的最前列，把中央赋予广东的使命任务完成得更优、更好。

但与国内外新形势、新要求相比，近年来广东一些地区和干部"敢于杀出一条血路来"的改革闯劲和韧劲有所懈怠，改革勇气和引领示范作用也有所减弱。广东这方面的主要表现有：一是小富即安，富而求稳。广东在改革开放取得阶段性成果的环境下，守成、满足的思想在一定程度上滋生蔓延。这是在领导干部队伍和社会民众中都普遍存在的，这种意识的存在是开拓创新冲动消减的思想根源。②部分地区在改革发展中先富起来，慢慢消解了改革的压力和动力，改革锐气日益钝化，部分领导干部敢为人先、开拓进取的精气神也有所弱化，部分领导干部固守过去

---

① 习近平总书记在庆祝改革开放40周年大会上深刻指出，我们现在所处的，是一个船到中流浪更急、人到半山路更陡的时候，是一个愈进愈难、愈进愈险而又不进则退、非进不可的时候。改革开放已走过千山万水，但仍需跋山涉水，摆在我们面前的使命更光荣、任务更艰巨、挑战更严峻、工作更伟大。见《习近平在庆祝改革开放40周年大会上的讲话》，新华社北京2018年12月18日电。

② 中共广东省委党校：《贯彻新发展理念的广东实践》，广州：广东人民出版社，2018年版，158页。

成功实践中所形成的观念、经验和思维方式,不够及时研究新情况、新问题,未能与时俱进。比如,广东一家在省外也有投资的科技企业表示,广东现在是规定没有说能干的就不能干,而外省是只要没规定不行的都能干,这反映出其思想比广东更加解放。二是责任担当还不足。一些干部对新形势、新任务、新挑战认识还不够清晰,对推进工作的艰巨性、复杂性和严峻性思想准备不足,缺乏"再跨进一步"的担当和勇气,有时还存在一些畏难情绪,缺乏敢闯敢试的创新激情。面对体制机制障碍,有的干部不愿刀刃向内、真刀真枪开展自我革命,创新发展的目标措施有时虚多实少。三是对创新发展的系统性把握还不够深,办法还不够多。在工作推进中,一些部门之间的协调沟通仍存在不少障碍,信息互联互通、服务同步建设也还不足,一些涉及跨部门的综合性工作,往往由于部门协同配合不到位而推进不力;一些广受欢迎的工作政策,往往因为相关政策不配套而无法落地,未能及时实现同向共进、聚焦发力,打出"组合拳"。比如在企业"走出去"方面,外事、商务、贸促、金融、保险、智库等部门没有同步保障,用力不均,导致有的工作抓得还不够到位,影响了整体保障的效果。四是创新激励制度建设还存在不足。鼓励地方和基层干部大胆探索、主动作为的政绩考核导向还尚未形成,允许改革有失误、但不允许不改革的鲜明政策导向也尚未形成;对大胆地试、主动地改的领导干部进行正向激励方面,无论是制度规定上还是案例示范上都还显得力度不够;不少地方和基层也还没有从"要我改"转变为"我要改"。①

---

① 广东省社科院:《广东发展实践成就充分印证"四个自信"》,2018年6月。

广东开放精神和创新意识有所弱化的态势，与浙江、上海等省市相比还存在不小差距，特别是顶层设计和战略举措上缺乏突破性创新优势，在具体的发展规划以及重大平台、重大项目、重大活动等谋划推进中仍缺乏前瞻性视野，主动服务国家战略的力度和深度显得不够，担当变革国际经贸规则、完善区域治理和全球治理的能力魄力仍然不足。一些地区和部门一讲到顶层设计，就囿于法律法规和部门规章，与中央相关部门主动沟通交流不足，突破整体效果也还不够。例如，广东自贸试验区制度改革虽然形成了一些制度创新成果，但主要集中在流程上的优化，在通关通检、金融、财税等属于中央事权的重点领域方面仍然难以形成更多突破性、具有国际竞争力的制度安排。此外，广东参与和争取国家级战略规划项目的积极性也还不够强。例如，国家丝路基金、亚洲基础设施投资银行等"一带一路"重大金融创新举措不断落地，但广东不仅缺乏面向南亚、东南亚的国际金融合作平台和机制创新，而且参与双边政府融资框架的意识还不强，纳入双边政府融资框架的项目也不多。在地方性探索上也还有待加强，例如，相对江苏省国家级开发区实行"全链条审批"、苏州工业园推行"一枚印章管审批"等创新性改革，广东开发区、产业集聚区等园区发展模式相对滞后，简政放权力度不足，重项目、轻规划，与欧美等发达国家优势产业匹配性也还有待增强。

推动形成全面开放新格局是一项复杂的系统工程，其深入推进离不开产业、金融、投资、贸易、土地、税收、财政等多个领域的协同联动，涉及中央、省市各个职能部门。从现行体制机制看，由于各部门的权责不同等原因，跨部门间的协调和协同推进改革的节奏和重点不同，导致单部门改革较多，系统性的改革和配套措施较少，联动效应未能充分发挥。许多重点开放领域、涉及深层次体制机制改革创新措施的管理权限集中在中央部委办，地方自主管理权极为有限，在实际推进中部委办层面往往仅确立大的原则方向，未出台实施细则，而地方对接研究应对方案时还不够有力，导致很多改革创新仍难以落地。例如，金融开放创新政策落地较慢，对外贸新业态的激励包容机制未有效建立，对企业"走出去"服务便利化和监管规范化之间的关系还有待进一步理顺。此外，相比浙江、上海等省市，广东自上而下推动形成全面开放新格局的政策支撑体系也稍显薄弱，工作机制还有待健全。大外事工作格局也尚未完全形成，统筹协调、检查督办的力度也还有待加强。①

改革创新是一个在实践中不断深化的过程，不可能一劳永逸，否则就难以持续保持领先优势。面对艰巨繁重的改革发展稳定任务，广东要开创新时代各项工作新局面，既要有自我革命的胆略勇气，又要有谋事创业的高招、新招、实招。同时，身处新时代，省域从中央争取的，不应集中在政策的"洼地"，而应是创新的"高地"。这需要地方政府自身在治理理念、治理工具、治理手段等方面下功夫、求创新、出思想，把地方政府的经验经由中央的首肯与推广，上升为国家治理体系与治理能力现代化的规范，既为地方进一步发展赢得先机，也为国家制度性创新做出应有贡献。②

---

① 中共广东省委改革办：《党的十八大以来广东省全面深化改革调研报告》，2018年12月。

② 冯维江、徐秀军：《"一带一路"：迈向治理现代化的大战略》，北京：机械工业出版社，2016年版，108页。

第四章　新时代广东省域经济外交面临的机遇与挑战
Chapter Ⅳ　Opportunities and Challenges Confronting Guangdong's Provincial Economic Diplomacy in the New Era

本章小结

作为改革开放前沿，广东省域经济外交深深扎根在这片优势明显、基础厚实的大地上，也铸就了其独特的主动适应。当前世界正面临百年未有之大变局，重要战略机遇期的新内涵、"一带一路"提供的宏大舞台、中央赋予的新定位新使命、粤港澳大湾区及深圳先行示范区建设等，都对广东省域经济外交注入新的强大动力，推动其进入新机遇、新挑战与新作为并存互动的新阶段。与国内外最优最好最先进和新的形势要求相比，广东省域经济外交仍存在不少结构性短板和不足，主要体现在自主力、掌控力、支撑力、辐射力、接续力等五方面还存在不足。新时代广东省域经济外交面临问题与挑战的深层原因，既有客观也有主观的，最主要的还是适应新时代、新变化、新要求的能力水平还不够，特别是在中央顶层设计下高水平主动适应还尚存不足，开拓进取精气神也还有不少差距。在新的历史起点上，广东作为中国第一经济大省、第一对外经贸大省，时和势得天独厚，仍处于一个充满机遇、大有可为的奋进时代。面向前景无比广阔的新时代，广东就是要更好把握大局大势，善于在变局之中掌握主动，敏锐捕捉机遇，善于用好机遇，在抢抓机遇中再夺发展先机，对存在的短板和不足认真研究加以解决，持续引领高质量发展潮流。

第五章
新时代广东省域经济外交深入推进的路径与对策

只有顺应时代潮流,积极应变,主动求变,才能与时代同行。①基于此,本章作为全书的对策建议部分,将在前文综合分析基础上,以广东为例集成提出当前及未来的新征程中其省域经济外交砥砺前行、再领新时代潮流的系统应对解决方案。本章共分为四节:第一节强调在中央总体框架下扎实推进省域经济外交的路径方向;第二节提出更高水平主动适应的思路方法;第三节提出统筹纵深推进的"四梁八柱"各项具体措施;最后是本章小结。

---

① 习近平:《在庆祝改革开放40周年大会上的讲话》,新华社北京2018年12月18日电。

第一节
坚持在中央总体框架下扎实推进

根据次国家政府外交理论,次国家政府的国际行为具有非主权性的特点,这决定了次国家政府国际活动的从属性,决定了其在参与对外事务时所拥有的自主性是有条件和有限度的,次国家政府的国际行为要符合国家的整体利益,应该是国家利益实现的重要补充。[①]基于此,广东等省域作为中国的省级次国家区域,坚持在中央总体框架下扎实推进省域经济外交,既是其履行作为省级地方政府践行"两个维护"、落实职责使命的必然担当,也是统筹纵深推进各领域工作的根本路径指引。一方面要强化思想引领,坚持以习近平外交思想为根本遵循和行动指南;另一方面要有为有效服务中央总体外交新布局,找准省域定位、做出省域贡献。

一、坚持以习近平外交思想为根本遵循

恩格斯说过,"一个民族要想站在科学的最高峰,就一刻也

[①] 陈志敏:《次国家政府与对外事务》,北京:长征出版社,2001年版,24—32页。

不能没有理论思想"。①因为思想引领决定实践行动，有什么样的发展思想，就有什么样的发展成果。马克思主义革命和建国理论，推动了中国共产党建立、中华人民共和国成立及其建设与发展。改革开放以来，中国人民在邓小平理论、"三个代表"重要思想、科学发展观、习近平新时代中国特色社会主义思想引领下一步步走来，思想引领一直是我们从胜利走向胜利的根本保证。党的十八大以来，习近平总书记深刻把握新时代中国和世界发展大势，就对外工作作出了一系列全面系统、框架性、"四梁八柱"式的重要讲话，形成了以"十个坚持"为主要内容的习近平外交思想。广东等中国省级次国家区域，其经济外交推进最根本的就是必须以习近平外交思想为根本遵循，认真落实好习近平总书记关于对外工作、改革开放等一系列重要论述，认真落实好党中央的有关顶层设计及决策部署，确保各项工作始终沿着正确的方向奋勇前进。

习近平外交思想是习近平新时代中国特色社会主义思想的重要组成部分，内涵丰富，是一个完整的理论体系，概括起来就是"十个坚持"。一是坚持以维护党中央权威为统领，加强党对对外工作的集中统一领导，形成党总揽全局、协调各方的对外工作大协同局面；二是坚持以实现中华民族伟大复兴为使命推进中国特色大国外交，为国家发展和民族复兴营造更好国际环境，创造更多有利条件；三是坚持以维护世界和平、促进共同发展为宗旨推动构建人类命运共同体，开辟一条共同发展的康庄大道；四

---

① 马克思、恩格斯：《马克思恩格斯全集》第26卷，北京：人民出版社，2014年版，500页。

是坚持以中国特色社会主义为根本增强战略自信,坚持对外工作的根和魂;五是坚持以共商共建共享为原则推动"一带一路"建设,弘扬"丝路精神",开辟共同发展的前景;六是坚持以相互尊重、合作共赢为基础走和平发展道路;七是坚持以深化外交布局为依托打造全球伙伴关系,积极配合做好大国外交、多边外交等工作,当好配合总体外交的生力军;八是坚持以公平正义为理念引领全球治理体系改革;九是坚持以国家核心利益为底线维护国家主权、安全、发展利益,有效防范和化解各种风险挑战,为国家发展和民族复兴保驾护航;十是坚持以对外工作优良传统和时代特征相结合为方向塑造中国外交独特风范,既要弘扬优良传统、坚持中国理念,又要与时俱进、奋发有为、开拓进取,把中国特色大国外交推向更高境界。①

习近平外交思想以"十个坚持"为总体框架与核心要义,明确了新时代我国对外工作的历史使命、总目标、重点任务和必须坚持的一系列方针原则,深刻揭示了新时代中国特色大国外交的本质要求、内在规律和前进方向。②其中最为显著的特点,是秉承马克思主义基本原理而来的中国特色社会主义发展理论最新成果,极具根植性、传承性的文化自信和科学态度,对中国特色社会主义对外工作的道路、方向、原则、方法、要求等基本遵循作了系统而深入的阐述,体现了马克思主义发展理论博大精深

---

① 杨洁篪:《以习近平外交思想为指导 深入推进新时代对外工作》,载《求是》,2018年第8期;陈向阳:《中国外交从容应变》,载《现代国际关系》,2019年第1期。

② 全国干部培训教材编审组:《全面推进中国特色大国外交》,北京:人民出版社、党建读物出版社,2019年版,24页。

第五章 新时代广东省域经济外交深入推进的路径与对策
Chapter V Solution and Countermeasure Advanced by Guangdong's Provincial Economic Diplomacy in the New Era

的哲学高度和唯物史观的理论品格，必将成为当前乃至今后长时期指导中国对外工作的重要指导思想。要从创新思维、使命意识、时代精神、战略智慧等方面来充分认识习近平外交思想的重要意义。习近平总书记以大国领袖的责任担当，深入思考"建设一个什么样的世界、如何建设这个世界"等关乎人类前途命运的重大课题，积极参与全球治理，勇于提供中国方案、做出中国贡献。党的十八大以来，中国本着力所能及的原则积极承担更多国际责任和义务，合力应对全球性挑战和重大地区热点问题，主动提供以"一带一路"为代表的全球公共产品，为促进世界和平与发展事业做出了重大积极贡献。习近平总书记把中国发展和世界共同发展有机结合，从古代丝绸之路汲取营养，创造性提出"一带一路"倡议，为中国与世界共享发展机遇创建新平台，为国际合作开辟了新模式。他提出一整套外交战略、策略指导原则，既重视顶层设计和战略谋划，也注重实际操作和策略运筹，善于牵住"牛鼻子"，善于"弹好钢琴"，实现了原则的坚定性和策略的灵活性的有机结合。在习近平外交思想指引下，中国特色大国外交更加自信、更加鲜明地展示出大国特色、大国风格、大国气度，使中国在复杂多变的国际格局中牢牢占据战略主动地位。[①]

因此，就广东等中国省域而言，做好新时代省域经济外交工作，必须自觉以习近平外交思想为行动指南，将其同习近平新时代中国特色社会主义整个思想体系和习近平总书记对所在省域工作重要讲话、重要指示批示精神贯通起来，学深学透、思深悟

---

① 陈须隆：《习近平外交思想的指导意义和国际影响》，载《国际观察》，2018年11月5日。

透，切实用以武装头脑、指导实践、推动工作，不断提高对外工作能力和水平，努力使各项工作走在全国前列。

时代是思想之母，实践是理论之源。①习近平外交思想是以习近平同志为核心的党中央治国理政思想在外交领域的重大理论成果，是新时代中国对外工作的行动指南。做好新时代省域经济外交工作，最根本的就是把习近平外交思想作为力量源泉，把握时代潮流和世界大势，统筹国内国际两个大局、发展安全两件大事，牢牢把握服务民族复兴、促进人类进步这条主线，围绕做好"四个服务"，谱写中国特色大国外交的省域新篇章。

习近平总书记反复强调，"办好中国的事情，关键在党"。②中国共产党的领导，既是中国特色社会主义的最本质特征，也是最大优势，更是我们应对各种内外复杂形势的根本保障。外交是国家意志的集中体现，必须坚持外交大权在党中央。以习近平同志为核心的党中央总揽对外工作全局，进一步加强对外工作顶层设计、战略谋划和统筹协调，制定完善重大外事管理规定，推进实施对外工作体制机制改革，统领各方协同发力，为对外工作不断攻坚克难、胜利前行提供了强大政治保障。做好省域经济外交工作，就是要切实增强"四个意识"，坚定"四个自信"，坚决做到"两个维护"，切实把思想和行动统一到习近平外交思想上来，形成党总揽全局、协调各方的大协同局面。

---

① 习近平：《决胜全面建成小康社会 夺取新时代中国特色社会主义伟大胜利——在中国共产党第十九次全国代表大会上的报告》，北京：人民出版社，2017年版，26页。

② 《光明日报评论员：办好中国的事情关键在党》，载《光明日报》，2016年7月10日。

总之，要坚定不移把习近平外交思想作为根本遵循和行动指南，坚持运用其所蕴含的基本立场、基本观点、基本方法、基本原则来审视和考量，自觉对标对表中央对外方针政策和部署要求，确保省域经济外交推进的正确方向。坚持在习近平外交思想指引下推动省域经济外交创新发展，不断丰富各领域工作的探索实践，持续引领全国更高水平开放潮流。

二、有为有效服务中央总体外交新布局

有为有效服务中央总体外交新布局，要落实到实实在在的具体行动中，在中国特色大国外交中发挥省域独特作用，作出省域应有贡献。要积极主动融入党和国家对外战略，服务好国家总体外交，确保党中央对外方针政策在省域落地生根、结出丰硕成果。特别是广东作为中国第一对外经贸大省，几乎与世界各国都有经贸合作，对外贸易总量占到全国的1/4，[①] 有能力也有责任在国家拓展深化新时代总体外交战略布局中发挥应有作用。在当前中美经贸摩擦不确定性增大的复杂背景下，尤其要更好服从服务国家战略大局，多从省域等地方层面做工作，切实把这个最大不确定因素的负面影响降到最低。

要统筹省域等地方资源服务国家总体外交，坚决贯彻落实中央的决策部署，以高度的政治责任感完成好中央交办的一系列任务。就广东而言，国家交给的重要任务很多，其中包括深化与太

---

① 广东省商务厅：《关于广东形成全面开放新格局调研报告》，2018年6月。

平洋岛国等重点区域合作，推进中国—白俄罗斯产业园、沙特吉赞—中国产业集聚区等重点项目建设，与印度古吉拉特邦和南非夸纳省结成友好关系，打造"一带一路"倡议战略枢纽、经贸合作中心、重要引擎和重要支撑区，等等。要从中央一项一项的决策部署和交给广东一件一件的具体任务中认真领会国家对外工作的新布局，深刻体会广东在国家外交大局中的地位和作用，切实增强责任感和使命感，及时调整工作思路和举措，充分发挥广东在国家对外开放中的独特优势和主力军作用，努力完成好中央交给广东的各项任务，为国家外交大局做出应有贡献。重点抓好加强与太平洋岛国合作等相关专项工作，深化拓展友好省州关系，统筹推进经贸、科技、文化等领域的深度交流合作。坚决办好中央安排的高访团组来粤接待工作，积极配合中央做好各项主场外交和双边、多边外交活动。要利用好中联部政党活动等机制平台，配合中央开展党际外交活动，充实和丰富党际交往内涵。

要在国家总体部署下积极服务构建人类命运共同体。就广东而言，尤其要充分发挥其对外经济联系紧密和独特的地缘人缘优势，在推动构建人类命运共同体方面体现广东担当、发挥广东作用。完善对外友好省州（城）关系多元化布局，深化与重点友好省州务实合作。深化广东与周边国家各领域合作，积极推动周边命运共同体建设。积极拓展与广大发展中国家合作，推动广东企业"走出去"开展国际产能合作。加强智库、民间友好组织、旅游等各类人文交流，厚植人脉基础。

第二节
把更高水平主动适应贯穿始终

爱因斯坦曾经说过:"人的最高本领是适应客观条件的能力。"达尔文说得更为透彻:"物竞天择、适者生存。"①这也刚好道出省域经济外交推进遵循的基本逻辑。次国家政府作为非主权行为者,其国际行为能力来源于中央政府的许可和默认,并受到中央政府的限制。②基于此,抓好新时代广东等中国省域经济外交的最关键,就是要在中央顶层设计下高水平落实好其演进积累的一条核心经验即"三个主动适应",把更高水平主动适应贯穿到当前及今后工作的全过程各方面。特别是中国特色社会主义进入新时代,中国社会主要矛盾已经转化为人民日益增长的美好生活需要和不平衡不充分的发展之间的矛盾,③中国外交的思

---

① 林来生:《学会"拐弯"是人生大智慧》,载《思维与智慧》,2010年第12期。

② 陈志敏:《次国家政府与对外事务》,北京:长征出版社,2001年版,24—25页。

③ 习近平:《决胜全面建成小康社会 夺取新时代中国特色社会主义伟大胜利——在中国共产党第十九次全国代表大会上的报告》,北京:人民出版社,2017年版,11页。

路和布局也在顺势而变，党的十八大以来特别是2014年中央外事工作会议以来，国家对外工作发生了深刻的变化，明确提出构建中美新型大国关系、建设"一带一路"等一系列重大外交举措。就广东而言，其作为中国第一经济大省和对外开放先行地，必须深刻认识中国对外形势发生的深刻变化，认识到国家的战略部署在变，其所面临的形势和任务也在变，如果仍然固守过去的老观念、老办法，是难以适应新要求把省域经济外交工作做好的。现在无论是服务国家对外工作，还是服务省域经济社会发展，都对省域经济外交转型升级提出了新的迫切要求。一定要从更高水平落实好"三个主动适应"的高度，与时俱进加快转变观念、改进方式方法，切实提高省域经济外交工作的能力和水平，在国家重大外交战略的调整实施中发挥相应作用，全力配合国家参与全球经济治理体系变革，着力营造有利的国际环境，同时更好地服务省域发展现实需求。

一、更加主动有为替国家想事谋事成事

根据次国家政府外交理论，在中国作为高度单一制国家的特殊国情语境下，省级次国家区域于中央顶层设计之下能为国家谋划和成就多大的事，从某种程度上讲，就决定能有多大的作为。因此，在扎实完成中央交办任务的同时，广东等中国省域还要积极主动加强与国家战略和政策的对接，自觉替国家想事、谋事、成事，以省域为舞台打造更多的国家级重大开放平台，争取更多能引领国家乃至世界潮流的重点骨干项目纳入国家总体盘子。

第五章 新时代广东省域经济外交深入推进的路径与对策
Chapter V Solution and Countermeasure Advanced by Guangdong's Provincial Economic Diplomacy in the New Era

比如，广东作为中国距离东盟主要国家很近的最大经济体，应当结合国家总体部署，谋划更多纳入国家总体盘子的骨干项目、龙头项目。在这方面，同样面向东盟的广西、云南这两个省域积极主动，取得了很好的经验及成效，值得学习借鉴。其中，广西发挥与东盟陆海相连的优势，结合中国与东盟自贸区建设，大力打造中国与东盟博览会及合作论坛，成为中国与东盟合作的急先锋和主力军。① 与东盟多个国家接壤的云南，充分发挥与中南半岛陆域相连的优势，着力推动泛亚铁路项目，以及中国大西南连接印度洋的陆海大通道枢纽等重大项目建设，成为中国与东盟合作的战略重镇。②

根据世界体系论，广东作为中国第一经济大省，经济块头最大、产业层次最高，理应有更大的雄心壮志为国家崛起多担当、多作为，为中国在新时代更好挺进世界舞台中央发挥战略引领功能。要认真对标对表中央要求，准确把握当今世界发展大势，在党和国家对外工作的大格局中找准定位、抓住机遇，用好省域资源禀赋及综合优势，实现更大半径的辐射功能，在国家全局中发挥更大作用。比如，结合把南沙自贸片区打造成为中国高水平对外开放门户枢纽，争取中国远洋、中国海运等大型远洋航运企业前来设点投资建设港口、码头等；结合广州白云国际机场作为中国三大航空枢纽之一的定位，争取国家航空主管部门和南方航空

---

① 梁运文：《中国-东盟合作中的广西作为：过去十年成果与未来十年战略》，载《广西大学学报（哲学社会科学版）》，2015年第1期。
② 陈利君：《云南省加快建设面向南亚东南亚辐射中心的对策思考》，载《昆明理工大学学报（社会科学版）》，2015年第6期。

集团等加大对广东开辟国际航线的支持；结合广州、深圳这两大城市既为国家一线城市，又为中国南方交通枢纽的实际，争取加强泛亚铁路与珠三角高快速铁路网形成对接；结合广东作为中国参与"一带一路"排头兵的使命任务，争取国家丝路基金分支机构设在广东，亚洲基础设施投资银行在广东设立分部，争取联合相关金融机构、企业和华侨华商设立21世纪海上丝绸之路合作基金，推动与沿线国家在产业投资方面的合作；等等。

当前是中国发展"由大到强"的关键时期，是"两个一百年"奋斗目标的历史交汇期，汇聚一系列具有重要时间节点的重大活动。就广东而言，要积极配合中央总体外交，主动争取更多国家主场外交活动、国际高端论坛、会议、展会等落户举办；用好用活现有对外开放重要平台，办好广交会、高交会、中博会、留交会、珠海航展等会展平台，升级海博会、从都国际论坛等会议论坛，提升广东国际化水平和国际影响力。加强与联合国科技促进发展委员会等对接，承接科技创新领域国际高端活动，引入更多世界顶级学术会议及科技会议。

二、更加自觉弘扬开拓进取苦干实干精气神

历史车轮滚滚向前，时代潮流浩浩荡荡。①当前，中国比历史上任何时期都更接近、更有信心和能力实现中华民族伟大复兴

---

① 习近平：《决胜全面建成小康社会 夺取新时代中国特色社会主义伟大胜利——在中国共产党第十九次全国代表大会上的报告》，北京：人民出版社，2017年版，69页。

的目标,基于此,借用世界体系论关于中心—半边缘—边缘的演进框架分析,中国及广东在全球政治经济格局体系中所扮演的重要角色也必将愈显突出。行百里者半九十。就广东而言,推动新时代省域经济外交各项工作继续走在全国前列,前景十分光明、挑战也十分严峻,最根本的是要继续弘扬敢闯敢试、敢为人先的勇气魄力,推动思想再解放、改革再深入、工作再落实。要抓住世界新一轮科技革命和产业变革同中国转变发展方式的历史交会期、粤港澳大湾区及深圳先行示范区建设等重大历史性机遇,登高望远、负重前行,在新一轮地缘经济竞争中赢得先机、取得优势。要进一步提振精气神,始终保持开拓进取的信心、毅力和锐气,苦干实干、能干善干,担当起沉甸甸的历史责任,振奋攻坚克难啃硬骨头的精神状态和闻鸡起舞、日夜兼程、风雨无阻的奋斗姿态,勇于面对、善于应对,明知山有虎、偏向虎山行,奋力征服改革发展进程中的一个个困难,逢山开路、遇水架桥、一往无前。

一是着力破解一些干部在中央顶层设计下应对能力不足问题。要进行一次触及思维方式、行为方式的思想解放、思维创新,把视野打开、胸怀打开、格局打开,把握好新时代改革开放的一些重大关键问题,进一步深化对新时代省域经济外交的研究思考,把握工作规律,强化责任担当。要深刻认识摸着石头过河、加强顶层设计,都是富有中国特色、符合中国国情的工作方法,在遵循中央顶层设计之下,地方具有广阔探索空间,完全可以放开手脚大胆地试、勇敢地闯。改革开放之初广东等中国省域"摸着石头过河",是在中央许可和指导下进行的,新时代落实好中央顶层设计，把宏观设计具体化为工作实践，结合实际把工作探索上升为制度机制，本身就是改革创新。必须把坚持顶层设计与支持基层探索有机统一起来，在认识和实践上破除把顶层设计和基层探索割裂开来、自捆手脚、形而上学的思想误区，充分发挥主观能动性和创造力，在顶层设计指引下更有针对性地进行改革探索，扎扎实实将改革开放向纵深推进。

二是加强对工作的主动谋划。面对"倒逼"的客观现实，唯有尽早觉悟、抓紧行动，才能从"倒逼"走向主动。[①]当前，新形势、新要求对省域经济外交推进形成"倒逼"之势。要主动按照中央对外工作总体部署，准确吃透中央精神实质，在中央授权范围内结合省域实际，允分利用全省资源做好具体工作谋划。进入新时代，尤其要更好聚力制度规则高水平开放。习近平总书记指出，制度是关系党和国家事业发展的根本性、全局性、稳定性、长期性问题。[②]广东等中国省域经济外交存在的短板和不足，归根到底是体制机制的掣肘。2018年年底召开的中央经济工作会议提出了一个非常明确的要求，就是扩大高水平对外开放要适应新形势、把握新特点，推动从商品和要素流动性开放向规则等制度型开放转变。[③]这是该次中央经济工作会议新提出的一个非常重要的论点，是以往没有过的。就广东而言，其不仅是中国改革开放的前沿阵地，也是开放型经济发展得最好的地区、最发

[①] 习近平：《之江新语》，杭州：浙江人民出版社，2007年版，133页。

[②] 习近平：《在庆祝改革开放40周年大会上的讲话》，新华社北京2018年12月18日电。

[③] 见新华社通稿：《新华社评论员：通过改革开放破解前进中的问题——二论贯彻落实中央经济工作会议精神》，新华社北京2018年12月22日电。

达的地区，尤其要着眼推动由商品和要素流动型开放向规则等制度型开放转变，以更高水平对外开放塑造国际竞争新优势。要加快建设法治化、国际化、营商环境，进一步改进优化市场准入、产权保护、法治保障、政务服务等方面的制度安排，全面落实国家关于放宽金融业、制造业等领域外资准入政策，以优质环境形成强大吸引力和竞争力。

三是增强工作整体性、重点性、灵活性。做好新时代省域经济外交工作，既要增强整体性，也要突出关键和重点。比如，欧美发达国家拥有当今世界最先进的生产力和最发达的科技水平，加强与其交流合作是提高省域对外开放水平的重要方面，要结合实际采取更有力措施抓好落实。在加强与欧美发达国家合作中，要抓住世界经济调整的机遇，从省域产业转型升级的需要出发，采取管用的手段务求实效。要特别重视做好"引进来"工作，通过实实在在的工作，在引进国外先进产业、先进技术和管理经验上实现突破。同时，在当前中美经贸摩擦不确定性增大的背景下，还应积极开拓新兴市场，与既包括经济发达的欧美地区，也包括充满经济活力的亚太地区和非洲、拉丁美洲等广大发展中国家，广泛开展科技、教育、文化、卫生等领域合作。

四是更加精准拓展新领域、新方式。在这方面，围绕短板与不足主动作为非常关键。比如，西方发达国家历来都把农产品出口作为国家战略，而这恰恰是广东的突出短板。美国农业在其国内生产总值中虽然只占2%，但农产品出口额却占出口总额的

12%，农产品中2/3用于出口①。相比之下，广东虽然地处热带亚热带地区，气候、生物资源、消费市场以及经济基础等优势非常明显，农业发展综合优势在全国独一无二，但农业产量、产值、产出和品牌影响力、竞争力都还有极大的提升空间。比如，广东岭南特色水果优质率不足30%，品牌土猪仅占3%，优质果蔬、肉类的结构性缺口分别超过400万吨、200万吨，粮食约有2/3依赖国外进口和省外调进；2016年山东、江苏、浙江三省设施农业占地面积分别为321.45万亩、180.9万亩和90万亩，而广东仅21.15万亩，相差数十倍，农业发展总体上仍处于中低端发展阶段。②这与广东近些年来偏重于工业化和城市化发展，对"三农"重视和投入程度还相对不够有关。目前，国家高度重视乡村振兴工作，高品质农产品也正成为消费热点，城乡居民对农产品的消费需求正在从"有没有"向"好不好"转变，为广东农业振兴提供了新机遇。广东等省域要实现高质量发展，本身就包括农业的高质量发展，必须在省域经济外交中扎实学习西方发达国家做法，把中高端农产品发展摆在战略地位，深入推进农业供给侧结构性改革，加快发展现代农业，扩大中高端农产品供给和贸易出口。

又比如，当前广东等东部沿海省域仍处于工业化中后期，产业结构总体偏"重"，服务业占比仍有待提升，资源能源消耗总量仍处于高位，利用效率有待提升，正好可以作为接下来开展省

---

① 曹延明：《美国的农业政策对中国农业发展的启示》，载《东北农业大学学报（社会科学版）》，2007年第6期。

② 中共广东省委"深调研"材料：《加快解决广东发展不平衡不充分发展问题调研报告》，2018年5月。

域经济外交的重点领域。截至2017年年底，广东第三产业占比才50%多，与发达国家70%以上的水平仍有较大差距；能源消费总量高位波动，以煤为主的能源结构转型缓慢，一次性能源消费结构中原煤消费占比是发达国家（20%）2倍多；资源能源利用效率与国际先进水平相比还有较大差距，广东单位GDP水耗和能耗分别是发达国家的2～7倍和1.5～3倍。[1]广东正在大力优化调整能源结构，大力发展清洁能源，这方面的举措和成效对在智能制造、绿色金融、清洁能源等领域具有优势的友城，如美国加利福尼亚州、加拿大卑诗省、德国巴州、瑞士苏黎世州、澳大利亚新州、丹麦南丹麦大区等，都十分具有吸引力。

凡此种种，既是广东等中国省域高质量发展的努力方向，也是创新拓展省域经济外交的新领域，潜力巨大、大有可为。特别是当前和今后一个时期，中国对外开放进入"引进来"与"走出去"并重的时代，现在省域企业"走出去"的规模越来越大，去的地方也越来越多、越来越远，风险也必将进一步凸显，包括金融、人员保障、安全保障等配套服务都要及时跟上。

三、更加主动凝聚广泛强大推进合力

汇聚各方合力，是我们党推进工作的一个重要方法，也是抓好新时代省域经济外交工作的重中之重。本书在这里从内外上下几个维度，提出要科学统筹运用中央及国外力量资源，完善构建全省大外事工作格局，发挥好非政府力量的特殊重要作用，从而

---

[1] 广东省环保厅：《推进生态文明建设调研报告》，2018年5月。

凝聚新时代省域经济外交更广泛强大的推进合力。

第一，科学统筹运用中央及国外力量资源。广东等省域作为中国的省级次国家区域，必须始终立足单一制国家的特殊国情语境，在国家总体外交框架下善于争取运用国家高端资源，同时用好用足国外相关资源。关于争取运用好国家资源，就是要重点立足所在省域主动为国家谋事想事成事，争取国家支持，打造更多的高端国际交流合作平台。本书在上文已对这方面内容作了阐述，这里就不多作重复。关于用好用足国外相关资源，关键是用好现有的外国驻地机构等存量资源，同时拓展更多机构落户等增量资源。

就广东而言，由于其毗邻港澳这两座国际化城市，而且作为中国第一对外经贸大省和第一侨乡，对外资源众多，但也要研究破除当前有"量"无"质"的现象，用好用足各种对外资源平台。尤其要进一步发挥友好省州、友好城市、驻华使馆、驻穗总领馆、国际组织及重要对外合作机制平台等作用，加强开展多领域国际务实合作，积极为省域经济外交服务。

这几年随着中国逐步走近世界舞台中央，世界各国与包括广东在内的中国省域开展深度合作的热情不断高涨。比如，近年来驻穗领馆数量呈现快速增长势头，截至2019年4月已达64家，还有一批正在洽谈。[①]领馆是省域对外合作的重要平台和资源，要坚持"两手对两手"，坚持"管用并举"，积极发挥驻地领馆促进对外交流合作的作用，向外传递积极信息，提高省域知名度，吸引更多投资者前来投资兴业，也为省域企业开拓海外市场、解

---

① 《广州今年首添总领事馆，数量排名全国第二》，载《澎湃新闻》，2019年4月2日，https://baijiahao.baidu.com。

第五章 新时代广东省域经济外交深入推进的路径与对策
Chapter V Solution and Countermeasure Advanced by Guangdong's Provincial Economic Diplomacy in the New Era

决国际贸易纠纷提供帮助。

要发挥好所在省域的现有国际交流沟通机制。比如广东，要牵头落实好与新加坡合作五年规划、谋划促进粤新合作，协调办好中国（广东）—韩国发展交流会和中国（广东）—美国投资合作交流会等，建立与发达国家重点省州、世界500强企业和著名研究机构的常态化日常沟通机制，更好推动直接交流合作。在国家总体外交框架下积极谋划"走出去"和"引进来"双轨推动地方对外高层交往，服务好国家大局和区域经济社会发展。策划安排好省主要领导年度外访，以省委书记、省长等省高层出访为引领，加强与欧美发达国家特别是友好省州（市）合作，推动一批重大项目前来落户。加强与相关国家政府、政党、议会高层接触交流，深化党际关系，深化与相关国家在经贸、投资等领域务实合作，特别是按照中央部署，深入推进与相关国家合作。

同时，还要发挥好广东等东部沿海省域作为外宾来华访问热点区域的优势，加强与国家层面的对接，争取更多的外国政要前来访问，推进与有关国家在经贸、金融、科技、教育、旅游等领域的交流对接，促进对外经济交流合作。特别是要围绕落实"创新为第一动力"部署要求，加强对接国际创新网络力度，着力打造服务创新发展的渠道和平台，提升国际创新合作中心的数量和质量，形成海外人才引进工作"头雁效应"。

第二，完善构建大外事工作格局。对外工作政治性、政策性、敏感性很强，是一项综合性的系统工程，[①]必须加强相关部

[①] 文选德：《对外宣传要抓些什么》，载《对外传播》，1997年第5期。

门协调配合，不断健全完善体制机制，提升工作合力，把其促进外经贸发展、服务中心工作的作用充分发挥出来。当前，省域涉及经济外交的职能部门有外事、商务、公安、安全、外宣、贸促会等，一直以来各项工作总体有序有效开展，但不容忽视的是，当前对外工作任务散落在各部门，各自为政的问题仍比较突出，严重影响工作质量和效果。做好新时代省域经济外交必须加强工作统筹，尤其要积极适应形势任务变化、跟上国家战略部署，主动从全省经济社会发展的实际需要出发，积极完善对外工作体制机制。

改革开放以来很长一段时期，中国外交的核心决策体制是中央外事领导小组。2018年3月，为加强党中央对涉外重大工作的集中统一领导，将其改为中央外事工作委员会，负责处理中国外交相关事宜。[①]中央外事委履行其统筹协调及顶层设计的职责，全面协调部门、地方、驻外使馆、协会、企业、金融机构等。根据中央相关部署要求，广东等省域也成立了类似机构。一个总的原则，就是完善凝聚纵向与横向两个维度的体制机制合力，构建对外交流、外经贸和涉外安全"一盘棋"的大外事工作格局。

在横向维度，与省外办合署办公的省委外办，要承担好省委外事工作委员会日常工作，重点负责宏观谋划、统筹协调、督促落实省委外事委各项决定和工作部署并向其汇报，同时统筹内外资源、各级资源、政企及各界资源等各种对外交流合作力量，做好任务分解和督促检查，推动工作落实。针对省外事、商务、公

---

① 见《中共中央印发〈深化党和国家机构改革方案〉》，新华社北京2018年3月21日电。

安、安全、宣传等涉外职能部门任务各有交叉的情况，要加强统筹、通力合作、各司其职，把资源更好地整合起来，形成对外工作合力。要进一步完善相关职责和工作规则，提高决策制度化、科学化水平。

在纵向维度，强化决策和统筹协调职责，抓紧建立健全省委外事工作制度机制。就广东而言，尤其要落实珠三角9市所属县（市、区）党委外事工作领导小组机构，进一步完善省、市、县（区）三级外事工作体制机制。各地各部门在对外工作中要强化大局观念，既要密切协调配合、一个声音对外，又要做到各司其职，进一步提升谋大势、抓大事和统筹国内国际两个大局的能力，进一步提高统筹协调、检查督办的工作能力和水平。特别是一些外事任务比较重的地方，更要强化协作，拧成一股劲对外做工作。要加强各领域对外交流情况的汇总、分析、研判，为对外工作决策提供有益参考。

各级党委要结合大外事工作格局的建构，强化党管外事原则，把对外工作摆在更加重要位置，加强系统研究和整体谋划，努力增强科学决策、运筹和管理能力。党政主要领导要切实负起责任，加强系统研究和整体谋划，不断提高驾驭复杂国际形势和处理纷繁复杂涉外任务的能力，及时研究解决工作中的重大问题，把广东对外工作的特色、优势和作用发挥出来。

第三，发挥好非政府力量的特殊重要作用。新入新时代，广东等省域进一步凝聚经济外交各方合力，就是要在大力发挥好政府作用的同时，着力发挥好非政府力量的积极作用，尤其要运用好贸促会、友协、公共外交协会等撬动功能，发挥好商会、协会、国际组织、跨国企业等不可忽视作用，调动各方力量资源，全方位加强对外经济交流合作。

应该讲，近年来省域非政府力量在助力省域经济外交推进方面较为蓬勃，特别是当前商协会组织在国际舞台日渐活跃，在经贸交往、国际交流与合作、出国访问等方面逐年增多，但总体上仍处于较为初级的阶段。①随着中国快速融入国际社会并走近世界舞台中央，包括广东在内的省域非政府外交可望在中国外交舞台扮演越来越重要的角色，对省域经济外交的促进作用也在持续增大。

新形势下，要从战略高度认识非政府外交在中国特色大国外交中的重要意义，加强顶层设计和战略谋划，完善体制机制、优化战略布局，创新方式、整合资源、加大投入，积极探索建立具有中国特色的非政府外交模式，更好地服务党和国家中心工作，服务地方经济社会发展，为省域经济外交深入推进发挥更大作用。就广东而言，特别要强化统筹谋划和协调，发挥其对外开放程度高、经济实力雄厚、半官方及民间外交工作基础比较扎实的优势，加强战略研究和顶层设计，进一步提高系统性、针对性和实效性。研究制定相关法规制度，进一步明晰各非政府外交机构的角色定位和职能划分，淡化对外官方、半官方色彩。突出重心，构筑海外"民心工程"，根据其工作属性和目标任务，加大对外宣传，夯实海外友华民意基础。加强经济外交与文化外交等各领域对外交往的相互促动，提升省域对外形象，进一步增强省域软实力。

---

① 广东省外办：《关于广东民间对外交往的基本情况》，2017年3月。

第三节
统筹推进"四梁八柱"具体措施

习近平总书记指出,"天下大事,必作于细,必成于实。"①深入推进新时代省域经济外交,最根本的是要突出问题导向,从大处着眼、从实处着手,扎实部署、统筹推进"四梁八柱"各项重点关键工作,持续用力、久久为功,做到"纲举而目张、有条而不紊"。就广东而言,其当前最紧要的,是以"一带一路"建设为牵引,以粤港澳大湾区建设为总纲,纵深推进高质量"引进来"、高水平"走出去"等五方面主体工作,创新推进侨务、友城等两方面特色工作,引领省域经济外交在历史新起点实现系统性跃升。

一、以"一带一路"倡议为牵引

"一带一路"倡议是扩大开放的重大战略举措和经济外交的

---

① 习近平:《在布鲁日欧洲学院的演讲》,新华社比利时布鲁日2014年4月1日电。

顶层设计,①不仅给中国和世界各国带来共赢发展的重大机遇,也给包括广东在内的中国省域带来重大机遇。广东深度参与"一带一路"建设,既是落实中央部署要求,树牢"四个意识"、坚定"四个自信"、坚决做到"两个维护"的实际行动,也是立足新时代新要求,抢抓发展新机遇,推动实现区域高质量发展的必然要求,必须作为一项重大"牵引工程"抓牢抓实、纵深推进。

第一,落实好国家赋予的4个功能定位。中央对广东深度参与"一带一路"建设高度重视、寄予厚望,明确赋予其4个功能定位,其中3个体现在2015年3月经国务院授权发布的推动共建"一带一路"的愿景与行动中,要求广东努力建设成为"'一带一路'的战略枢纽、经贸合作中心和重要引擎";另一个是习近平总书记在2018年10月视察广东并发表重要讲话时,要求广东联手港澳地区打造"一带一路"建设重要支撑区。对此,本书在前文已作了详细阐述。这4个功能定位,是广东深度参与"一带一路"建设的目标指引,就是要以这4个功能定位为工作导向,既认真对标对表中央部署要求打好"规定动作",又结合省情实际谋划打好"自选动作",认真找准切入点,发挥广东优势,做出广东贡献。

第二,聚焦"五通三同"精准发力。"五通三同"是"一带一路"的关键内涵,是中央推进"一带一路"建设的重要安排,其中的"五通"指的是政策沟通、设施联通、贸易畅通、资金融通和民心相通,"三同"指的是利益共同体、命运共同体和责任

---

① 习近平:《习近平谈治国理政》第2卷,北京:外文出版社,2017年版,199页。

第五章　新时代广东省域经济外交深入推进的路径与对策
Chapter V　Solution and Countermeasure Advanced by Guangdong's Provincial Economic Diplomacy in the New Era

共同体。广东深度参与"一带一路"建设，很重要的就是要按照中央的统筹布局，聚焦"五通三同"，提升合作效能，优化完善全省工作部署，重点立足周边、面向欧美，以东盟和东南亚国家为重点，加强与沿线国家和地区开展基础设施、产业、人文、旅游等领域务实合作，更加积极有为参与全球经济合作和竞争。广东作为"一带"与"一路"的天然汇合区域，区位优势得天独厚，特别要强化与沿线国家基础设施互联互通，构建"一带一路"大通道和世界级交通大枢纽。要支持广州港、深圳港等拓展全球海运网络，提升广州白云国际机场、深圳宝安国际机场的全球通达能力，推进与中北亚、东盟及南亚陆路对接，提升中欧、中亚、南亚班列市场化运营数量和质量，打造水铁联运中心，建设面向沿线国家的航空客货运国际中转枢纽。尤其要支持广州强化国际枢纽门户功能，实施"枢纽+"战略，增强国际综合交通枢纽、信息枢纽和国际商贸中心功能，集聚高端要素，完善机场航线网络，搭建以广州为起点的"空中丝路"，形成与国内、东南亚城市"4小时航空交通圈"和全球主要城市"12小时航空交通圈"，建设"一带一路"重要门户枢纽城市。

第三，落实到经济合作互惠共赢上。这是"一带一路"建设的根本落脚点。要以打造海外战略支点为目标，在沿线国家和城市布局一批海外产业合作园区、重点投资项目和企业销售采购网络，鼓励支持企业开拓沿线国家市场，致力于打造一批重点项目和精品工程。东盟与广东隔南海相望，是广东重要贸易伙伴，在中美经贸摩擦深入演进的背景下，对广东实施市场多元化战略意义重大。特别是老挝、泰国、越南等国家高层或商界人士在很多场合表达了深化与广东经贸合作的强烈意愿。[①]要着眼搭建广东与东盟经贸合作平台，深化实施与东盟合作行动方案，把广东打造成为中国与东盟各国经济交往中心。重点在印度尼西亚雅加达、泰国曼谷等东盟主要市场搭建广东商品展览平台，借助广东与新加坡、越南、泰国等合作协调机制，发挥广东在东盟国家粤商会以及广东国际商会东南亚投资贸易联盟等作用，开拓柬埔寨、泰国等国家新的友城，促进企业深入拓展东南亚市场。

二、以粤港澳大湾区建设为总纲

正如上文所述，建设粤港澳大湾区是习近平总书记着眼新时代全国发展大局，亲自谋划、亲自部署、亲自推动的重大国家战略，[②]是新时代广东改革开放的"纲"，必须作为当前和今后一个时期广东的大机遇、大文章、大平台，放在各项工作的重中之重，举全省之力扎实推进，务求取得预期实效。

第一，切实担负主体责任落实国家战略。从旗帜鲜明讲政治的全局高度，深刻把握党中央战略意图和决策部署，准确把握大湾区建设对广东全局的重大意义、重要地位，切实把主体责任牢牢扛在肩上。坚持全球视野，以更高站位、更大格局、更多担当，打造富有活力和国际竞争力的国际一流湾区和世界级城市群，推动广东发展从跟跑到领跑、从"追随者"到"引领者"。

---

① 广东省商务厅：《关于广东省在高水平上扩大开放若干措施的报告》，2018年12月。

② 《人民日报评论员：抓住大机遇　建好大湾区》，载《人民日报》，2019年2月19日。

香港、澳门融入国家发展大局，是"一国两制"的应有之义，是改革开放的时代要求。①要全面准确贯彻"一国两制"方针，严格遵循中央顶层设计，以开阔的思路、创新的办法，推动"广东所想"和"港澳所愿"有效衔接，主动协同港澳保持长期繁荣稳定、更好融入国家发展大局，带动全省各方面各领域工作更好融合发展。

第二，强强联手共同把优势做优短板补齐。包括广东位于大湾区内的9个市和香港、澳门，都有比较好的基础，三地密切配合，将产生"1+1+1远远大于3"的效果。②广东引领粤港澳三地强强联手，就是要牢固树立三地"一盘棋"思想，扎实促进开放资源融合、开放优势互补、开放举措联动，携手参与全球顶级竞争，形成以大湾区为主体参与全球分工竞争的开放新格局，增强全球资源配置能力和运用国际规则能力，更加凸显服务国家发展大局的引领作用。一是着眼核心城市竞争这一当前全球竞争的重要领域，强化广州、深圳"双核"驱动，特别是扎实推进深圳先行示范区建设，发挥重要节点城市比较优势，加强与港澳的协同互补，加快形成大湾区分工有序、功能互补、高效协同的城市体系，打造国际一流湾区和世界级城市群；把广东产业、市场优势和港澳国际化、科技创新等优势结合起来，打造标志性合作体系，打造高质量发展的先行区、示范区。二是着眼创新这一当

---

① 刘欢、安蓓等：《着眼发展大局 共享时代荣光——以习近平同志为核心的党中央关心粤港澳大湾区建设纪实》，新华社北京2019年2月21日电。

② 赵安源、范思忆：《何立峰谈粤港澳大湾区：三地密切配合 1+1+1远大于3》，中新社北京2019年3月6日电。

今发展的第一动力，充分依托香港、澳门的国际化科技创新优势和深圳、广州等市的高新技术产业集群优势，引领集聚全球高端创新资源，携手香港共建综合性国家科学中心，推进"广州—深圳—香港—澳门"科技创新走廊建设，打造具有全球影响力的国际科技创新中心，助力中国早日解决核心技术及关键设备瓶颈问题。三是优化提升三地产业国际综合竞争力，充分利用大湾区内地制造业优势与港澳现代服务业优势，加快打造电子信息、汽车、智能家电、机器人、绿色石化等世界级产业集群，聚焦发展新一代信息技术、高端装备制造、绿色低碳、生物医药、数字经济、新材料、海洋经济等战略性新兴产业，实施一批战略性新兴产业重大工程，加快构建以创新为战略支撑、先进制造业为主体，现代金融、人力资源相配套的现代国际产业体系。四是着眼打造更加强大的全球性综合交通枢纽，加强与港澳机场合作，加快推进广州白云机场扩建、深圳宝安机场第三跑道建设，加快推进珠海、惠州机场扩建，携手打造世界级机场群；加快整合省内港口资源，加强与港澳协调联动，共同打造在国际航运市场、全球航运资源配置中具有重要影响力的世界一流港口群。五是着眼打造一批引领全球的标志性骨干工程，大力推进前海、横琴、南沙三大自贸试验片区建设，以深港科技创新特别合作区、横琴粤澳合作中医药科技产业园、广州南沙粤港产业深度合作区等创新平台为重点，推动以社会化力量为主、高标准高起点建设理工类研究型粤港澳大湾区大学，组建国家级的粤港澳大湾区干部培训学院，组建粤港澳大湾区金融产业集团（全牌照）等金融创新平台，打造国际级的粤港澳大湾区发展论坛和博览会。

第三，携手辐射引领世界。建设粤港澳大湾区，既是新时代推动形成全面开放新格局的新尝试，也是推动"一国两制"事业发展的新实践。①广东不仅要立足自身空间载体打造国际一流湾区和世界级城市群，同时还要树立更远大的志向和抱负，一个拳头对外，与港澳一道发挥三地独特优势深度参与国际合作与竞争，成为携手代表国家引领世界、辐射世界，具有引领全球技术变革、更强影响力竞争力的世界经济重要增长极和核心动力源。一方面，要系统加强与港澳在开放领域的全面合作，全面打造与国际接轨的贸易投资规则体系，推动广东制造业、建筑业、能源资源等行业与港澳会计、投资、法律、保险、商务咨询等服务业合作"拼船出海"，发挥港澳在对接国际市场方面的重要桥梁纽带作用，支持大湾区优质企业和优势产品"走出去"，开展跨国并购和全球营销，强化对重点国别和地区的招商引资，高水平引进外资，积极参与国际贸易规则制定，提升大湾区参与国际合作的竞争力。另一方面，要联手"走出去"参与"一带一路"建设，打造"一带一路"建设重要支撑区，在世界经济合作和竞争中抢占更高位置，辐射更大半径，走得更远更稳。强化大湾区对珠江—西江经济带创新绿色发展的辐射带动，加强与"一带一路"建设、京津冀协同发展、长江经济带发展、长三角区域一体化、海南自由贸易港建设等协调对接。支持粤港澳三地企业联手"走出去"，组建境外园区合作联盟，以境外园区为载体推进国际产能与装备制造合作。联合港澳完善广东"走出去"公共服务

---

① 见《中共中央、国务院印发〈粤港澳大湾区发展规划纲要〉（全文）》，新华社北京2019年2月18日电。

体系，建立专业服务联盟、信息服务平台、重点项目库、人才培训机制。通过粤港澳企业联合"走出去"，携手开拓国际市场，带动大湾区产品、设备、技术、标准和管理服务等"走出去"。

三、纵深推进五方面主体工作

这五方面主体工作，既包括高质量"引进来"、高水平"走出去"的经济国际合作，也包括平台载体、渠道机制、制度规则体系等综合保障举措。这对广东而言，是其纵深推进省域经济外交落小落细落具体的实践抓手。

（一）推动高质量"引进来"

实施"引进来"战略，充分运用好国内外"两个市场、两种资源"，是中国经济外交的重要初衷及手段。在改革开放初期，国内处于短缺经济时代，尤其缺资金、缺设备、缺经验，这是当年"引进来"的重点领域。经过40年发展积累，坚持"引进来"和"走出去"并重，已成为新时代中国推动形成全面开放新格局的新取向，[1]而且"引进来"的重心跟过去相比也发生根本性变化。在当下，引进高端制造业和服务业项目，引进高端技术、人才和设备，引进高品质的商品，引进国内需要的资源和能源等，已成为高质量"引进来"的新重点。就广东而言，就是要对标对

---

[1] 习近平：《决胜全面建成小康社会 夺取新时代中国特色社会主义伟大胜利——在中国共产党第十九次全国代表大会上的报告》，北京：人民出版社，2017年版，34页。

表全球最优最好最先进，充分利用其对外资源丰富、对外交流合作联系密切等优势，树立全球眼光，以更宽广的视野、更高的目标要求、更有力的举措，积极引进高端的项目、技术、人才和先进管理经验等高端要素，不断提升省域经济外交的层次水平。

要继续高水平利用外资，切实提高利用外资的质量和水平。习近平总书记在2018年10月视察广东并发表重要讲话时强调，广东要下大力气做好引进外资工作。[①]这对新时代广东高质量发展具有特别深远意义。要抓住国家新一轮放宽金融业、制造业等领域外资准入以及加快电信、教育、医疗、文化等领域开放进程的机遇，不断从市场准入、产权保护等方面构建更有力的政策支撑，落实省"外资十条"修订版各项政策措施，大力实施精准招商，建立重大项目洽谈引进"绿色通道"，下大力气引进优质外资项目落户广东。坚决贯彻实施高水平投资自由化、便利化政策，在更高水平上参与国际分工，在更高层次上与跨国公司和高端外资开展合作，发展总部经济，优化外资结构，利用外资发展现代化产业体系。加强与欧美发达国家的直接联系合作，加大力度引进更多带动力强的高端前沿项目和跨国企业，引进发达国家的先进技术、关键设备、高端产业和优秀人才。加大产业链和供应链招商，围绕核心产业主导产品、配套产品招商引资，发挥好制造业龙头企业带动作用，通过开展产业协作配套、资本技术合作等吸引中高端关联企业到广东投资发展，不断提升产业集群质量和效益。强化招商引资部门分工负责和统筹协调机制，创新产

---

① 王彪：《广东经济形势报告会引发热烈反响》，载《南方日报》，2018年12月5日。

业链招商、定向精准招商、区域联动招商等模式，推动大招商大发展。

要加大力度吸引跨国公司在广东设立总部企业，发展总部经济。修订《广东省鼓励跨国公司设立地区总部办法》，将总部型机构纳入政策适用范围。推动外籍高层次人才及其配偶、未成年子女申请在华永久居留资格等6项出入境政策复制推广至全省实施。①

要扎实做好引才引智工作。习近平总书记反复强调："我们在发展上的一个突出短板是关键核心技术受制于人。关键核心技术要不来、买不来、讨不来，这个瓶颈问题一天不解决，我们发展的主动权就一天不在手里。"广东贯彻落实习近平总书记重要指示要求，奋力在甩掉核心技术瓶颈问题上于全国率先突围，就既要发挥其经济基础雄厚、市场活力充足等优势，奋发图强、自力更生、自主创新，同时也要善用国际创新资源，扎实做好引才引智工作，多管齐下攻克技术难题，掌握更多的"杀手锏"，做到"任凭风浪起、稳坐钓鱼船"。要坚持引资引智引技相结合，发挥外资企业的人才、技术、管理、服务等外溢效应，推动外资利用从数量优势向质量优势转变。参与国际高端交流合作，推动重点领域深化合作，提升科技、教育、人才领域合作，加强人力资源开发，建设适应现代产业体系发展要求的高素质人才队伍。

---

① 2016年8月，公安部支持广东自贸试验区建设和创新驱动发展的16项出入境政策措施正式实施，其中包括"符合标准的外籍高层次人才及其配偶、未成年子女，经推荐可直接申请在华永久居留资格"等6项政策。2017年10月，公安部批准将该6项政策复制推广至珠三角自主创新示范区9市和揭阳中德金属生态城实施。

要着眼更好满足人民群众更高品质生活及经济高质量发展需要，进一步扩大进口规模，优化进口结构，扩大高端消费品、关键设备和核心零部件进口，努力将广东打造成为中国进口商品的战略分销基地，重振昔日作为世界贸易重镇的雄风。要优化进口渠道，扩大能源、资源进口，从更大格局有效利用好国内外"两个市场、两种资源"。

（二）推动高水平"走出去"

如果说过去较长一段时期中国对外开放在"引进来"下的功夫更多一些，那么现在已到了大规模"走出去"的新阶段，应该在"走出去"下更多的功夫，这是全面提高对外开放水平的新要求。而且，随着中国经济发展水平的不断提高和现代化建设向纵深推进，实施"走出去"战略的综合条件更加成熟，要求也更为迫切。党的十九大报告提出，要创新对外投资方式，形成面向全球的贸易、投融资、生产、服务网络。[1]要着眼更高水平参与国际分工，培育一批更具核心竞争力的本土跨国公司和掌握世界一流制造能力的龙头企业，打造全球知名省域品牌，把支持对外投资与促进装备、服务、技术、标准"走出去"有机结合起来，以投资带动贸易发展、产业发展。

要大力推动贸易"走出去"。加快货物贸易优化升级，鼓励

---

[1] 习近平：《决胜全面建成小康社会　夺取新时代中国特色社会主义伟大胜利——在中国共产党第十九次全国代表大会上的报告》，北京：人民出版社，2017年版，35页。

高新技术、装备制造、品牌产品出口，引导加工贸易转型升级。促进服务贸易创新发展，改革服务贸易发展机制，大力发展服务外包。培育贸易新业态、新模式，支持跨境电子商务、市场采购贸易、外贸综合服务等健康发展，打造外贸新的增长点。深耕欧美日韩等传统市场，深化拓展"一带一路"沿线新兴市场。

要大力推动投资"走出去"。促进国际产能合作，支持大型企业和行业龙头企业牵头组建"走出去"战略联盟，培育对外投资联合体，推动上下游产业链条式"走出去"。有序推进境外经贸合作园区建设，使其成为广东等省域企业抱团"走出去"的战略载体，有效承接省内优势产能有序向海外转移集聚。加强能源资源、海洋渔业、农业林业等领域国际合作，更充分利用国际资源。加强对海外并购的引导，重在扩大市场渠道、提高创新能力、打造国际品牌，增强广东等省域企业的核心竞争力，支持和鼓励更多的优质企业在跨国经营中发展壮大。规范海外经营行为，引导企业遵守东道国法律法规、保护环境、履行社会责任，遏制恶性竞争。在发挥市场调节作用的同时，引导企业解决好"往哪走、到哪去"的问题，总的原则是国际产能合作重点往"一带一路"沿线国家走，设立国际研发机构重点往发达国家和地区走。

要大力推动地方特色经济产品"走出去"。就广东而言，粤菜、岭南文化、区域品牌等地方特色特征明显的产品，在全世界范围内特别是海外侨界有着广泛影响，是凝结海外华侨华人对祖籍国"乡愁"的重要载体。继续大规模开展粤菜师傅职业技能教育培训，研究制定粤菜师傅条件（标准）和认定办法，构建粤菜师傅培养评价体系，推动本地粤菜师傅到海外传播中华饮食文化，也吸引海外侨胞回乡接受粤菜师傅培训，增强粤菜文化的全球影响力。

要大力推动服务体系"走出去"。这是当前广东等省域"走出去"的突出短板。[①]要应对外部环境深刻变化，积极"走出去"开展对外工作，发动外事、商务、侨务等职能部门"走出去"，充分调动驻外机构、企业、人员的力量，为省域企业参与国际合作与竞争提供更为优质的服务。要建设面向全球的经贸网络，在全球重点区域规划设立驻海外经贸办事处，以省政府驻海外经贸办事处统筹省有关部门及各地市所设立驻境外代表机构等资源，推动与驻在国（地区）建立长效合作机制，为省域实施"走出去"和"引进来"战略提供境外支撑。要进一步完善境外经贸工作网络布局，打造省域商品全球展贸平台。强化政策性保险对境外投资项目的支撑保障作用，加大对企业境外投资项目投保海外投资风险的政策支持力度，进一步完善金融、财税等政策支撑体系。借鉴发达国家的经验做法，加大对"走出去"企业的财政、税收等政策支持力度，对在境外注册的境外投资企业在税收、外汇、金融等各方面给予扶持。建立省"走出去"企业对外联络员工作机制和直通车制度，加大对企业的指导服务力度。加强对主要市场国家和地区的信息收集和分析研判，结合"走出去"把海外经济信息工作抓起来，尽快改变信息不灵的被动局面，为做好对外工作提供智库体系支持。

---

① 广东省商务厅：《关于广东省在高水平上扩大开放若干措施的报告》，2018年12月。

（三）建设强承载力的平台载体

通过重大平台载体建设推进省域经济外交，是广东等中国省域改革开放以来积极探索的重要经验。要围绕双向投资贸易等产业链各环节，突出问题导向，优化合作内容，打造布局合理、富有竞争力的境内外国际合作平台和重大载体。

要继续发挥特区、沿海开放城市、自贸试验区等综合平台功能。广东要特别发挥好广州、深圳这两座一线城市在省域经济外交中的战略支点作用，广州要实现老城市新活力，在综合城市功能等方面出新出彩，深圳要以建设先行示范区为牵引，努力创建社会主义现代化强国的城市范例，[①]增强对广东、亚太区域乃至世界的辐射带动作用，有力提升对外开放的能量、能级、格局。把自贸试验区打造成为联通内外、双向开放的国际门户枢纽，加快对接国际高标准投资贸易规则，对标国际最高最好最优，进一步探索推动人员、货物、资金等要素自由流动的体制机制，加快集聚全球高端要素资源，在更高水平上参与国际合作与竞争。

要打造更多扎实有效的双向投资平台，对接需求、强优补短，谋划打造更多务实有效的境内外国际合作园区。就广东而言，一方面要加快推进佛山中德工业服务区、中新知识城、揭阳中德金属生态城、东莞中以国际科技合作产业园等一批国际合作示范园区建设，加强规范管理，探索新的国际合作模式经验，以点带面推动广东全面深化对外开放；另一方面要扎实推进重点海

---

① 见新华社通稿：《习近平在广东考察时强调：高举新时代改革开放旗帜把改革开放不断推向深入》，新华社广州2018年10月25日电。

外园区、骨干项目建设，找准核心问题，破解制约瓶颈，突破关键环节，按照"一园一策"的原则，针对不同定位与不同类型的园区，研究提出不同的政策支持和服务，稳步把这些园区建设成为互联互通的海外连接点和开展国际产能合作的载体。鼓励企业扩大对非洲投资，在非洲新建和升级一批境外园区，重点推动具有一定规模实力的园区升级发展。

要推动进口贸易促进平台建设。依托钻石、冻品、乳制品等商品主要进口口岸，完善专业化配套服务，打造服务全国的进口商品集散地。推动建设南非、泰国等进口商品国别中心，争创国家进口贸易促进创新示范区。推动电子零部件等商品进口渠道作用及商品分拨功能进一步增强，进口集散地的聚集及带动效应日益显著，支撑省域支柱产业发展。

要建设高水平对外经贸交流合作平台。拓展广东经济发展国际咨询会等高端国际合作交流平台功能，积极引进国际展会、论坛落户广东。促进重点展会转型升级，以中国对外贸易中心为主体，加强省部联动，提高广交会展馆综合承载能力，提升广交会影响力。争取将广东21世纪海上丝绸之路国际博览会升格为国家级"一带一路"国际博览会，提升高交会、文博会、中博会、加博会等综合性展会的国际影响力和品牌效应。

（四）建立沟通协调有力的渠道机制

构建自主性更强的对外经贸网络和沟通协调机制，是当前和今后一个时期中国东部沿海省域深化经济外交工作的重大战略举措,对广东而言尤其重要,其地方所有的对外工作都要围绕这一战略举措扎实开展和发挥作用。要加强内外、上下沟通协调,力争通过一个时期的努力,真正把这个新格局建立起来,使省域各地在参与新一轮国际合作与竞争中更加主动。

要努力拓展对外协调联系渠道。深入调查研究,查找制约对外工作发展的短板与不足,充分利用广东国际友好省州(城)、驻穗领馆、驻外经贸代表处(办事处)、境外广东商会、驻外旅游推广中心及海外华侨社团等资源平台,充分发挥各地市各部门的优势,坚持统筹协调、多管齐下、互促互进,为"引进来"和"走出去"提供强大动力,为广东在形成全面开放新格局上走在全国前列提供有力支撑。

要构建常态化的沟通联系机制。按照中央关于加强地方国际交往的决策部署,落实完善与新加坡、泰国、越南、澳大利亚新州、日本兵库县、俄罗斯圣彼得堡市和吉尔吉斯斯坦奥什州等长期交流机制,举办机制性合作会议。进一步健全和发挥机制性平台统筹作用,推动与国际重点发达省州(城)务实合作往深里走、往实里抓。特别是要积极配合中央运筹好大国关系,做深做实广东与美国、俄罗斯、欧盟等经贸务实合作。

要构建高效联动的对外应急协调机制。进一步建立和完善商务、发改、外汇、税务、海关等部门协调议事机制,形成促进企业"走出去"的工作合力。以"一带一路"建设境外安全保障工作为重点,摸清广东在境外特别是高风险地区的人员、企业、机构等情况,未雨绸缪做好安全管理工作。要做好海外安全风险防范和领事保护工作,坚持预防为主,多形式、多渠道做好预防性领事保护宣传教育工作。充分发挥领事保护工作机制的长效作用，提升应急处突工作能力，切实维护广东在境外人员和机构生命财产安全与合法权益。

（五）提质增效建设制度规则体系

从商品和要素开放向制度规则开放转变，是当下中国构建高水平开放体系的重大趋向。[①]当今世界，已进入由商品和质量竞争向制度规则竞争转变的时代，对包括广东在内的省域经济外交的提质增效提出了新的更高要求。在制度方面，虽然多为国家事权，但省域也要结合中央授权或积极争取国家授权，扎实推进关键领域的探索创新。在规则方面，广东作为中国第一经济大省，至2018年9月底，主导或参与制定、修订国际标准1445项、国家标准5267项、行业标准4321项、地方标准2101项，在全国率先制定实施LED、电动汽车、高端新型电子信息、高端装备制造等产业标准体系规划与路线图。[②]广东等省域要按照中央顶层设计，打造成为中国制度规则开放高地，推动对外投资与服务、技术、标准等"走出去"有机结合，着力打造更高水平对外开放新格局。

按照中央顶层设计，自贸试验区是中国当前制度规则创新的高地。广东要深化自贸试验区制度创新，加快首创性制度探索，

---

① 见新华社通稿：《新华社评论员：通过改革开放破解前进中的问题——二论贯彻落实中央经济工作会议精神》，新华社北京2018年12月22日电。

② 中共广东省委"深调研"材料：《加快解决广东发展不平衡不充分发展问题调研报告》，2018年5月。

争取其扩容提质。广东自贸试验区现有区域面积116.2平方公里，随着制度创新的不断深化，开发建设的不断推进，自贸试验区范围较小、功能比较单一、产业类型相对较少、与珠三角其他地市的联动不足等问题不断显现，不利于开展系统集成性制度创新，相关改革创新成果在复制推广中容易"水土不服"，且目前省内各市也积极向省申请纳入自贸试验区实施范围。要主动争取中央把珠三角部分区域纳入自贸试验区实施范围，把粤港澳大湾区内的广州、深圳、珠海、佛山、东莞、中山等市以及香港、澳门串珠成链，强化投资贸易金融协调联动，建设大湾区自由贸易通道。

要以制度规则建设为引领，大力提升"广东制造"品牌影响力和标准话语权。培育一批全球知名广东自主品牌，加大对省出口名牌企业境外宣传支持力度，支持广东企业开展国际商标注册。依托外贸转型升级基地加快区域品牌建设，推进特色产业集群集体商标、原产地标志注册。提升"广东制造"标准国际话语权，积极参与和主导出口产品国际标准制定，推动"广东制造"技术标准和监管理念输出。完善全球质量溯源体系，建成进出口产品质量溯源政府公益性公共服务平台。推动自主品牌出口占比逐步提高，支持广东企业参与通信、互联网、新材料等优势领域国际规则标准制定。

当前世界贸易新业态、新模式层出不穷，在某种程度上正重新塑造全球贸易生态格局。一个重要体现，就是当前国际贸易订单个性化趋势明显，跨境电子商务相比传统贸易方式更能适应趋势变化。而当前，广东跨境电商贸易额占全省的比重仅为1%，仍有很大拓展空间。①要扎实推进跨境电商综合试验区建设和国家市场采购贸易试点，大力支持外贸新业态新模式发展。深化广州、深圳跨境电子商务综合试验区建设，加快建设新增的珠海、东莞跨境电子商务综合试验区。推动跨境电子商务综合试验区零售出口货物增值税、消费税免税政策在广东落地实施，争取国家赋予广东跨境电商企业所得税采购成本无票税前扣除政策。复制推广跨境电子商务检验认证联盟、"暂存入区、先出后报、集中申报"监管模式等经验做法。支持珠海、东莞跨境电商综合试验区加快开展网购保税进口业务。依托"单一窗口"完善跨境电商监管部门协调合作和信息共享机制。

四、创新推进两方面特色工作

这两方面特色工作，指的是发挥好侨务与友好省州（城）两大要件的助推功能，这是基于广东特有的优势而提出来的。一方面，广东是中国最大的侨务大省，祖籍广东的海外华人华侨有3000多万人，占全国2/3以上，"以侨为桥"的功能条件极为充沛；另一方面，广东拥有堪称世界级规模的珠三角城市群，其中广州、深圳同为全国一线城市，还正在与毗邻的香港、澳门携手建设国际一流湾区、世界级城市群，开展友好省州（城）区域国际合作也具有得天独厚的优势。因此，广东在推进省域经济外交中要把侨务与友好省州（城）国际合作作为特殊要件，进一步抓

---

① 广东省商务厅：《关于广东省在高水平上扩大开放若干措施的报告》，2018年12月。

紧抓实、抓出成效。

（一）深入推进侨资侨力交流合作

习近平总书记在党的十九大报告中提出："广泛团结联系海外侨胞和归侨侨眷，共同致力于中华民族伟大复兴"。[①]要认真落实习近平总书记的重要指示精神，服从服务国家对外工作和侨务工作大局，坚持胸怀全局、坚持为侨服务、坚持改革创新、坚持稳中求进，当好海外侨胞和归侨侨眷的贴心人，深入凝聚侨心、汇集侨智、发挥侨力，从更高层面、更深层次、更广领域服务国家对外工作和全国全省发展大局。

一是深度涵养广东侨务资源。坚持以人为本、为侨服务的侨务工作初心和宗旨，加大海外惠侨和国内为侨服务工作力度，认真落实华侨权益保护条例等涉侨法规政策，不断增进海外侨胞和归侨侨眷的凝聚力、向心力。以"一带一路"沿线地区为重点，面向5000万海外侨胞"请进来"和"走出去"，新侨老侨并重、粤籍非粤籍并重，深度涵养广东侨务资源。举行华裔新生代广东行、海外校友会广东行等活动，着力集聚素质高、活力强的侨社新力量。发挥传播优势，举办"海外华媒看广东"等活动，广泛宣传中国及广东改革开放成就和新时代的新气象新作为。加强向海外侨胞传递更多新时代广东发展资讯，引导海外侨胞向住在国

---

① 习近平：《决胜全面建成小康社会　夺取新时代中国特色社会主义伟大胜利——在中国共产党第十九次全国代表大会上的报告》，北京：人民出版社，2017年版，40页。

社会和民众宣传中国走和平发展道路、发展新型国际关系、推动构建人类命运共同体和"一带一路"倡议等，解疑释惑增进对中国的了解与认知。

二是筹划打造全国性重点涉侨活动平台。在依托推进现有涉侨活动平台提质增效的基础上，更好地服务构建对外开放新格局，着力在海内外再打造若干具有广泛辐射力、感召力的全国性重点涉侨活动平台。第一个是在省内筹划创办"世界华侨华人（广东）合作交流大会"，由广东和国家有关部委办联合主办，每两年举办一届，聚焦国家和全省重大发展战略和对外工作大局，以推动文化、经贸、科技合作交流为主题，推进海外侨胞了解并参与中国及广东发展，助推广东文化、影响、形象"走出去"的重要平台。第二个是在海外办好"世界广东同乡联谊大会"。该活动自2000年创办至2018年已举办了9届，在推动公共外交、人文交流等方面发挥了独特的影响和作用。[①] 要加大指导和支持力度，推动大会扩大嘉宾邀请范围，加强中华文化交流和中国、广东发展推介等内容，在实现乡情联谊的同时，使之成为进一步宣介中国及广东发展、促进中外友好交流的窗口和平台。

三是发挥侨智侨资优势，促进对外经贸科技合作。加强与海外重点华商组织和华侨华人专业协会联系合作，搭建更广阔的海外涉侨经济科技工作网络，积极服务和促进广东"引进来"和"走出去"。实施海外华侨华人人脉涵养计划，开展重点侨领、新华侨华人广东行等活动，密织海外华侨华人联系网络，推动海

---

① 广东省侨办：《关于广东省涉侨平台的简要情况》，2017年8月。

外侨胞对接参与"一带一路"建设、粤港澳大湾区建设、创新驱动发展等重大战略。以侨招商引资和招才引技，加强精准招商，梳理出招商合作重点的侨商名单，有针对性开展招商引资，引进侨资、外资，投资建设高端教育、医疗、文化、体育、会展等服务项目。研究制定全省涉侨人才工作机制，发挥"侨梦苑"等平台集聚效应，办好"海外高层次人才'智汇广东'"等活动，吸引推动海外华侨华人高层次人才来粤创新创业。办好汕头华侨经济文化合作试验区等平台，进一步跟进争取中央授权该试验区有关"政策接口"，推动相关创新政策落地。开展"广东文化海外行"品牌活动，实施"中医关怀计划""中餐繁荣计划"，"请进来""走出去"开展慰侨文化演出、中医交流、中餐培训等工作，推动广东文化特色产品"走出去"。

四是加强侨务工作"走出去"保障。侨务工作主要对象在海外、优势在海外，需要通过持续不断的"请进来""走出去"深化联谊、巩固关系、厚植资源。加大侨务工作"走出去"保障力度，根据广东侨务大省实际和开展工作需要，在国家政策允许的范围内，适当增加侨务出访特别是重点侨乡市、县涉侨出访的经费和指标，适当放宽确有任务需要的侨务出访审批，让各级侨务部门特别是重点侨乡党政领导、侨务干部等有更多机会"走出去"加强沟通深化侨务工作。

（二）扎实推进友好省州（城）区域经贸合作

把务实加强与友好省州（城）经贸合作作为服务地方经济发展的重要平台、放在更加重要的位置，按照中央顶层设计和自身实际需求，以人文交流为开路引子，以经贸长效合作为基石，扎实谋划落实具体的经贸合作项目，切实加强经贸往来，同时扩大友城结好范围，将其特殊作用进一步发挥好。

一是优化友城布局，着力解决友城工作重"量"不重"质"的问题。重点围绕中欧班列、中亚班列、重大园区建设和重大项目等优化友城布局，提高友城活跃度。深入研究每个友城特点，特别是瞄准几个重点国家的重点友城，找准合作切入点，在充分沟通的基础上提出各领域深化交流合作规划，切实发挥友城的平台作用，推动各项合作取得积极成果。发挥好广州、深圳等重点城市的引领功能，与加拿大温哥华、多伦多，美国加州、麻省，德国慕尼黑、巴伐利亚等重点城市和省州开展有针对性的组织接洽，开展长期互利合作。鉴于广东目前正与德国巴斯夫公司、莱茵集团和SAP公司①等探讨开展深度合作，可拓展与这些企业总部所在地的友城关系。

二是完善与重点友城定期交流、资源共享、评估激励等工作机制。加强日常沟通和信息传递，在常规交流领域的基础上更有针对性地增加相关领域的合作交往内容。比如，可以作为中博会联合主宾国、警务交流、商协会对接等，并成立联合工作组，指定联络人，加强对口联系。还可以定期召开省内友城工作会议，有针对性地推动部门相关资源向友城倾斜，如在来粤留学生奖学

---

① SAP公司是德国的一家软件公司，成立于1972年，总部位于德国沃尔多夫市，是全球最大的企业管理和协同化商务解决方案供应商，世界第三大的独立软件供应商，全球第二大云公司。在全球75个国家拥有分支机构，并在多家证券交易所上市，包括法兰克福和纽约证交所。2018年7月19日，2018年《财富》世界500强排行榜发布，SAP公司位列第446位。

金、农业专项资金、科技创新战略专项资金等国际合作领域支持项目优先考虑友城；海外中华文化中心、旅游推广中心、商品展销中心、代表处和联络处等可优先设点在友城，或优先在设点的地区推动建立友城关系；推动成立广东省国际交流合作基金会，充分调动社会参与友城工作积极性，扩大友城交往实效。还可以探索建立友城发展评估和激励制度，制定友城发展指标（见表5-1），对包括高层交往、基础建设、友城匹配度等相关内容，由各相关方面负责人和业务指导部门有关负责人组成评审委员会，定期对友城发展情况进行评估，纳入有关单位绩效考核制度。委员会可每3～5年对友城框架协议进行审议、调整和更新。

表5-1 友城发展指标

	内容	比重
高层交往 15%	互访频率	10%
	信件往来等互动频率	5%
基础建设 25%	开通直航	5%
	互设代表处	10%
	建立联合工作组等交流机制	10%
匹配度 50%	合作领域广泛性	10%
	人员往来频率	10%
	交流成果落实情况	10%
	双向贸易	10%
	双向投资	10%
其他 10%	省域友城辖区内的市级友城或市级友城辖区内的区级友城	5%
	友好港、友好学校、友好医院	5%

资料来源：广东省外办《2018广东省友城工作调研报告》，2018年5月。

三是完善抓手推进更务实合作。当前，广东友好省（州）总体数量已经不少，关键是要突出重点，利用友城平台为全省外经贸工作牵线搭桥，加强实质性合作。要结合广东正加快推进友城马来西亚马六甲皇京港、白俄罗斯明斯克中白工业园等重点园区建设，省内大力推进揭阳中德金属生态城、佛山中德工业服务区、中山中瑞（欧）工业园、湛江奋勇高新区东盟产业园、东莞中俄贸易产业园等园区建设，为友城合作提供了重要平台和抓手。围绕重点园区建设，积极谋划广东企业"走出去"和友城500强企业"引进来"，建立友城项目库，同时加强多边合作平台建设。借"中国制造2025"和"一带一路"建设东风，主动服务广东企业进驻友城尖端技术孵化型园区，如位于广东友城美国加州的硅谷、法国普罗旺斯—阿尔卑斯—蓝色海岸大区的索菲亚科技园（欧洲最大科技园区）、澳大利亚新州的澳大利亚科技园等，以及有助于广东产能转移的合作园区，如位于友城南非夸祖鲁—纳塔尔省、广州市友城斯里兰卡汉班托塔区等的工业园区。

当前，广东正处于经济社会转型升级的关键期，按照习近平总书记要求广东"四个走在全国前列"的重要指示要求，亟须在高质量发展方面发挥示范引领功能，特别要在拥有自主知识产权的先进制造、以交通运输便利为核心的城市建设、清洁能源和技术应用、技术型和创新型人才引进和培养等方面取得突破性进展。广东不乏在上述领域拥有丰富经验、资源、技术和人才的友好省州（城），下一步要加强与其优势领域的整体合作。比如，德国是欧洲工业4.0的领头羊，而其最具代表性的工厂——西门子安贝格电子制造工厂就在友城巴州。结合广东自身优势，双方可通过"互联网+智能制造""移动支付+先进服务""共享经济+节能环保"等强强联合的方式开展合作。参照友城发展指标,在两省州已开展合作的基础上,化零为整,加强两地商协会、企业间的对接,充分发挥两地经贸代表处作用,推动两地开通直航,打造广东友城深度合作样板。

四是在友城"一对一"合作基础上加强多边平台建设。友城之间既有互补性也有共性,如在高新科技和创新领域,广东友城美国加州、瑞典斯科讷省、法国普阿蓝大区以及准友城以色列特拉维夫—雅法市等都处于世界领先地位;在先进制造特别是汽车制造领域,友城美国密歇根州、德国巴州、意大利艾米利亚—罗马涅大区、巴西圣保罗州等都具有独特优势;在金融领域,广东友城瑞士苏黎世州、深圳市准友城英国伦敦金融城、巴西圣保罗州(拉美最大金融中心、世界第三大期货市场)等具有较高的地位;在高等教育和职业教育领域,友城美国马萨诸塞州(简称"马州")和加州、德国巴州、澳大利亚新州和昆州等都具有丰富的资源;在能源环保领域,友城加拿大阿尔伯塔省、丹麦南丹麦大区等具有世界领先技术。①可以参考"广州—奥克兰—洛杉矶三城经济联盟"强强联合模式,根据各自优势领域建立友城多边交流机制。同时,积极承办国家主导的双边、多边地方领导人会议,如中美省州长论坛、中国中东欧国家地方省州长联合会工作会议等,配合国家总体外交,扩大广东友城工作影响。

五是把广州深圳等重点城市打造成为国际交往中心。在这

---

① 广东省外办:《2018广东省友城工作调研报告》,2018年5月。

方面，北京、上海等城市做得很好；相比之下，同样为全国一线城市的广州、深圳还要大力加强。就广东而言，广州、深圳是一定能够真正成为国际化城市的；还有一些有可能成为国际化城市的，比如珠海等珠三角其他一些城市，以及粤东汕头、粤西湛江，尽管国际化程度还不算太高，但也可以往国际化方向发展。在此基础上，目前广东更需要做的，就是要大力发挥南沙、前海、横琴这三个自贸片区战略功能，真正将其打造成为广东对外开放的世界级门户枢纽。广东这么大的经济体量，的确需要一个地方能够支撑起广东与世界的沟通联系，外面的人到广东就先到这个地方来，国人"走出去"也先到这个地方注册建公司，再从这个地方"走出去"。广东制定对外贸易投资政策，在全省也许不行，但可以在这个地方先行先试；老外要来，也可以把公司开设在这里来；中国的企业要跟外面联系，也可以到这个地方先立稳脚跟再出海，更方便跟外面联系。在这方面，广东3个自贸片区责无旁贷、使命光荣。尤其是南沙自贸片区的区位很好，位于珠三角的地理几何中心，从那里到深圳前海只需半个小时；同时南沙拥有国土面积803平方公里，可以用于建设的有300平方公里，①按此规模完全可以建设一座大城市了。正基于此，将其作为广东对外开放世界级门户枢纽来谋划建设是完全可行的。同时南沙背后还有广州、深圳这两座超大型一线城市的强大支撑，广东把南沙这个门户枢纽摆在前头，是可以做得非常扎实的。在这方面，广东可认真做好谋划、形成合力，推动其建设往更高水平发展。

---

① 张豪：《南沙把湾区地理中心打造成合作高地》，载《羊城晚报》，2019年2月21日。

本章小结

深入推进新时代省域经济外交，最重要、最必须坚定的一条，就是坚持思想引领开路，坚持以习近平外交思想为根本遵循，用其武装头脑、指导实践、推动工作，不断开创新局，走在全国前列。在此基础上，要从更高层次更高水平践行落实"三个主动适应"，自觉在党和国家对外工作的大格局中找准方位、抓住机遇，用好省域优势。基于广东在全国省域中担负重要的引领示范功能，尤其要更加主动有为替国家想事谋事成事，更加主动自觉弘扬开拓进取苦干实干精气神，更加主动凝聚广泛强大推进合力，切实提高省域经济外交工作的能力和水平，更好地服务党和国家中心任务、服务广东发展现实需求。同时还要厘清重点，把好"四梁八柱"，落小落细落具体，做到"纲举而目张、有条而不紊"。当前，最紧要的是统筹纵深推进"1+1+5+2"关键举措，即以"一带一路"建设为牵引，以粤港澳大湾区建设为总纲，抓好高质量"引进来"、高水平"走出去"、平台载体、机制渠道、制度规则等五方面工作，抓好侨务、友好省州（城）等特色要件助力的国际经贸交流合作。

结束语
Conclusion

结束语

一、研究结论

在中国致力加快实现大国和平崛起的伟大进程中，经济外交对中国全局及省域的重要性与日俱增，特别是赋予东部沿海发达省域所承担的职责使命愈加重要。结合当今中国特殊的国情语境、省域国际经贸合作与交往的现实重要性以及当前学界研究新趋向等综合因素，提出导入省域经济外交这一概念并将其上升到国际关系的理论层次予以阐释运用，适逢其时、很有必要，将有利于进一步强化其工作导向、政治经济属性和各方推进合力。在国际关系理论视域和中国作为单一制国家的结构形式下，中国省域经济外交推进的合法性来自中央授权，展开的程度和深度取决于中央授权、国际变局、自身需要三组关系的互动变化，根本是在符合国家根本制度、根本利益和中央外交有限授权的总体框架下，根据既有利于国家整体利益、也顺应国际大势、又有利于省域自身更好发展等核心目标，在通盘综合考量的基础上扎实作为、奋发有为。这就决定了省域经济外交运行的基本原理，就是要遵循经济目标与政治属性共促、中央统一领导与地方积极性发挥互动"两个有机统一"这一基本准则，就是要追求实现央省利益最大最优这一价值取向，就是要落实好"三个主动适应"这一技术路径，推动省域经济外交各领域工作深入展开、行稳致远。

（一）广东省域经济外交的辐射效应

当前，国内外形势正在发生深刻复杂变化，我国发展仍处于重要战略机遇期，前景十分光明，挑战也十分严峻。[①]广东作为当今中国经济实力最强、对外经济交流合作最为活跃的省级次国家区域，其在全国"先行一步"的省域经济外交探索实践，不仅为其自身迈向更高质量发展源源提供动力与支撑，同时也跳出"一省一域"的地理范畴，既为全国兄弟省域提供经验启示，也为中央政府探索深化对省域授权指导互动提供了有益参照。总体上产生了三方面辐射效应：

第一，丰富了省域经济外交展开的维度。如前文所述，广东省域经济外交总体形成了"四个持续""五个始终""三个主动适应"等经验模式，其既有的很多实践做法在全国省域具有普遍性，具有全国推行的共性价值。展现的一些共性经验主要有：一是省域经济外交在其对外工作"大盘子"中的权重及作用越来越大，必须始终作为主要职责、核心任务扎实推进；二是共建"一带一路"开创了中国主动外交新格局，为省域经济外交提供更多授权、赋予更大舞台、迎来更新机遇，必须牢牢把握、更

---

① 习近平：《决胜全面建成小康社会　夺取新时代中国特色社会主义伟大胜利——在中国共产党第十九次全国代表大会上的报告》，北京：人民出版社，2017年版，2页。

有力有序有效推进；三是省域经济外交已形成相对成型固定的种类，就是以经济合作外交为主体，在实践中既要抓牢主体抓手，同时又要兼顾外延特色，有章有法、有板有眼扎实推进；四是省域经济外交必须在中央顶层设计下认真践行"三个主动适应"，遵循中央部署、顺应国际大势、吻合内在需求，在顺应"天时地利人和"的运动变化中不断强化高水平主动适应的能力水平和责任担当，牢牢掌控主动权，永葆蓬勃生机与活力；五是省域经济外交推进既要从全局高度把握好整体路径与方法，也要从落小落细落具体的角度切实抓牢"四梁八柱"具体举措，确保"纲举而目张、有条而不紊"；六是其推进既要发挥好政府的主体作用，也要激发非政府力量的不可替代作用，广泛调动和凝聚各方合力；等等。

第二，彰显了省域经济外交转型的路径与方向。新形势下以广东为例的中国省域经济外交的转型升级，是践行顺应国际形势变局、中央部署变化、自身内在需求"三个主动适应"的必然结果，在全国具有鲜明的导向性。"这是一个最好的时代，也是一个最坏的时代。"[1]在2008年世界金融危机终结了由美国主导的负债型经济全球化、世界面临百年未有之大变局的大背景下，中国从展现大国担当、创新构建人类命运共同体的高度，于2013年年底倡导提出共建"一带一路"，就是高举世界和平发展共赢的旗帜，从制度层面为构建全球新秩序而提供的中国智慧、中国方

---

[1] 出自查尔斯·狄更斯《双城记》。2017年1月17日，习近平总书记在世界经济论坛2017年年会开幕式上作主旨演讲时，引用这一名句纵论"经济全球化"。见《习近平谈治国理政》第二卷，北京：外文出版社，2017年版，476页。

案和全球公共产品，具有广泛的国际认同度和强大的生命力、聚合力。这也意味着中国对外开放的时代主题，已从过去以商品和要素开放为主，开始朝着以制度规则体系开放为主的高水平开放方向转型跃升。在这与中国实现"由大到强"相适应的外交战略重大转型当中，省域经济外交与"一带一路"倡议形成高度关联互动，必然要顺应这一时代主题而展现区域新作为、作出区域新贡献。关于以共建"一带一路"为牵引构建面向全球的开放型经济新体制，中央在十八届三中全会以来已先后作出一系列顶层设计和重大部署，并同时要求广东发挥好排头兵、实验区、先行地等功能优势，找准定位主动作为，率先为全国探路。广东作为中国第一经济大省和第一对外经贸大省，其省域经济外交在过去数十年以商品和要素开放为主线的开放时代一直不辱使命，为全国创造积累了宝贵经验；同样，在以制度规则体系为新重心的高水平开放新时代，广东也有足够的能力和沉甸甸的责任为全国再立新功、再创新路，率先探索出一套符合中国国情语境的省域主动适应经济外交制度规则体系。当前全球治理体系变革处于重要时期，广东严格遵循中央顶层设计，对内以自贸试验区为主平台，对外以构建自主性全球经贸服务网络及"走出去"综合服务体系等为主抓手，在探索制度规则新体制方面进行了积极探索，取得了明显成效；但也面临一系列新的形势与挑战，这些都对全国省域高水平经济外交具有宝贵的借鉴和启发意义。

第三，促进了中央顶层设计下央省对外互动关系的民主化、科学化。在中国作为单一制国家的结构形式下，外交大权集中在中央，省域经济外交开展的合法性源自于中央外交授权。广东作为中国的一个省域组成部分,其经济外交必须坚定不移牢牢把握的一条根本原则,就是所有工作必须始终在国家总体框架和顶层设计下开展,既不能越位也不能缺位,既要主动适应又要于法有据,时时刻刻与中国改革发展整个大环境形成互动依存、同频共拍、步调一致。以广东为例总结其省域经济外交近40年实践,最核心的一条经验就是严格落实中央授权要求,不断结合实际践行以适应中央授权变化为首要任务的"三个主动适应",并将其作为贯穿经济外交探索实践全过程各方面的一条逻辑主线。实践也充分证明,广东凡是落实"三个主动适应"较好的时期,省域经济外交推进就又好又快;相反,凡是"三个主动适应"落实得还不够果敢有力,省域经济外交就容易陷入展开相对缓慢的平台期。在处理好"三个主动适应"这三层逻辑关系中,广东最需要审慎妥善处置好的就是央省关系,这是由中央授权式外交格局所决定的。在适应自身实际需求方面,广东有其主动性;在适应国际形势变化方面,虽然有很大的不确定性,但有中央掌控把舵,也总体可控;但在适应中央授权要求方面,广东处于下级政权的位置,这就要求广东必须时时刻刻准确把握好中央的战略意图和自身的权责边界,既要不折不扣坚决落实好中央授权和部署要求,同时也要结合自身实际创造性开展工作、务求工作实效,并要积极争取中央予以更大支持、为全国履行更大责任。在这方面,广东取得了很好的成绩,也为进一步完善构建更加符合国情政治、权责更加明确、互动更为高效的央省关系做出应有贡献,但也还有很大的探索提升空间。

（二）广东省域经济外交在新形势下面临新挑战

在中央以共建"一带一路"开创主动引领外交新格局、对省域深度参与作出更大授权等机遇背景下，与新时代彰显的新形势和高要求相比，对标对表国内外最优最好最先进，以广东为例的省域经济外交也还存在不少短板和不足，主要体现在自主力、掌控力、支撑力、辐射力、接续力等五个方面的不足，深层次原因还是高水平主动适应不够，尤其是在主动适应中央战略调整、新时代发展环境变化以及应对一些新问题、新挑战等方面，其能力水平和果敢担当还尚存不足。

第一个层面是来自省域方面，受其高水平主动适应还尚存不足、开拓进取和锐气担当仍显不够等自身因素制约，对其进一步增强新时代使命担当、更主动高效服务国家大局提出了新的更高要求。这主要体现在，在中央强调加强顶层设计、于法有据的新形势下，广东在不折不扣落实中央决策部署方面坚决有力、执行到位，但在立足广东服务全国辐射世界、以广东为主平台更加积极主动为国家想事谋事成事等更深层次的使命担当方面，与改革开放初期那种"提着脑袋为国家干事""舍我其谁""为国家杀出一条血路来"等果敢魄力相比，当前显得仍略有不够，还有明显的拓展提升空间。特别是现在国内外发展环境正发生根本变化，已由过去简单地靠中央政策的外延式扶持，到现在要靠自主式、内涵式的发展，靠优化政务发展环境等综合方面激发内生动力；同时在过去从没有到有的时候，开始时的变化是很强的，但现在变化了这么多年，要作出一点创新都是不容易的，需要凝聚更高的政治智慧和创新勇气，做出更为艰辛卓越的不懈努力。共建"一带一路"作为中国总体外交继往开来的一个重要"分水岭"，不仅开启了中国主动引领外交的新时代，也给省域经济外交深入推进注入新内涵新活力。在中央顶层设计中，就赋予了广东深度参与"一带一路"建设的4大功能定位，同时还对广东开创全面开放新格局、构建开放型经济新体制等方面寄予厚望、压以重担；粤港澳大湾区及深圳先行示范区建设、国家以制度规则体系为主攻方向的新一轮高水平开放格局构建等，都赋予广东在新时代继续引领全国潮流的历史重任，既提出了新的更高要求，也提供了新的历史性机遇。面对艰巨繁重的改革发展稳定任务，广东要在更高历史起点上开创新时代各项工作新局面，既要有刀刃向内勇于自我革命的胆略气魄，又要有奋斗不息谋事创业的高招新招实招。新时代新使命呼唤新担当新作为，但在具体实践当中，广东省域经济外交在新时代为全国堪负大任、迎面破解新时代难题挑战、为中华民族伟大复兴贡献更大力量等方面，其展现出来的使命担当、果敢魄力与中央要求、时代呼唤和人民期盼相比也还有不少差距，这集中体现在省域经济外交推进层面的担当进取精气神有所弱化，尤其在落实"三个主动适应"特别是在中央顶层设计下主动适应央地关系、更果敢担当作为等方面还略显不足，这也成为当前制约其不断走深走实的一个关键问题。

第二个层面来自上级政府方面，对中央一些部委办展开更为积极有效的央省互动及授权支持提出了新的现实要求。邓小平指出，"调动积极性是最大的民主。"[①]中国作为高度单一制国

[①] 邓小平：《邓小平文选》第3卷，北京：人民出版社，1993年版，242页。

家，中国省域经济外交取得成就的根本前提，在于党中央的坚强领导和富有远见的有力有序授权，在顶层设计下为省域经济外交及时提供来自法律、政策等层面的必要保障，为其深入探索实践创造环境、指明方向、提供遵循。在具体实践当中，包括广东在内的省域经济外交作为中央政府主导下国家总体发展战略的有机组成部分，不仅有力促进了地方综合经济实力的快速提升，也对国家发展和总体外交起到了重要的配合、服务和补充作用。必须正视的一个演进态势是，广东作为中国对外依存度最高的省域，随着省域经济外交工作向纵深推进，必然与国家政策体制的完善形成良性互动共进的格局，共同维护和拓展国家与地方利益的最大最优。特别是当前广东省域经济外交很多前沿领域的探索实践不仅走在全国前列，有的还率先进入了"无人区"，面临越来越多新出现的对外事务，这对中国省域而言没有任何先例可循，也没有现成模式可套，具有极强的开创性和挑战性，这就需要国家层面尤其是一些中央部委办立足全局、面向未来认真加以协调互动解决。尤其是广东深入推进当中所面临的一些新问题，很多为国家宪法及有关法律法规所尚未能涉及的，这无疑成为广东对外交往面对的来自国家层面特别是体制机制方面的难题。比如，当前广东自贸试验区践行开展的很多创新改革都需要向中央部委办"一事一报"或联合会签，增加了推进工作的时间成本和互动难度，一线部门对中央探索"打包授权"或"综合试验"等新机制提出了新期盼；又比如，省域各级各单位在深度展开"一带一路"国际产能合作时，在对外沟通协调中就存在与合作方地位不对等的现实问题，导致一些信息交流不畅顺、工作步调不一致、涉及境外园区的土地、税收等优惠政策难以及时争取获得的实际难题，极大影响了工作推进的实效，这也对国家层面加强指导和应对提出了新期待，等等。

（三）结论与对策建议

马克思指出，"人们自己创造自己的历史，但是他们并不是随心所欲地创造，并不是在他们自己选定的条件下创造，而是在直接碰到的、既定的、从过去继承下来的条件下创造。"[①]因此，基于上述两个层面的新挑战，这就需要从中央与省域层面更加默契、更为高效展开良性互动合作，对前进中面临的一系列问题予以研究和破解。特别是在"一带一路"倡议引领中国外交总体转向的时代背景下，对省域实施更为积极主动的经济外交提供了新机遇，也赋予新使命新任务，提出了新要求。

一方面，需要广东等省域进一步强化使命担当，切实履行中央赋予的职责使命，始终保持"舍我其谁""功成必定有我"的果敢魄力，敢闯敢试、敢为人先，持续引领潮流。要深刻认识落实"三个主动适应"是省域经济外交深入推进的根本路径，改革开放初期创造辉煌成就靠这条核心经验，立足新时代实现新作为同样要靠这条核心经验。同时也要清醒地认识到，新形势下主动适应的国内外大环境变了，必须与时俱进、因时势而变，不仅自身要更加积极主动作为，也要强化国家思维、省域担当、自身

---

① 马克思、恩格斯：《马克思恩格斯选集》第1卷，北京：人民出版社，1995年版，585页。

参与，大力从国家层面争取更多的授权支持和综合指导，加强与中央主管部门的沟通，多向中央具体部委办请示汇报，努力站在国家层面想事谋事成事，更好地服务国家外交大局。同时也要注意方式方法，清醒地认识到构建新时代主动高效的省域经济外交工作体系的重要性及其复杂性和艰巨性，切实增强政治敏锐性和战略定力，按照中央的统一部署，加强谋划和统筹，强化责任担当，积极稳妥推进，更好为中国构建新时代省域经济外交新模式先行先试，做出所在省域更大的应有贡献。

另一方面，需要国家层面给予更多授权、支持和指导，破解单一制国家结构形式下省域经济外交的主动性、独立性等空间问题。因为广东等省域作为中国的省级次国家区域，很多改革创新工作涉及大量国家事权，非其一省之力可以自行抉择应对，需要国家层面给予更多授权、支持和指导。如适应新形势更好实现适度分权和授权，鼓励省域等地方政府更加积极有效展开对外经贸合作与交流，提升开展跨国、跨地区合作能力，建立与其经济地位相适应的经济外交综合能级。在新的形势下，国家层面应当加强顶层设计，更有效借助和整合中央和地方的有效资源，并尽最大努力发挥地方政府和非政府力量外交的积极作用，为建立更加牢固稳定的中外经济合作关系夯实基础。

习近平总书记指出，"只有顺应历史潮流，积极应变，主动求变，才能与时代同行。"[①]推进新时代包括广东在内的中国省域经济外交，亦需如此。总而言之，立足国情、放眼世界、着眼

---

① 习近平：《在庆祝改革开放40周年大会上的讲话》，新华社北京2018年12月18日电。

未来,在中央顶层设计的大框架下,进一步思考从上层建筑层面完善体制机制和法律保障,采取更为有效措施推进构建更加良性高效互动的央省关系,实现央省各方面利益的最大最优,是当前纵深推进省域经济外交的现实要求及重大命题。

二、有待于进一步深化研究的问题

本书以广东为例重点研究了中国省域经济外交,而中国改革开放经历了40多年的发展历程,在省域、区域层面发展不平衡,以广东为例的省域经济外交推进过程中所形成的经验模式,对国内其他省域、其他区域以及世界上一些发展中国家的类似区域有无借鉴的意义,受文章篇幅所限展开还不够,在这方面的外推适用研究也还有待进一步深化。

经济外交对当下及未来中国及地方发展的重要性不言而喻,可以预见的是,在前进道路上,源自理论和实践层面更加复杂的新老问题将不断涌现,都需要以更大理论勇气和更宽广的全局视野加强对后续问题的研究。就目前的国情语境下,构建更加科学高效的央地对外关系分工互动机制,既维护好国家总体利益,又充分调动地方深度参与的积极性、主动性、有效性,特别是为中国探索一套适应既有国情语境的地方对外交往规则体系,很有必要,这可以作为接下来深化研究的重点方向。比如,针对当前对央地高效互动关系提出的新要求,可以围绕央地分权与中央对地方授权式外交的法律固化等深层问题,进行深入探讨并提出新构想。同时,省域经济外交的持续深入推进既要重视实践总结,也要重视理论指引,这也为接下来进一步深化对省域经济外交理论图谱的研究提供了广阔空间。

主要参考文献

（一）中文著作

1. 马克思、恩格斯. 马克思恩格斯全集. 第26卷. 北京：人民出版社，2014.

2. 马克思、恩格斯. 马克思恩格斯全集. 第41卷. 北京：人民出版社，1982.

3. 马克思、恩格斯. 马克思恩格斯选集. 第1卷. 北京：人民出版社，1995.

4. 列宁. 列宁全集. 第27卷. 北京：人民出版社，1958.

5. 毛泽东. 毛泽东文集. 第7卷. 北京：人民出版社，1999.

6. 邓小平. 邓小平文选. 第3卷. 北京：人民出版社，1993.

7. 中共中央文献研究室. 邓小平年谱（1975—1997）. 北京：中央文献出版社，2004.

8. 中共中央党史研究室. 习仲勋主政广东. 北京：中共党史出版社，2007.

9. 习近平. 习近平谈治国理政. 第二卷. 北京：外文出版社，2017.

10．习近平．之江新语．杭州：浙江人民出版社，2007．

11．中共中央宣传部．习近平新时代中国特色社会主义思想学习纲要．北京：学习出版社、人民出版社，2019．

12．慎海雄．习近平改革开放思想研究．北京：人民出版社，2018．

13．倪世雄．当代西方国际关系理论．上海：复旦大学出版社，2014．

14．金应忠、倪世雄．国际关系理论比较研究．北京：中国社会科学出版社，2002．

15．阎学通．世界权力的转移：政治领导与战略竞争．北京：北京大学出版社，2015．

16．楚树龙．国际关系基本理论．北京：清华大学出版社，2003．

17．全国干部培训教材编审组．国际形势与中国外交．北京：人民出版社，2015．

18．全国干部培训教材编审组．全面推进中国特色大国外交．北京：人民出版社、党建读物出版社，2019．

19．外交部政策规划司．中国外交（2018年版）．北京：世界知识出版社，2018．

20．鲁毅、黄金祺、王德仁等．外交学概论．北京：世界知识出版社，1997．

21．王逸舟．全球政治和中国外交．北京：世界知识出版社，2003．

22．陈志敏．次国家政府与对外事务．北京：长征出版社，

2001.

23．杨闯等．外交学：理论与实践．北京：世界知识出版社，2018．

24．周永生．经济外交．北京：中国青年出版社，2004．

25．周永生．外交学原理．上海：上海教育出版社，2008．

26．何茂春．经济外交学教程．北京：世界知识出版社，2010．

27．何茂春等．经济外交事务．北京：清华大学出版社，2016．

28．张清敏．当代中国外交．北京：五洲传播出版社，2014．

29．秦亚青．大国关系与中国外交．北京：世界知识出版社，2011．

30．赵可金．非传统外交导论．北京：北京大学出版社，2015．

31．赵可金．公共外交的理论与实践．上海：上海辞书出版社，2007．

32．王帆、凌胜利．中国特色大国外交．北京：世界知识出版社，2017．

33．赵丕涛．外事概说．上海：上海社会科学出版社，1995．

34．李小林．城市外交理论与实践．北京：社会科学文献出版社，2016．

35．金熙德．日美基轴和经济外交．北京：中国社会科学出版社，1998．

36．何爱平、李雪娇、彭硕毅等．新时代中国特色社会主义政治经济学的创新发展研究．北京：人民出版社，2018．

37．孙英兰、李孟国、屈婷．开放发展研究．北京：高等教育出版社，2018．

38．郑永年．中国的"行为联邦制"：中央地方关系的变革与动力．北京：东方出版社，2013．

39．周黎安．转型中的地方政府：官员的激励与治理．北京：格致出版社，2008．

40．王曙光．中国论衡——系统动态平衡发展理论与新十大关系．北京：北京大学出版社，2018．

41．胡鞍钢．中国进入世界舞台中心．杭州：浙江人民出版社，2017．

42．国家发改委课题组．中国对外开放40年．北京：人民出版社，2018．

43．罗小军．新型大国经济关系的生长——1978—2015中美经济外交．北京：时事出版社，2016．

44．王义桅．世界是通的："一带一路"的逻辑．北京：商务印书馆，2016．

45．胡伟．"一带一路"：打造中国与世界命运共同体．北京：人民出版社，2016．

46．冯并．"一带一路"：全球发展的中国逻辑．北京：中国民主法制出版社，2015．

47．赵晋平等．聚焦"一带一路"：经济影响与政策举措．北京：中国发展出版社，2015．

48．刘伟、郭濂．"一带一路"：全球价值双环流下的区域互惠共赢. 北京：北京大学出版社，2015.

49. 胡键. "一带一路"：战略构想与其实践研究. 北京：时事出版社，2016.

50. 肖振生. 数说"一带一路". 北京：商务印书馆，2016.

51. 厉以宁、林毅夫、郑永年等. 读懂"一带一路". 北京：中信出版社，2016.

52. 冯维江、徐秀军. "一带一路"：迈向治理现代化的大战略. 北京：机械工业出版社，2016.

53. 赵可金. "一带一路"：从愿景到行动. 北京：北京大学出版社，2015.

54. 任贵祥. 海外华侨华人与中国改革开放. 北京：中共党史出版社，2009.

55. 门洪华. 中国与世界关系的逻辑建构：理论、战略与对策. 北京：北京大学出版社，2016.

56. 林若. 广东改革开放的实践与思考. 广州：广东人民出版社，2003.

57. 谢非. 广东改革开放探索. 北京：中共中央党校出版社，1998.

58. 中共广东省委办公厅. 广东改革开放启示录. 北京：人民出版社，1993.

59. 中共广东省委组织部、广东省地方志办公室. 广东资政志鉴. 广州：广东人民出版社，2015.

60. 中共广东省委宣传部. 邓小平理论在广东. 广州：广东人民出版社，1997.

61．中共广东省委党史研究室．广东经济发展探索录．广州：广东人民出版社，2009.

62．中共广东省委党史研究室．广东改革开放决策者访谈录．广州：广东人民出版社，2008.

63．中共广东省委党史研究室．中国共产党广东历史大事记（1949.10—2004.9）．广州：广东人民出版社，2005.

64．中共广东省委党校．贯彻新发展理念的广东实践．广州：广东人民出版社，2018.

65．《广东改革开放史》课题组．广东改革开放史（1978～2018年）．北京：社会科学文献出版社，2018.

66．广东省统计局、国家统计局广东调查总队．2018广东统计年鉴．北京：中国统计出版社，2018.

67．匡吉．当代中国的广东（下）．北京：当代中国出版社，1991.

68．谭元亨．广州十三行——明清300年艰难曲折的外贸之路．广州：广东经济出版社，2015.

69．毛艳华、荣健欣、邹嘉龄等．广东参与"一带一路"建设蓝皮书（2013—2018）．广州：广东人民出版社，2018.

70．夏杰长、林吉双、黄立军．广东服务业对外开放报告2014．北京：经济管理出版社，2014.

71．陈万灵．广东对外经济贸易发展研究报告（2014—2015）．北京：社会科学文献出版社，2015.

72．伍俊斌．对外交流桥头堡．广州：广东人民出版社，2016.

73．乔培华、袁炎清．21世纪海上丝绸之路与广东航运文化．广州：中山大学出版社，2016.

74．刘权．念祖爱乡：海外广东人的情结．广州：广东人民出版社，2005.

75．司徒尚纪．21世纪海上丝绸之路广东再出发．广州：广东旅游出版社，2016.

76．蒋祖缘、方志钦．简明广东史．广州：广东人民出版社，2008.

77．刘城．广东培育本土跨国公司战略研究．广州：华南理工大学出版社，2014.

78．唐文雅．广州十三行沧桑．广州：广东省地图出版社，2002.

79．广东省政府参事室．广东海上丝绸之路史料汇编（秦汉至五代卷）．广州：广东经济出版社，2017.

80．张争胜．广东地理．北京：北京师范大学出版社，2016.

81．王利文、李金亮．先行一步的探索——广东经济学者关于改革开放的思考．广州：广东人民出版社，2008.

82．广东省地方史志编纂委员会．广东省志．广州：广东人民出版社，2004.

83．周国平．粤港澳大湾区规划和全球定位．广州：广东人民出版社，2018.

84．郭凡、蔡国萱．21世纪海上丝绸之路与广州．广州：中山大学出版社，2015.

85．曹云华、李皖南．广州与"21世纪海上丝绸之路"建设．北京：中国经济出版社，2017．

（二）中文论文

1．曾牧野．学习邓小平对外开放理论的三点认识．载《南方经济》，1994（11）．

2．陈须隆．习近平外交思想的指导意义和国际影响．载《国际观察》，2018（11）．

3．陈向阳．中国外交从容应变．载《现代国际关系》，2019（1）．

4．赵可金．经济外交的兴起：内涵、机制与趋势．载《教学与研究》，2011（1）．

5．徐建华．经济外交：概念与特征辨析．载《深圳大学学报（人文社会科学版）》，2016（5）．

6．王瑞领．经济外交研究：进展与问题．载《理论与改革》，2016（1）．

7．陈志敏．中国的地方外交．载《国际观察》，2010（1）．

8．何传添．东盟经济外交研究．暨南大学博士学位论文，2005年6月．

9．杨勇．全球化时代的中国城市外交——以广州为个案的研究．暨南大学博士学位论文，2007年10月．

10．姚家庆．地方政府的经济外交：东莞的案例．暨南大学博士学位论文，2011年11月．

11．姚家庆．东莞对东盟国家的经济外交．载《东南亚研究》，2012（1）．

12．高虎城．让中国梦点亮美好世界——学习贯彻习近平总书记经济外交思想．载《求是》，2014（7）．

13．刘晔．世界体系理论的发展与比较．载《海派经济学》，2015（3）．

14．叶桂平．次国家行为体的对外关系研究——以澳门特别行政区为例．载《世界经济与政治》，2013（2）．

15．苏力．当代中国的中央与地方分权——重读〈新十大关系〉第五节．载《中国社会科学》，2004（2）．

16．宣晓伟．现代国家中央与地方关系的基本特征．载《中国发展观察》，2014（9）．

17．苏长和．中国地方政府与次区域合作：动力、行为及机制．载《世界经济与政治》，2010（5）．

18．孙彩红、余斌．对中国中央集权现实重要性的再认识．载《政治学研究》，2010（4）．

19．张闫龙．财政分权与省以下政府间关系的演变——对20世纪80年代A省财政体制改革中政府间关系变迁的个案研究．载《社会学研究》，2006（3）．

20．薄贵利．中央与地方权限划分的理论误区．载《政治学研究》，1999（2）．

21．江长新．次国家政府参与国际合作问题研究——以吉林省政府为例．吉林大学博士学位论文，2011年5月．

22．张鹏．中国对外关系展开中的地方参与研究．上海外国语大学博士学位论文，2013年6月．

23．王诚．改革开放中的先行先试权研究．上海交通大学博士学位论文，2009年5月．

24．蔡亮．共生国际体系的优化：从和平共处到命运共同体．载《社会科学》，2014（9）．

25．张宇燕．中国的国际环境与对外战略构想．载《长江论坛》，2013（12）．

26．王新华．中国民间外交：现状、思考与建议．载《学理论》，2016（10）．

27．王子昌．地方外交的结构性分析：以广东省与印度尼西亚经贸关系为例的分析．载《东南亚研究》，2009（3）．

28．王子昌．"一带一路"倡议与华侨华人的逻辑连接．载《东南亚研究》，2015（3）．

29．高虎城．"一带一路"是促进全球发展合作的中国方案．载《杭州（周刊）》，2015（10）．

30．丁冰．"一带一路"是推进中国特色大国外交的重要经济基础．载《思想理论教育导刊》，2018（12）．

31．陈翔、韦红．"一带一路"建设视野下的中国地方外交．载《国际观察》，2016（6）．

32．孙绍勇．协同推进态势下"一带一路"发展机遇的辩证统一．载《理论学刊》，2017（9）．

33．荆林波．我国对外开放比较研究——以广东省为例．载《财贸经济》，2011（8）．

34．吕立才、牛卫平．广东利用外资30年：现状与前景．载《广东行政学院学报》，2010（5）．

35．陈万灵．广东参与"海上新丝路"的战略思考．载《广东经济》，2014（9）．

36．左晓安．与"一带一路"倡议协调发展的粤港澳合作机制创新．载《特区经济》，2017（1）．

37．吴淑娟、梁紫媚．"一带一路"建设背景下加快广东省向东盟产业投资的研究．载《东南亚纵横》，2016（3）．

38．周春霞．21世纪海上丝绸之路背景下广东—东盟合作平台建设机制研究．载《广东经济》，2016（11）．

39．刘辉军、白福臣．广东与东盟产业合作的路径选择——基于比较优势理论分析．载《当代经济》，2017（25）．

40．沈伯明．入世后广东加快实施"走出去"发展战略．载《国际经贸探索》，2003（6）．

41．张梅．广东出口贸易对环境影响的实证分析．载《国际贸易问题》，2006（4）．

42．冯邦彦、彭岚．广东经济空间结构演变及优化．载《广东商学院学报》，2009（6）．

43．董小麟．当前国际经济形势变化的影响与对策——从广东/广州当前经济发展态势得出的思考．载《国际经贸探索》，2009（4）．

44．范贤政．广东省改革开放中主动适应性立法研究．武汉大学博士学位论文，2015年6月．

45．李中．广东农业利用外资问题研究．载《中国农村经济》，1996（3）．

46．魏作磊、詹迁羽．改革开放40年广东服务业利用外资分析与展望．载《发展改革理论与实践》，2017（1）．

47．李克华、刘春琪．利用外资加速广州工业企业技术改造问题初探．载《广东社会科学》，1984（1）．

48．叶勇．广东外资利用质量评估——基于因子分析法的研究．载《特区经济》，2011（10）．

49．邵学言．广东FDI对国内投资挤出效应的实证研究．载《南方金融》，2006（10）．

50．康念福．广东建设法治化国际化的营商环境及对策建议．载《广东经济》，2012（9）．

51．李胜兰．创新驱动与广东对外经济发展新格局．载《南方经济》，2017（5）．

52．谭炳才．广东高质量发展终极治理目标与面临体制机制障碍研究．载《广东经济》，2019（1）．

53．覃剑．广州市构建开放型经济新体制路径研究．载《对外经贸》，2016（10）．

54．李惠武．广东：向世界展示中国改革开放成就的重要窗口．载《岭南文史》，2018（6）．

55．封小云．香港经济特点及优势分析．载《港澳研究》，2017（3）．

56．梁运文．中国—东盟合作中的广西作为：过去十年成果与未来十年战略．载《广西大学学报（哲学社会科学版）》，2015（1）．

57．陈利君．云南省加快建设面向南亚东南亚辐射中心的对策思考．载《昆明理工大学学报（社会科学版）》，2015（6）．

58．曹延明．美国的农业政策对中国农业发展的启示．载

《东北农业大学学报（社会科学版）》，2007（6）.

59．马兴瑞．继续深化改革扩大开放 努力建设"两个重要窗口"．载《党建研究》，2018（9）.

60．田秋生．新时代广东经济发展：挑战、机遇与战略．载《广东社会科学》，2019（1）.

61．刘劲松．国际石油地缘政治研究综述．载《生产力研究》，2013（5）.

62．赵思洋．华侨华人、中国外交与国际关系——张振江教授访谈．载《国际政治研究》，2016（5）.

63．蔡立辉、梁钢华．"一带一路"与广东东盟经贸合作的深化研究．载《学术研究》，2019（6）.

64．蔡立辉、梁钢华．"一带一路"与广东地缘经济功能重塑．载《暨南学报（哲学社会科学版）》，2019（6）.

（三）译著及外文著作

1．［美］詹姆斯·多尔蒂、小罗伯特·普法尔茨格拉夫等著，阎学通、陈寒溪等译．争论中的国际关系理论．北京：世界知识出版社，2003.

2．［美］亚历山大·温特著，秦亚青译．国际政治的社会理论．上海：上海人民出版社，2008.

3．［美］肯尼斯·华尔兹著，信强译．国际政治理论．上海：上海人民出版社，2008.

4．［美］罗伯特·基欧汉、约瑟夫·奈著，林茂辉、段胜武、张星萍等译．权力与相互依赖——转变中的世界政治．北京：中国人民公安大学出版社，1992.

5．［美］伊曼纽尔·沃勒斯坦著，罗荣渠译．现代世界体系（第二卷）．北京：高等教育出版社，1998.

6．［美］伊曼纽尔·沃勒斯坦著，王逢振译．变化中的世界体系．北京：中央编译出版社，2016.

7．［英］杰夫·贝里奇著，庞中英译．外交理论与实践．北京：北京大学出版社，2005.

8．［美］约瑟夫·奈、罗伯特·基欧汉著，门洪华译．权力与相互依赖．北京：北京大学出版社，2002.

9．［美］杰克·普拉诺等著，胡杰译．政治学分析词典．北京：中国社会出版社，1986.

10．［英］马丁·雅克著，张莉、刘曲译．当中国统治世界：中国的崛起和西方世界的衰落．北京：中信出版社，2010.

11．［英］马丁·雅克著，孙豫宁、张莉、刘曲等译．大国雄心：一个永不褪色的大国梦．北京：中信出版社，2016.

12．［美］傅高义著，凌可丰、丁安华译．先行一步：改革中的广东．广州：广东人民出版社，1990.

13．［澳］约翰·伯顿著，马学印、谭朝洁译．全球冲突．北京：中国人民公安大学出版社，1991.

14．［美］罗伯特·基欧汉著，苏长和、信强、何曜译．霸权之后．上海：上海人民出版社，2006.

15．［美］威廉·麦克高希著，董建中、王大庆译．世界文明史——观察世界的新视角．北京：新华出版社，2003.

· 347 ·

16. ［美］彼得·卡岑斯坦著，陈刚译. 权力与财富之间. 长春：吉林出版集团有限责任公司，2006.

17. Lee Rose Hum, The Chinese in the United States of America ［M］, Hong Kong University Press, 1960.

18. Torbjorn L. Knutsen, A history of International Relations Theory: An Intorduction ［M］, Manchester: Manchester University Press, 1992.

19. Ken Booth and Steve Smith, International Relations Theory Today ［M］, University Park, Pennsylvania: Pennsylvania State University Press, 1995.

20. Hugh C. Dyer and Leon Mangarian, The Study of International Relations: The State of the Art ［M］, London: Macmillan Press, 1989.

21. James Der Derian, International Theory: Crisis Investigations ［M］, New York: New York University Press, 1995.

22. M.S.Daodi, M.S.Dajani. Economic: Embargo Leverageand World Politics ［M］, Boulder: Westview press, 1985.

23. James Rosenau, Turbulence un in World Politics: A Theory of Change and Continuity ［M］, Princeton: Princeton University Press, 1990.

24. Stephen Fitzgerald, China and the Overseas Chinese: Perception and Policie, The China Quarterly ［M］, Cambridge: Cambridge University Press, 1970.

25. Diane B. Kunz. Butter and Guns: America's Cold War

Economic Diplomacy [M], New York: Free Pess, 1997.

26. Stephen Woolock and Colin Budd, The New Economic Diplomacy: Decision-making and Neqotianion in International [M], Ashgate Publishing Company, 2003.

27. Brain Hocking, Localizing Foreign Policy: Nocentral Governments and Multi-layered Diplomacy [M], London: The Mac. Millan Press Limited, 1993.

后　记

本书是在我的博士学位论文《"一带一路"背景下广东经济外交推进研究》基础上完成的。

在繁忙工作之余仍决然选择进入我国国际关系研究的重镇——暨南大学国际关系学院开启在职读博生涯，我这份执着的初心和动力，既源自于长期坚守的对知识学问的敬畏与追求，也源自于强理论长本领更好履职尽责的自觉与践行。之所以选取广东这一典型实证案例展开中国省域经济外交的课题研究，正是我结合专业理论学习和自己的工作实际，力求以学促干、学干相长、学以致用，力求工作学习"两不误、两促进"的一次学术求索与实践思考。

"看似寻常最奇崛，成如容易却艰辛"。供职于新时代的省委中枢机关，最需具备的工作形态是"闻鸡起舞、日夜兼程、风雨无阻"；而在工作如此繁忙之余依然挤出足够多时间来保障在职求学著述，其个中的艰辛与苦楚，的确为非亲历者所难以言状。这除了要善用好"干中学、学中干"的工作便利优势，最需要付出和坚守的就是务必充分用足用好自己的业余时间，将其毫无保留、全身心投入到求学著述上来。这几年来，我工作与学习的"时间链条"基本上处于超负荷运转状态，但凡有可以自主掌控和支配的业余时间，大多都以求学著述为第一取向及第一落脚点。特别是在转入本书集中写作阶段，我的绝大部分业余时间都基本围绕文献研阅和著述而展开，常常放弃假日休息，挑灯奋战至深夜。梅花香自苦寒来，一路走过来尽管很辛苦，也确实熬白了不少头发、累脱了好几层皮，身体明显消瘦了许多，但也深感累而充实、苦中有乐、收获不少。特别是在此期间，我有幸受教于一批当代中国甚为杰出的研究国际关系和华侨华人问题的学者，他们的博学多才和言传身教，对我专业知识结构的拓宽、严谨学理思维的筑牢和独立科研能力的提升，都有着脱胎换骨般的促进，也使我对为政、为学及做人有了更为深切的理解和感悟。经过本书研究，也使我对广东省情及其演进变化有了更为系统完整的再熟悉再深化，对新时代广东发展走势及其一些核心关键问题亦有了更为深切的洞察与认识。

在求学和著述本书过程中，我首先要特别感谢我的博士生导师——暨南大学公共管理学院院长蔡立辉教授和国际关系学院王子昌教授，他们始终对我的学业和著述倾注了大量精力与心血，对本书从酝酿到写作的全程都给予了悉心指导。导师们渊博的学识、对学术的一丝不苟与至精至诚、对学生的严管厚爱，让我深深体会到"学无止境、文无止境、人无止境"的丰富内涵，而这将使我受用终生。

我还要感谢在博士阶段为我授课的曹云华教授、张振江教授、邱丹阳教授、陈弈平教授、鞠海龙教授、吴金平教授、潮龙起教授、陈定定教授、李明欢教授等，他们渊博的学识和循循善诱，不仅让我拓展了专业理论宽度厚度，及时掌握本领域前沿动态，也让我充分领略到了国际关系学科的精彩美妙之处。感谢参加开题报告会、预答辩会和答辩会的各位老师和专家们，他们在此期间提出了非常专业、严谨且中肯的指导性建议，使本书更加规范，研究更具意义。

作为一名在职读博人员，我的学业和本书的顺利完成离不开我的工作单位——中共广东省委办公厅的领导和同事们给予的极大关爱、理解与支持。同时，许多领导、老师和亲友们也在背后默默地支持和帮助着我。对此，我将永远不会忘怀，并会将其化为我今后更加努力工作、更好用所学回报社会的不竭动力。

本书是在参考和借鉴大量现有研究及调研成果的基础上完成的，对于书中引用文献资料、调研材料等所有单位和作者，一并致以深深的谢意。广东人民出版社社长肖风华、责任编辑汪泉等为本书的出版付出了辛勤努力，在此深表谢意！

最后，我还要感谢家人们的理解和支持，他们始终是我最大的精神支柱。繁忙工作之余，对在职读博著述的全程投入，令我心力交瘁，若非家人们的无限包容、支持和鼓舞，我绝无法顺利完成。父母虽然年岁已高，但经常用朴素的语言勉励我读好书、做好人、干实事，做有益于国家和社会的人。妻子虽然工作也很忙，但为了让我安心工作、求学与著述，主动承担了家务、对老人们的照顾和对儿子的教育，为我解除了后顾之忧。儿子聪颖可爱，好学上进，是我克服困难的动力，也给了我为其树立榜样的难得机会。

本书出版之际，正值中华人民共和国成立70周年。谨以此书献给为中国、特别是为广东改革开放及经济外交事业筚路蓝缕"杀出一条血路"，并一直攻坚克难、砥砺前行的践行者们；献给正在为中国奋力实现"两个一百年"奋斗目标,特别是为新时代广东奋力实现"四个走在全国前列"、当好"两个重要窗口",而不懈努力的奋进者们。

理论与实践的研究也是一门充满遗憾的艺术,因其只有更好、没有最好。特别是由于精力、学识及篇幅所限,本书研究肯定还有不少值得进一步完善、深化之处,疏漏和不足亦在所难免,敬请各位读者不吝批评指正。

作者

2019年初秋于广州东山湖畔